München
1. Auflage 2001
ISBN 3-89883-007-1

Rezeptfotos Susie Eising

Grafische Gestaltung Barbara Markwitz

Redaktion Kathrin Ullerich

Herstellung Karin Mayer, Peter Karg-Cordes

Lithografie inteca Media Service GmbH, Rosenheim

Druck Neue Stalling, Oldenburg

In Zusammenarbeit mit ZDF Enterprises
Wir danken der Reederei Peter Deilmann GmbH für die freundliche Unterstützung
Besuchen Sie uns auch im Internet unter der Adresse www.zsverlag.de

EINE KREUZFAHRT ZU DEN *Traumküchen der Welt*

mit Texten von Claus Beling
und Rezepten von Reinhardt Hess

ZABERT SANDMANN

DAS TRAUM-SCHIFF

»Es ist die überlieferte Erfahrung, dass die majestätische Eintönigkeit des Meeres, auf einem Schiff erlebt, wunde Herzen heilt und wehe Gedanken tröstet.«

Der englische Schriftsteller Joseph Conrad (1857–1924)

Seit 1998 ist die MS Deutschland als »Traumschiff« der schwimmende Drehort der erfolgreichen ZDF-Unterhaltungsserie. Eine glanzvollere Kulisse als das Fünf-Sterne-Schiff kann man sich kaum vorstellen.

Das »Traumschiff« wird 20

Als 1981 das »Traumschiff« zum ersten Mal in See stach, um die Zuschauer in die Karibik zu entführen, ahnte niemand, dass damit eine der faszinierendsten Erfolgsgeschichten des deutschen Fernsehens begann. Es war die filmische Erzählweise neuen Stils, die für Furore sorgte. Produzent und »Traumschiff«-Erfinder Wolfgang Rademann bekannte sich zu einer Dramaturgie, die in großen und kleinen menschlichen Schicksalen die Erlebnisse der Reisenden und die der Schiffsmannschaft auf unterhaltsame Weise raffiniert miteinander verknüpft. Die großen Landschaften der Welt, Bilder der aufregendsten Städte und schönsten Strände bilden dafür die glanzvolle Kulisse. Zudem sind Starbesetzungen sowie erstklassige Autoren und Regisseure Garanten für den Erfolg und die besondere Qualität der Serie.

Zwanzig Jahre »Traumschiff«, dieses Jubiläum ist Chance und Verpflichtung zugleich. Die Verpflichtung liegt im Rekord: 1,11 Milliarden Menschen haben bisher die »Traumschiff«-Folgen in Deutschland gesehen; es ist das treueste Fernsehpublikum Europas.

Auch in Zukunft werden Wolfgang Rademann und dem ZDF die Traumziele nicht ausgehen. Kreuzfahrten erfreuen sich immer größerer Beliebtheit, der Tourismus sucht ständig neue interessante Ziele. So spiegelt sich die Reiselust der Deutschen auch in den »Traumschiff«-Geschichten wider. Ausflüge in einzigartige Wildnisreservate wie zu den Galapagos-Inseln werden in den Geschichten der Hauptfiguren ebenso aufgegriffen wie Luxusurlaube auf den Bermudas und Abenteuerreisen durch Afrika. Die Welt öffnet sich wie ein großes farbiges Kaleidoskop.

Mehr denn je heißt Reisen aber auch Genießen. Wer mit dem »Traumschiff«, der MS Deutschland, über die Weltmeere fährt, lernt nicht nur die Kulturen fremder Länder, sondern auch ihre kulinarischen Seiten kennen. Und so wird jede Reise auch zu einer Reise der Sinne – zu einer Kreuzfahrt zu den Traumküchen der Welt…

Wenn der Weg das schönste Ziel ist: Die großzügigen Sonnendecks der MS Deutschland bieten vielfältige Möglichkeiten, um sich zu erholen und zu entspannen.

Wo Träume ihren Anfang nehmen ...

Luxus pur auf hoher See

Eine Kreuzfahrt kann nur so gut sein wie das Schiff, auf dem sich der Passagier für die Zeit der Reise zu Hause fühlen soll. Das Leben an Bord hat seinen eigenen Rhythmus und der Luxus des angenehmen Reisens hat viele schöne Seiten. Sie gilt es auf See zu entdecken.

Wer das »Traumschiff« MS Deutschland zum ersten Mal betritt, die Erinnerung an unzählige Fernsehbilder im Kopf, spürt auf Anhieb, dass Fiktion und Wirklichkeit viel gemeinsam haben. Schon die ebenfalls unter der deutschen Flagge der Peter Deilmann Reederei fahrende MS Berlin, das Vorgängerschiff als schwimmender Drehort, war und ist eindrucksvoll. Doch seit Peter Deilmann 1998 das neue Fünf-Sterne-Schiff MS Deutschland in Betrieb nahm, wurde die »Traumschiff«-Kulisse ein weiteres Mal veredelt. Das großzügige Ambiente der MS Deutschland ist das eines Grandhotels und repräsentiert auf ideale Weise, was die ZDF-Serie von ihrem maritimen »Hauptdarsteller« erwartet: einen eleganten Rahmen für anspruchsvolle Unterhaltung.

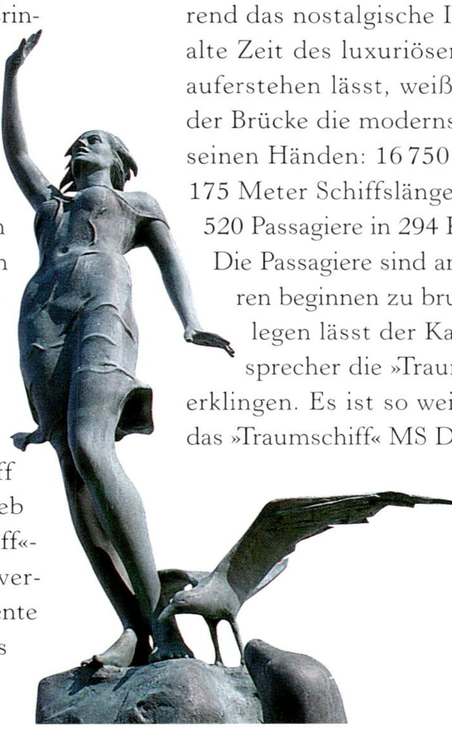

Kabinen, Kolonnaden und Restaurants der MS Deutschland sind ganz im Stil der Zwanzigerjahre ausgestattet. Doch während das nostalgische Interieur die gute alte Zeit des luxuriösen Reisens wieder auferstehen lässt, weiß der Kapitän auf der Brücke die modernste Technik unter seinen Händen: 16 750 PS, 22 400 BRZ, 175 Meter Schiffslänge – das Ganze für 520 Passagiere in 294 Kabinen.

Die Passagiere sind an Bord, die Motoren beginnen zu brummen. Zum Ablegen lässt der Kapitän über Lautsprecher die »Traumschiff«-Melodie erklingen. Es ist so weit: Leinen los für das »Traumschiff« MS Deutschland.

Das Leben an Bord hat seinen eigenen Rhythmus und der Luxus des angenehmen Reisens hat viele schöne Seiten.

Wenn die letzten Sundowner getrunken sind, kehrt auch auf dem Lido-Deck rund um den Pool Ruhe ein.

Schwimmendes Grandhotel

MIT NOSTALGIE IN DAS NEUE JAHRTAUSEND

Die MS Deutschland verzaubert ihre Passagiere mit dem Charme der Zwanzigerjahre des vergangenen Jahrhunderts. Die üppige Architektur dieser Epoche findet man im gesamten Schiff wieder. Großzügige Flure und Treppenaufgänge mit geschwungenen Geländern, verzierten Decken, Gemälden und Skulpturen repräsentieren außerdem eindrucksvoll die Jugendstil-Zeit. An wertvollen Materialien ist auch in den Kabinen und Bädern nicht gespart worden. Vor allem in den Lounges und Bars scheint die Zeit der großen alten Luxusliner stehen geblieben zu sein.

Die Anfangsszene einer jeden neuen »Traumschiff«-Folge ist mittlerweile schon ein Ritual: In einem Hafen irgendwo in der Welt checken die neuen Passagiere ein – neue Gesichter und neue Schicksale. Die Kabinen werden verteilt, interessiert erkundigt sich der Kapitän bei Chefhostess Beatrice nach den Gästen. Auch Bordarzt Dr. Schröder schaut vorbei. Noch leistet er sich die eine oder andere launige Bemerkung, aber schon bald wird er im Hospital für alle Eventualitäten zur Verfügung stehen ... Nur ein Filmausschnitt – und doch agieren die Schauspieler Siegfried Rauch als Kapitän (vor ihm bis 1999 Heinz Weiss), Heide Keller als Beatrice und Horst Naumann als Dr. Schröder dicht an der Wirklichkeit.

Für neue Passagiere sind die ersten Stunden an Bord der MS Deutschland aufregend und beruhigend zugleich. Sieben Decks, verbunden mit Treppen und Fahrstühlen, wollen erobert werden. Wo ist der Meerwasserpool? Wo finde ich Sauna, Massage und Thalasso? Wo die Restaurants? Es gibt Fragen über Fragen – und doch spürt man von Beginn an jenes angenehme Gefühl, das einen überkommt, wenn man umsorgt wird. Ein freundlicher Steward serviert den ersten Drink. Die Luft ist klar und herrlich salzig, das Schiff hält Kurs auf den Horizont.

Zwei Seetage liegen vor den Passagieren, in denen sie mit der Weite des Meeres, fliegenden Fischen und dem Wind allein sein werden, für viele Stammgäste der Idealzustand auf See. Sie werden sich tagsüber in einen Deckchair kuscheln,

Das nostalgische Ambiente der MS Deutschland knüpft an die große Zeit der Luxusliner an. Technik und Service sind natürlich auf dem neuesten Stand.

möglichst dicht an der Reling, und Ausschau halten nach Nirgendwo. Nur hin und wieder kreuzt ein Frachter oder ein Segelboot den freien Blick.

Höhepunkte jedoch bleiben die Landausflüge. Das Einlaufen in einen fremden Hafen ist immer wieder ein prickelndes Erlebnis, sorgsam vorbereitet durch Lektoren, die den wissbegierigen Reisenden schon Tage im Voraus mit kenntnisreichen Beiträgen in die Kultur des jeweiligen Landes einführen.

Neugier macht mutig – und Mut schließt den Geist auf für Neues. Ob beim Stadtbummel durch die Weltmetropole Sydney, ob im Geländewagen durch arabische Wüsten oder im schaukelnden Bus durch chilenisches Bergland: Jeder Tag bringt ungewohnte und faszinierende Eindrücke. Das schönste Merkmal einer Kreuzfahrtreise jedoch ist, dass sie ein wohl dosiertes Abenteuer bleibt, an dessen Ende die sichere Rückkehr auf das »Traumschiff« steht. Geduldig wartet die MS Deutschland im Hafen, die perfekte mobile Heimat. Jetzt eine Dusche oder zum Lido-Deck in den Pool – und abends wartet das Captain's Dinner...

»Das Eigenartige an Seereisen ist, dass man nach ein paar Tagen wer weiß wie lange unterwegs zu sein meint, und die Leute, die mit einem reisen, schon ewig zu kennen glaubt.«

Der Chronist Orlando im Film »E la nave va« von Federico Fellini

Die eleganten Kolonnaden auf dem Commodore-Deck laden zum Flanieren und Shoppen ein. Einen ereignisreichen Tag lässt man am besten stilvoll mit einem Cocktail in einer der Bars ausklingen.

Zu fernen Küchen und Genüssen

Unsere Weltreise des guten Geschmacks kann beginnen. Sie wird zu den schönsten Plätzen der Erde führen.

Wenn auf einer Reise der Weg das schönste Ziel ist, dann ist der Genuss der liebste Weggefährte. Besonders Kreuzfahrtreisen sind dazu da, das Unterwegssein angenehm zu kultivieren. Dass auch auf der MS Deutschland die Gaumenfreuden nicht zu kurz kommen, beweist allein schon die Tatsache, dass der Passagier die Wahl zwischen drei Restaurants hat und sich täglich neu entscheiden darf zwischen einem mehrgängigen Menü, einem Luxusbüfett und Spezialitäten à la carte.

Aber auch die Vielzahl an exotischen Getränken, die der Reisende unterwegs kennen lernen wird, ist eindrucksvoll – und vor allem in den Tropen ein Muss. Denn nach einer alten Missionarsregel hält man sich in heißen Ländern am besten dadurch gesund, dass man einen hochprozentigen Drink pro Tag zu sich nimmt. So stimmt man sich denn zur »blue hour« mit einem Glas Margarita auf den Abend in einem neuen Hafen ein – oder man lässt sich einen Daiquiri oder einen hawaiischen Mai Tai servieren.

Unsere Kreuzfahrt zu den Traumküchen der Welt wird viele Höhepunkte haben. Zahlreiche kulinarische Besonderheiten der unterschiedlichen Kontinente, fremde Gewürze und exotische Rezepte werden Sie dabei entdecken und feststellen, wie anregend der Besuch in den Küchen anderer Länder sein kann. Ob karibischer Reis mit Meeresfrüchten, kalifornischer Caesar Salad, griechisches Kaninchen-Stifado, vietnamesische Glücksrollen, marokkanisches Lamm-Couscous oder indisches Kürbis-Curry mit Garnelen: Alle Rezepte sind leicht nachzuvollziehen und bringen Urlaubsstimmung in die Küche. Unsere Weltreise des guten Geschmacks kann beginnen. Sie wird zu den schönsten Plätzen der Erde führen. Und eines ist sicher: Die Reise wird ein unvergessliches Erlebnis sein.

Auf einem Fünf-Sterne-Schiff sind erlesene Gaumenfreuden garantiert. 56 Mitarbeiter sorgen in der Küche für das leibliche Wohl der Passagiere, die die Wahl zwischen drei Restaurants haben.

Reggae, Rum und Salsa

EIN KULINARISCHER STREIFZUG DURCH DIE KARIBIK

St. Lucia – Juwel der Antillen

Als Fischer oder Arbeiter auf den Bananenplantagen verdienen sich viele Bewohner auf St. Lucia ihren Lebensunterhalt. Die steil ins Meer abfallenden Felskuppen der Pitons sind die Wahrzeichen der landschaftlich reizvollsten Insel der Kleinen Antillen.

Schon von weitem weisen die beiden Vulkanberge, der Große und der Kleine Piton, den Schiffen die Einfahrt zum Hafen. Langsam nähern wir uns der Antillen-Insel St. Lucia. Der dunkelgrüne Dschungel über der Stadt Castries weckt Abenteuergefühle. Karibik pur, verspricht der Kapitän, bevor er beginnt, das Anlegemanöver zu überwachen.

Den Neuankömmlingen präsentiert sich St. Lucia wie ein tropisches Schlaraffenland. Feinschmeckern schlägt das Herz höher, sobald sie sich direkt gegenüber dem Hafen in den Trubel des morgendlichen Marktes stürzen. Bananenstauden, Kokosnüsse, Gemüse, Gewürze und Meerestiere sind hier ebenso zu finden wie Körbe, Besen und andere Haushaltswaren, unter denen sich die Verkaufstische biegen. Es wird gefeilscht, gehandelt und gelacht. Eine angenehme Brise vom Meer lässt zu dieser Stunde die Hitze vergessen, wenn auch nur für kurze Zeit.

Pierre, der schwarze Koch eines großen Hotels, gibt den neugierigen Gästen aus Deutschland gut gelaunt einen Einblick in die typische Küche der Insulaner, die vor allem von kreolischen Gerichten geprägt ist. Aus Kürbissen und den grünen Kugeln der Brotfrüchte werden schmackhafte Eintöpfe gekocht, frische Fische und Schalentiere, aber auch Rind- und Schweinefleisch werden mit speziellen Gewürzmischungen zu wahren Delikatessen zubereitet. Besonders beliebt sind Gerichte aus dem Fleisch der Lambi-Schnecke, das zwar etwas zäh schmecken kann, dem aber eine aphrodisierende Wirkung zugesprochen wird.

Die Ausflüge in das kaum erschlossene Innere des Landes sind Reisen in die Wildnis vulkanischer Landschaften ...

»Die schönste Karibikinsel hat Antriebsschrauben und ist ein Kreuzfahrtschiff.«

Heinz G. Konsalik in »Promenadendeck«

Kokosnüsse und exotische Früchte dienen als Grundzutaten für phantasievoll gemixte Cocktails – ob mit oder ohne den berühmten jamaikanischen Rum. Nach dem Zuckerrohrschnaps ist die Reggae-Musik der bekannteste Exportschlager der Karibik.

Jamaika - Island in the Sun

Der Lebensrhythmus der Jamaikaner ist geprägt vom »soon come«: Hektik ist ein Fremdwort.

Island in the Sun – Harry Belafontes Welthit ist die ideale Einstimmung für einen Aufenthalt auf Jamaika. Wo früher die »banana boats« ablegten, liegt nun das Traumschiff unter der heißen Sonne, die auf dem 18. Breitengrad beinahe das ganze Jahr senkrecht über der Insel steht. Die Luft ist tropisch, der Duft des Meeres mischt sich mit dem des Hafens. Der Kapitän lehnt an der Reling und beobachtet die Passagiere, die erwartungsvoll zu ihren Landausflügen starten.

Aus einem Radio in der Zollstation tönt Reggae-Musik, später auch im Taxi, in der Bar und im Restaurant – der Reggae ist allgegenwärtig und macht gute Laune. Der Lebensrhythmus der Jamaikaner, die meisten von ihnen Nachkommen afrikanischer Sklaven, ist geprägt vom »soon come«: Alles hat seine Zeit, Hektik ist ein Fremdwort.

Jamaika ist voller Gegensätze: Hier die imposanten Herrenhäuser des 18. Jahrhunderts, dort die ärmlichen Hütten der Slums; hier riesige Bananen- und Zuckerrohrplantagen, dort bescheidene Vorgärten mit ein paar Kürbissen; die traumhaften Strände an der Westküste bei Negril und der über große Flächen unerschlossene Urwald im Landesinneren; herrliche Flamboyantbäume, Hibisken und Bougainvilleen neben ausgedienten Ölfässern, auf denen Kinder Musik machen.

Der Ausflug zu den berühmten Dunn' s River Falls, den schönsten Wasserfällen der Insel, 185 Meter hoch und über Kalkterrassen herabstürzend, verspricht ein unvergessliches Badevergnügen. Die Fälle sind auch ein beliebtes Ziel der Einheimischen, die das kühle Tal am Wochenende gern für ein Familienpicknick besuchen.

Die jamaikanische Küche ist scharf, deftig und hochprozentig. Gewürzt wird vor allem mit Jamaika-Pfeffer, der am Pimentbaum wächst und nach Zimt, Pfeffer und Muskatnuss schmeckt. In einer Bar einen Rum, Jamaikas berühmtesten Exportartikel, zu bestellen ist fast schon ein Muss. Die Jamaikaner bevorzugen den starken weißen – er soll auch als Medizin bei Erkältungen helfen.

Nachmittags um fünf kommen die ersten Traumschiff-Passagiere von ihren Ausflügen zurück. Sie haben eine Menge erlebt und sind bester Laune: Jamaikas Reggae steckt eben an.

Gefüllte Papayas mit Putenragout

Zutaten für 4 Personen:
250 g Putenschnitzel
Salz, gemahlener Piment
2 Frühlingszwiebeln
1 rote Chilischote
2 EL Öl, 1 Knoblauchzehe
100 ml Geflügelbrühe
100 ml Kokosmilch
100 g Kidney-Bohnen (aus der Dose)
1 Msp. gemahlener Kreuzkümmel
2 Scheiben Ananas (aus der Dose)
2 reife Papayas, 1–2 TL Limettensaft
1 EL Korianderblättchen

Putenfleisch waschen und trockentupfen. In etwa 1 cm große Würfel schneiden, mit Salz und wenig Piment würzen. Die Frühlingszwiebeln putzen und waschen, das Grün entfernen, das Weiße in feine Ringe schneiden. Die Chilischote längs halbieren, entkernen, waschen und fein hacken.

In einer Pfanne das Öl erhitzen. Die Putenwürfel darin bei mittlerer Hitze rundherum hell anbraten und aus der Pfanne nehmen. Frühlingszwiebeln und Chilis im Bratfett andünsten. Den Knoblauch schälen und dazupressen. Brühe und Kokosmilch angießen und um ein Drittel einkochen lassen. Die Putenwürfel und die abgetropften Bohnen hinzufügen und 10 Minuten bei schwacher Hitze ziehen lassen. Mit Kreuzkümmel und Salz würzen. Die Ananasscheiben in kleine Stücke schneiden und untermischen.

Papayas halbieren, die Kerne (einige zum Garnieren beiseite legen) und die Innenhaut entfernen. Das Fruchtfleisch mit Limettensaft beträufeln. Das Putenragout in die Papayahälften füllen, mit Papayakernen und Korianderblättchen garnieren. Mit gerösteten Toastbroten servieren.

Garnelen-Cocktail mit Avocado

Zutaten für 4 Personen:
200 g geschälte Riesengarnelen
2 EL Limettensaft
2 kleine Avocados
1 Karambole (Sternfrucht)
75 g Mayonnaise
1/2 TL Tabascosauce
2 EL gehacktes Koriandergrün
Salz, schwarzer Pfeffer

Die Garnelen am Rücken einschneiden, mit einem spitzen Messer den dunklen Darm entfernen. Garnelenfleisch kalt abbrausen und mit Küchenpapier trockentupfen. In eine Schüssel geben und mit etwas Limettensaft beträufeln.

Die Avocados halbieren, entkernen und schälen. Das Fruchtfleisch in etwa 1 cm große Würfel schneiden, zu dem Garnelenfleisch geben und mit dem restlichen Limettensaft beträufeln.

Die Karambole waschen, aus der Mitte der Frucht vier Scheiben schneiden und zum Garnieren beiseite legen. Die restliche Frucht in kleine Würfel schneiden und ebenfalls in die Schüssel zu der Garnelen-Avocado-Mischung geben.

Die Mayonnaise mit der Tabascosauce verrühren. Mit dem Koriandergrün unter die Garnelen-Avocado-Mischung heben, mit Salz und Pfeffer kräftig abschmecken. Auf Cocktailgläser verteilen und mit den Karambolescheiben garniert servieren.

Roh marinierter Fisch

Zutaten für 4 Personen:
500 g ganz frisches Fischfilet
(z. B. Kabeljau oder Schellfisch)
4–5 Limetten, 2 reife Tomaten
2 scharfe rote Chilischoten (Cayenne- oder Lampion-Chilischoten)
1 weiße Zwiebel
2 EL gehacktes Koriandergrün
Salz, schwarzer Pfeffer

Das Fischfilet waschen und trockentupfen, die Gräten entfernen. Das Filet in etwa 1 cm große Würfel schneiden und in eine Schüssel geben. Die Limetten auspressen und den Saft über die Filetwürfel gießen. Zugedeckt ins Gemüsefach des Kühlschranks stellen und 6 bis 8 Stunden marinieren, ab und zu wenden.

Die Tomaten überbrühen, häuten, halbieren und entkernen, das Fruchtfleisch in kleine Würfel schneiden. Die Chilischoten längs halbieren, entkernen, waschen und fein hacken. Die Zwiebel schälen und fein hacken. Fischstücke mit Tomaten, Chilis und Koriandergrün vermischen, salzen und pfeffern. Etwa 15 Minuten bei Zimmertemperatur ziehen lassen. Nach Belieben mit Limettenspalten servieren.

FANGFRISCHER FISCH

In der Karibik ist es natürlich kein Problem, absolut frischen Fisch zu bekommen. Und den braucht man für diese Vorspeise aus rohem Fischfilet, das in reichlich Limettensaft mariniert und mit scharfen Chilischoten gewürzt wird. Bei dieser Zubereitungsart ist das Fischfleisch genau genommen nicht mehr roh, sondern wird durch die Säure des Limettensafts »gegart«; die Wirkung ist die gleiche wie beim Erhitzen.

Jamaica Pepperpot

Zutaten für 4 Personen:
350 g zarter Grünkohl
150 g Callaloo (oder Blattspinat)
50 g Okraschoten
175 g frischer Schweinebauch
2 kleine Zwiebeln
2 rote Chilischoten
1 TL Öl
1½ l Geflügelbrühe
Salz
schwarzer Pfeffer
1 TL gemahlener Kreuzkümmel
1 EL Thymianblättchen
150 g große geschälte Shrimps

Grünkohl und Callaloo putzen, gründlich waschen, in einem Sieb abtropfen lassen und grob hacken. Die Okraschoten unter fließendem kaltem Wasser abreiben und in Scheiben schneiden. Vom Schweinebauch den Speck abschneiden und in möglichst kleine, das Fleisch in etwas größere Würfel schneiden. Zwiebeln schälen und in Streifen schneiden. Die Chilischoten längs halbieren, entkernen, waschen und in Streifen schneiden.

In einem großen Schmortopf das Öl erhitzen, die Speckwürfel darin bei mittlerer Hitze auslassen und kross anbraten. Die Zwiebeln und die Schweinebauchwürfel hinzufügen und etwa 5 Minuten anbraten. Den Grünkohl und die Okraschoten dazugeben, die Brühe angießen und alles zugedeckt 1 Stunde bei schwacher Hitze köcheln lassen.

Den gehackten Callaloo hinzufügen. Mit Salz, Pfeffer und Kreuzkümmel kräftig abschmecken, die Thymianblättchen dazugeben. Alles noch etwa 30 Minuten bei schwacher Hitze garen. Die Shrimps in einem Sieb kalt abbrausen, abtropfen lassen und in der Suppe erwärmen. Den Pepperpot vor dem Servieren nochmals abschmecken.

Karibischer Reis mit Meeresfrüchten

Zutaten für 4 Personen:
2 Zwiebeln, 2 Knoblauchzehen
1 haselnussgroßes Stück Ingwer
2–3 rote Chilischoten, 5 EL Öl
250 g Patna-Reis (Langkorn-Reis)
600 ml Gemüsebrühe
1 TL Currypulver
300 g Red-Snapper-Filets
8 geschälte Riesengarnelen
8 Jakobsmuschelnüsse, 4 kleine Zucchini
4 kleine, noch grüne Bananen
Salz, eingelegter grüner Pfeffer
2 EL Korianderblättchen
einige Limettenstücke

Zwiebeln und Knoblauch schälen, beides fein hacken. Den Ingwer schälen und in feine Streifen schneiden. Die Chilischoten längs halbieren, entkernen, waschen und klein schneiden.

In einem Schmortopf 3 EL Öl erhitzen, Zwiebeln, Knoblauch und Chilischoten darin andünsten. Den Reis und den Ingwer hinzufügen und unter Rühren braten, bis der Reis glasig ist. Die Brühe und das Currypulver dazugeben, zugedeckt etwa 20 Minuten bei mittlerer Hitze garen.

Die Red-Snapper-Filets in Stücke schneiden. Die Garnelen am Rücken einschneiden und den dunklen Darm entfernen. Die Jakobsmuschelnüsse quer halbieren. Alles kurz kalt abbrausen und mit Küchenpapier trockentupfen.

Die Zucchini putzen und waschen, die Bananen schälen. Zucchini und Bananen in 2 cm dicke Scheiben schneiden. Das restliche Öl in einer Pfanne erhitzen. Erst die Zucchini-, dann die Bananenscheiben darin auf beiden Seiten kräftig anbraten, aus der Pfanne nehmen und vorsichtig unter den Reis mischen. Mit Salz und grünem Pfeffer würzen und auf einer Platte anrichten.

Die Fischstücke und die Meeresfrüchte in der Pfanne 3 Minuten anbraten. Auf dem Reis anrichten, mit Korianderblättchen und Limettenstücken garnieren.

Catfish in Kokoskruste mit scharfer Salsa

Zutaten für 4 Personen:
Für die Salsa:
je 2 rote und grüne Chilischoten
2 Limetten, 1 Orange, 1 Mango
200 g Kirschtomaten, 2 Schalotten
3 Knoblauchzehen, 2 EL Butter
2 EL brauner Rohrzucker, Salz
schwarzer Pfeffer, 2 EL brauner Rum

Für den Fisch:
600 g Catfish-Filet, 3 EL Zitronensaft
Salz, Cayennepfeffer
1 Ei, 4 EL Mehl, 60 g Kokosraspel
2 EL Öl, 4 EL Butter

Die Chilischoten längs halbieren, entkernen, waschen und fein würfeln. Limetten heiß abwaschen, 2 TL Schale abreiben. Orangen und Limetten auspressen, alles verrühren und beiseite stellen.

Die Mango schälen, das Fruchtfleisch vom Stein schneiden und würfeln. Die Kirschtomaten kurz überbrühen, häuten und halbieren. Schalotten und Knoblauch schälen, fein hacken. In einem Topf die Butter zerlassen, Schalotten und Knoblauch darin andünsten. Zucker darüber streuen und kurz karamellisieren lassen. Fruchtstücke und Kirschtomaten hinzufügen, kurz durchschwenken. Die Chili-Saft-Mischung darüber gießen, mit Salz und Pfeffer würzen. Alles etwa 3 Minuten kochen, dann den Rum unterrühren und den Topf vom Herd nehmen.

Die Fischfilets waschen, trockentupfen und mit Zitronensaft beträufeln. Mit Salz und wenig Cayennepfeffer würzen und gleichmäßig mit Mehl bestäuben. In einem tiefen Teller das Ei verquirlen. Von den Fischfilets das überschüssige Mehl abklopfen, die Filets zunächst im Ei, dann in den Kokosraspeln wenden. Die Panade andrücken.

In einer großen Pfanne das Öl und die Butter erhitzen, die Filets darin bei mittlerer Hitze auf jeder Seite etwa 4 Minuten goldbraun braten. Den Fisch mit der lauwarmen Salsa auf Tellern anrichten.

Gegrilltes Würzhähnchen

Zutaten für 4 Personen:
Für die Jerk-Marinade:
4 Schalotten, 4 rote Chilischoten
3 Knoblauchzehen
1 EL Thymianblättchen
2 Lorbeerblätter, 3 EL Pimentkörner
Salz, schwarzer Pfeffer

Außerdem:
4 große Hähnchenschenkel

Für die Jerk-Sauce:
1 haselnussgroßes Stück Ingwer
1 TL Speisestärke

Die Schalotten schälen und grob hacken. Chilischoten längs halbieren, entkernen, waschen und fein würfeln. Knoblauch schälen und fein hacken. Die Thymianblättchen und den Lorbeer hacken.

Die Pimentkörner in einer kleinen Pfanne ohne Fett kurz anrösten, bis sie duften, dann im Mörser fein zerstoßen. Mit den anderen vorbereiteten Zutaten für die Jerk-Marinade im Mixer oder Blitzhacker pürieren, mit Salz und Pfeffer würzen.

Hähnchenschenkel waschen und mit Küchenpapier trockentupfen. Mit der Hälfte der Jerk-Marinade rundherum bestreichen und zugedeckt 6 bis 8 Stunden im Kühlschrank marinieren. Die restliche Marinade in ein Schraubglas füllen und verschlossen in den Kühlschrank stellen.

Den Holzkohlengrill anheizen. Wenn die Holzkohle gut durchgeglüht ist, auf die Seite schieben. Die Hähnchenschenkel in die Mitte des Grillrosts legen, sodass sie nicht über der Kohle liegen. Etwa 45 Minuten garen, dabei ab und zu wenden.

Inzwischen für die Jerk-Sauce den Ingwer schälen und fein hacken. In einem Topf mit der übrig gebliebenen Jerk-Marinade und 350 ml Wasser vermischen und erhitzen. Stärke mit etwas kaltem Wasser anrühren, unter die Sauce mischen und aufkochen, bis die Sauce gebunden ist. Mit den Hähnchenschenkeln servieren.

Boniato mit Chiligemüse und gebratenem Maniok

Zutaten für 4 Personen:
400 g Kürbisfleisch
(oder rote Süßkartoffeln)
2 Kochbananen, 1 große Zwiebel
1 walnussgroßes Stück Ingwer
2 rote Chilischoten, 4 EL Öl
100 ml kräftige Gemüsebrühe
330 ml Kokosmilch
1/2 Vanilleschote
2 EL Jamaica-Currypulver
Salz, 2 TL brauner Rohrzucker
1 TL Zimtpulver, 2 EL brauner Rum
100 g geriebener Käse (z. B. Bergkäse)
Fett für die Form

Für das Chiligemüse:
1 große Zwiebel, 4 Knoblauchzehen
1 kleine Aubergine
1 mittelgroße Zucchini
2 gelbe Paprikaschoten
300 g reife Tomaten, 3 EL Öl

Für die Jerk-Würzmischung:
2 zerbröselte, getrocknete
rote Chilischoten
2 EL Paprikapulver (edelsüß)
2 TL Jamaica-Currypulver
1 TL Kreuzkümmelsamen
1/2 TL gemahlener Piment
200 ml Gemüsebrühe
Salz, schwarzer Pfeffer

Für den gebratenen Maniok:
600 g Maniok, Öl zum Braten

Für den Boniato das Kürbisfleisch in etwa 3 cm große Würfel schneiden (bzw. die Süßkartoffeln waschen, schälen und würfeln). Die Bananen schälen und in Scheiben schneiden. Zwiebel und Ingwer schälen, beides fein hacken. Die Chilischoten längs halbieren, entkernen, waschen und in feine Streifen schneiden.

In einem Topf das Öl erhitzen. Zwiebeln, Chilis und Ingwer darin andünsten. Die Bananenscheiben hinzufügen und etwa 6 Minuten braten, dabei einmal wenden. Brühe und Kokosmilch angießen, alles zugedeckt 10 Minuten bei schwacher Hitze garen. Die Vanilleschote aufschlitzen, das Mark in die Sauce kratzen und die Schote hinzufügen. Die Kürbiswürfel (oder Süßkartoffelstücke) dazugeben, mit Curry, Salz, Zucker, Zimt und Rum würzen und alles weitere 10 Minuten garen.

Den Backofen auf 220 °C (Umluft 200 °C) vorheizen. Zwei Drittel des geriebenen Käses unter das Bananen-Kürbis-Gemüse mischen, das Gemüse in eine gefettete ofenfeste Form füllen. Mit dem restlichen Käse bestreuen, im heißen Ofen 20 Minuten backen, bis der Käse gebräunt ist.

Für das Chiligemüse Zwiebel und Knoblauch schälen, fein würfeln. Aubergine, Zucchini und Paprikaschoten putzen und waschen, längs halbieren und quer in 1 cm dicke Scheiben bzw. Streifen schneiden. Tomaten überbrühen, häuten, halbieren, entkernen und in Stücke schneiden.

In einem Schmortopf das Öl erhitzen, Zwiebeln und Knoblauch darin andünsten. Auberginen und Zucchini hinzufügen, 5 Minuten braten. Paprikastreifen und Tomatenstücke dazugeben, mit der Jerk-Würzmischung bestreuen. Die Gemüsebrühe angießen, mit Salz und Pfeffer abschmecken und zugedeckt bei mittlerer Hitze 15 Minuten garen.

Maniokknollen schälen und längs vierteln, das holzige Mittelstück entfernen. Das Fruchtfleisch in etwa 2 cm große Stücke schneiden, waschen und abtropfen lassen. In einer tiefen Pfanne etwa 2 cm hoch Öl erhitzen, die Maniokstücke darin unter Wenden bräunen. Auf Küchenpapier abtropfen lassen, leicht salzen. Den Boniato in der Form servieren, das Chiligemüse und die Maniokstücke dazu reichen.

DIE BUNTE KÜCHE DER KARIBIK

Hunderte von Inseln bilden das Gebiet der Karibik, das von Spaniern, Engländern, Holländern und Franzosen kolonialisiert wurde. Sklaven aus Afrika, später Siedler aus China, Indien und den arabischen Ländern sorgten für eine bunt gemischte Bevölkerung und eine vielfältige Küche. Die Gemüsesorten, die dort täglich auf den Tisch kommen, sind bei uns nur in gut sortierten Feinkostläden zu finden: Süßkartoffeln (Boniato), die es in verschiedenen Sorten gibt, Kochbananen (Platanos) und Maniok, dessen riesige stärkereiche Knollen in der Karibik bereits in prähistorischer Zeit als Nahrungsmittel genutzt wurden. Ebenfalls ein Gericht der Ureinwohner ist das Jerk, ursprünglich als Vorrat gewürztes und getrocknetes Rindfleisch. Später wurde die Bezeichnung auf eine spezielle Würzmischung und einen ganzen Koch-Stil übertragen, bei dem brauner Rum, pfeffriger Ingwer und scharfe Chilischoten die Hauptrolle spielen.

KARIBISCHE BEGRÜSSUNG

Als Indios von Südamerika aus die Karibik besiedelten, brachten sie auch die Ananas mit. Sie war für sie nicht nur erfrischendes Obst, sondern auch das Symbol der Gastfreundschaft. Deshalb wurde die Mischung aus Ananassaft und frischer Kokosmilch, in einer geöffneten Kokosnuss gereicht, zum traditionellen Begrüßungsdrink der Karibik.

Piña Colada

Zutaten für 1 Glas:
125 g frisches Ananasfruchtfleisch
6 cl frische Kokosmilch
6 cl weißer Rum
1 Hand voll gestoßenes Eis

Garnitur:
1 Ananasstück
1 Maraschinokirsche

Das frische Ananasfruchtfleisch in Stücke schneiden, mit Kokosmilch, Rum und gestoßenem Eis in einen Elektromixer geben und etwa 30 Sekunden mixen. In einen hohen Tumbler oder eine geöffnete Kokosnuss gießen.

Ananasstück und Maraschinokirsche auf ein Spießchen stecken und den Cocktail damit garnieren. Mit Trinkhalm servieren.

Planter's Punch

Zutaten für 1 Glas:
viel gestoßenes Eis
8 cl Orangensaft
5 cl brauner Rum (Jamaica oder Martinique)
2 cl frisch gepresster Limettensaft
1 cl Grenadinesirup

Garnitur:
1/2 dicke Orangenscheibe

Etwa 1 Hand voll gestoßenes Eis in einen Shaker füllen. Orangensaft, Rum, Limettensaft und Grenadine dazugeben und kurz schütteln.

Einen Tumbler zur Hälfte mit gestoßenem Eis füllen, den Punch aufgießen und mit der eingeschnittenen Orangenscheibe garnieren. Mit Trinkhalm servieren.

El Presidente

Zutaten für 1 Glas:
3–4 Eiswürfel
3 cl Light Rum (Havanna Club)
1 cl trockener Vermouth
2 dashes Grenadine-Sirup
1 dash Curaçao Triple Sec
1 Stück unbehandelte Orangenschale

Die Eiswürfel in ein Rührglas geben. Rum, Vermouth, Grenadine und Curaçao dazugeben und verrühren. In ein Cocktailglas seihen, die Orangenschale darüber auspressen.

Coco de Martinique

Zutaten für 1 Glas:
viel gestoßenes Eis, 3–4 Eiswürfel
8 cl Orangensaft, 5 cl frische Kokosmilch
je 2 cl Golden Rum und Bénédictine

Garnitur: 1/2 dicke Orangenscheibe

Einen Tumbler zur Hälfte mit gestoßenem Eis füllen. Die Eiswürfel in einen Shaker geben, Orangensaft, Kokosmilch, Rum und Bénédictine dazugießen. Kräftig schütteln und in einen Tumbler seihen. Die Orangenscheibe einschneiden und an den Glasrand stecken.

Daiquiri

Zutaten für 1 Glas:
3–4 Eiswürfel
5 cl Bacardi Light Rum
1 cl Limettensaft
1 Barlöffel Zuckersirup

Garnitur: 1 Limettenscheibe

Die Eiswürfel in einen Shaker geben, Rum, Limettensaft und Zuckersirup darüber gießen.

Kräftig schütteln und in ein großes Cocktailglas seihen. Die Limettenscheibe halb einschneiden und an den Rand stecken.

Tango, Tacos und Tortillas

DIE SCHÖNSTEN REZEPTE AUS LATEINAMERIKA

Chile – Land der Extreme

Für die Passagiere von Kreuzfahrtschiffen aus aller Welt ist Valparaíso, der Hafen von Santiago de Chile, Ausgangspunkt für Ausflüge in eine faszinierende Welt der Gegensätze. Berge, Gletscher, Fjorde, liebliche Weingärten, die unendlichen Weiten Patagoniens und die lebensfeindliche Atacama-Wüste: Kein anderes Land hat eine so bizarre geografische Gestalt wie Chile, das sich in einem schmalen Streifen über 4000 Kilometer am Pazifik entlang erstreckt.

Typische Spezialitäten und die vorzüglichen chilenischen Weine sind bestens geeignet, um sich kulinarisch auf die Vielfalt des Landes einzustimmen. Meeresfrüchte aller Art prägen die Küche und der Blick auf die Fänge der Fischkutter in Valparaíso versetzt Gourmets in Aufregung.

Es ist ein Bilderbuchpanorama: Schneebedeckte Andengipfel bilden die Kulisse Valparaísos, das sich wie ein riesiges Amphitheater auf mehr als vierzig Hügeln an die Hafenbucht schmiegt. Pittoreske Gassen mit bunten Häusern und Treppenfluchten ziehen sich die Hänge empor. Seilbahnen und Aufzüge verbinden die Stadtteile und bieten einen herrlichen Ausblick auf die ganze Bucht.

Einige Kilometer weiter die »Gartenstadt« Viña del Mar, der mondäne Badeort vor den Toren Santiagos. Weiße Sandstrände, breite Palmenalleen und noble Hotels machen diesen Teil der Pazifikküste zu einem wahren Urlaubsparadies.

Nach der Ausfahrt aus dem Hafen, unter den Klängen der Traumschiff-Melodie, nimmt die MS Deutschland wieder Kurs auf das offene Meer. Irgendwo dort draußen im Dunst, weit abgeschieden vor der Küste, liegt die Robinson-Crusoe-Insel, die zu den winzigen, kaum besiedelten Juan-Fernández-Inseln gehört. Auch dies ein Stück der langen Abenteurer- und Erorberergeschichte Chiles ...

Der Nationalpark Torres del Paine im wilden Süden Patagoniens gehört mit seinen tiefblauen Seen, Gletschern und gewaltigen Granitbergen zum landschaftlich Eindrucksvollsten, was Chile zu bieten hat.
Auf dem Land ist die Zeit stehen geblieben: Viele Bauern müssen ohne moderne Maschinen auskommen.

Mexiko – Vermächtnis der Maya

Die Klänge der Mariachi-Kapelle begleiten das Traumschiff bei seiner Einfahrt in den Hafen, bis alle Leinen festgemacht sind und der erste Offizier die Gangway für die Passagiere freigibt. Da stehen sie, die Mariachis, in ihrer bunten Tracht, und begrüßen mit Gitarren, schmetternden Trompeten und schluchzenden Geigen die Gäste. Wir sind in Playa del Carmen auf der mexikanischen Halbinsel Yukatán. Die einzigartige Lage der Landzunge, die vom Golf von Mexiko und vom Karibischen Meer umspült wird, sorgt für türkisblaues Meer und traumhafte Strände. An einer kleinen Strandhütte ein Menschenauflauf, der neugierig macht: Eine Meeresschildkröte paddelt selbstvergessen im flachen Wasser herum, als gäbe es uns nicht. Ein Pelikan schaut vom Mast einer Segeljacht aus zu.

Die wirkliche Sensation aber erwartet die Reisenden dann nach dreistündiger Fahrt durch den Urwald, vorbei an Mangrovensümpfen und kleinen Hüttendörfern. Das Ziel ist Chichén Itzá, die eindrucksvollste und am besten erhaltene Maya-Stätte. Die Anlage ist atemberaubend, vor allem die alles überragende Pyramide des Kukulcán. Der Naturpark Xel-Ha (wörtlich: »wo das Wasser geboren wird«) mit seiner Lagune, kristallklarem Wasser und hervorragenden Tauchmöglichkeiten ist eine weitere lohnende Attraktion.

In Tulum ist Festtag. Die Voladores, indianische Tänzer, die in luftiger Höhe an Seilen schwingend um einen Baum fliegen, halten ihr Publikum in Atem. In der uralten Stadt trifft man überall auf das Erbe der Maya – die Ausgrabungsstätte ist wegen ihrer herrlichen Lage auf den Klippen über dem Meer einzigartig.

Welch ein Kontrast zum Ferienparadies Cancún! Mondäne Hotels, edle Restaurants, noble Geschäfte, Strandbars – ein Hauch von Florida in Mexiko. Das vorgelagerte Riff mit den Inseln Cozumel und Isla Mujeres ist ein beliebtes und einmaliges Tauchrevier. Und wer nach einer langen Nacht Ruhe sucht, der findet im nächsten Dorf garantiert einen romantischen Platz für die Siesta – Hängematte inklusive.

»Mexiko, gewaltig in Entwurf und Farbe, … Mexiko hüllte mich ein in seine Zauberei und sein Licht.«

Der chilenische Lyriker Pablo Neruda (1904–1973)

Die bunten und lebensfrohen mexikanischen Feste sind für Reisende ein ebenso unvergessliches Erlebnis wie ein Besuch der Maya-Stätte Chichén Itzá. Überragt wird die Anlage von der Kukulcán-Pyramide, die die spanischen Eroberer wegen ihrer imposanten Größe auch Castillo, Schloss, nannten.

KEINE MAHLZEIT OHNE MAIS, BOHNEN UND TOMATEN

In Mexiko gehören diese Dips zu jedem Essen dazu: Das Bohnenpüree heißt Frijoles refritos, der Avocado-Dip ist die bekannte Guacamole, und die pikante Tomatensauce wird einfach Salsa genannt. Außer der gekochten ist auch die Salsa cruda aus rohen, gehackten Tomaten sehr beliebt, die mit Koriandergrün und gehackten grünen Chilischoten gewürzt wird. Sie steht in Mexiko so selbstverständlich wie bei uns Salz und Pfeffer auf dem Tisch und wird zu Rühreiern, Fisch und Fleisch gereicht. Mais wird nicht nur als Gemüse gegessen, sondern auch zu Mehl, dem Masa harina, verarbeitet, aus dem die berühmten Tacos, Tortillas und Tostadas gebacken werden. Da die Herstellung von Mais-Tortillas recht zeitaufwändig ist, kauft man sie auch in Mexiko meist fertig gebacken.

Dreierlei Dips mit Tortilla-Chips

Zutaten für 4 Personen:
Für das Bohnenpüree:
1 Zwiebel, 1 Knoblauchzehe
1 EL Schweine- oder Butterschmalz
150 g passierte Tomaten (aus der Dose)
1 getrocknete rote Chilischote
1 Dose Kidney-Bohnen (400 g)
75 ml Gemüsebrühe
Salz, schwarzer Pfeffer
1/4 TL getrockneter Oregano

Für die Tomatensauce:
750 g reife Tomaten
2 Zwiebeln, 3 Knoblauchzehen
2 grüne Chilischoten
75 g Frühstücksspeck
1 EL Öl, Salz, schwarzer Pfeffer
1/2 TL getrockneter Oregano
1 Prise Zucker

Für den Avocado-Dip:
1 reife Tomate
1 kleine Zwiebel, 4 Knoblauchzehen
2 grüne Chilischoten
2 reife Avocados, 3 EL Zitronensaft
Salz, schwarzer Pfeffer

Zum Servieren:
Tortilla-Chips (Nachos)

Für das Bohnenpüree Zwiebel und Knoblauch schälen und fein hacken. In einem Topf das Schmalz erhitzen, Zwiebeln und Knoblauch darin andünsten. Die Chilischote dazubröseln, die Tomatenstücke hinzufügen. Etwa 5 Minuten schmoren, bis die Tomatenstücke zerfallen.

Die Kidney-Bohnen in ein Sieb gießen, kalt abbrausen und abtropfen lassen. Die Bohnen zur Tomatensauce geben und mit einem Kartoffelstampfer glatt zerdrücken. Unter Rühren garen, bis das Bohnenmus cremig ist, dabei nach und nach die Brühe dazugießen. Mit Salz, Pfeffer und Oregano abschmecken und abkühlen lassen.

Für die Tomatensauce die Tomaten überbrühen, häuten, halbieren und entkernen, das Fruchtfleisch in Würfel schneiden. Zwiebeln und Knoblauch schälen und fein hacken. Die Chilischoten längs halbieren, entkernen, waschen und in feine Streifen schneiden. Den Speck in kleine Würfel schneiden.

In einem Topf das Öl erhitzen und die Speckwürfel darin glasig braten. Zwiebeln und Knoblauch dazugeben und goldgelb braten. Tomatenwürfel und Chilistreifen unterrühren, mit Salz, Pfeffer, Oregano und Zucker würzen. Etwa 20 Minuten offen köcheln lassen, bis die Sauce dickflüssig ist. Die Sauce abkühlen lassen.

Für den Avocado-Dip die Tomate überbrühen, häuten, halbieren und entkernen, das Fruchtfleisch in Würfel schneiden. Zwiebel und Knoblauch schälen und fein hacken. Die Chilischoten längs halbieren, entkernen, waschen und in feine Streifen schneiden. Die Avocados halbieren und den Kern entfernen. Das Fruchtfleisch mit einem Löffel herausheben und mit einer Gabel fein zerdrücken. Sofort mit dem Zitronensaft vermischen. Tomaten, Zwiebeln, Knoblauch und Chilistreifen unterrühren, mit Salz und Pfeffer würzen.

Die Dips in Portionsschälchen füllen und mit Tortilla-Chips servieren.

Tostadas mit Garnelen

Zutaten für 4 Personen:
400 g Fleischtomaten
1 grüne Paprikaschote
1 weiße Zwiebel
Tabascosauce
Salz, schwarzer Pfeffer
300 g gemischte Blattsalate
1 kleine Dose Maiskörner (140 g)
4 EL Zitronensaft, 5 EL Öl
250 g ungeschälte Riesengarnelen
4 fertige Tostadas (Tortilla-Schalen)
1 Knoblauchzehe
1 EL Limettensaft
Korianderblättchen zum Garnieren

Für die Sauce die Tomaten überbrühen, häuten, halbieren und entkernen, das Fruchtfleisch in Würfel schneiden. Paprikaschote längs halbieren, entkernen und waschen, die Schotenhälften fein würfeln. Die Zwiebel schälen und hacken. Zwiebeln, Tomaten- und Paprikawürfel in einer Schüssel vermischen, mit etwas Tabascosauce, Salz und Pfeffer kräftig würzen. Kurz durchziehen lassen.

Blattsalate putzen, waschen und trockenschleudern. Mit Maiskörnern, Salz, Pfeffer, Zitronensaft und 3 EL Öl vermischen.

Den Backofen auf 175 °C (Umluft 160 °C) vorheizen. Garnelenpanzer am Rücken mit einer Schere aufschneiden, Garnelen schälen und den dunklen Darm entfernen. Die Garnelen kalt abbrausen und trockentupfen. Die Tostadas im heißen Ofen etwa 10 Minuten aufbacken.

In einer Pfanne das restliche Öl erhitzen und die Garnelen darin bei starker Hitze auf jeder Seite 2 bis 3 Minuten braten. Den Knoblauch schälen und dazupressen. Die Garnelen mit Salz und Pfeffer würzen und mit dem Limettensaft beträufeln.

Die knusprig gebackenen Tostadas mit Salat füllen und die Tomatensauce darüber geben. Die heißen Garnelen darauf legen und die gefüllten Tostadas mit Korianderblättchen garniert servieren.

Chili-Chicken-Wings

Zutaten für 4 Personen:
1,2 kg fleischige Hähnchenflügel
1 große Zwiebel
3–4 Knoblauchzehen, 1 EL Erdnussöl
je 1/2 TL Kreuzkümmelsamen,
Piment- und Korianderkörner
je 1/4 TL getrockneter Thymian
und Oregano
2 getrocknete rote Chilischoten
500 g passierte Tomaten (aus der Dose)
2 EL brauner Rohrzucker, Salz
schwarzer Pfeffer, 2 EL Weißweinessig
1 EL Worcestersauce
2 EL Orangenlikör (nach Belieben)
4 eingelegte Chilischoten (oder
grüne Paprikastreifen), 200 g saure Sahne

Die Hähnchenflügel waschen und die Flügelspitzen abschneiden. Gut trockentupfen und mit Alufolie abgedeckt im Kühlschrank kühl stellen.

Zwiebel und Knoblauch schälen und fein hacken. In einem Topf das Öl erhitzen, Zwiebeln und Knoblauch darin andünsten und weich schmoren. Die Gewürze, Kräuter und Chilischoten im Mörser zerstoßen. Mit den passierten Tomaten zur Zwiebel-Knoblauch-Mischung geben und offen etwa 20 Minuten bei schwacher Hitze köcheln lassen, dabei häufiger umrühren. Mit Zucker, Salz, Pfeffer, Essig, Worcestersauce und nach Belieben mit Orangenlikör abschmecken. Die Sauce beiseite stellen.

Den Holzkohlen- oder Elektrogrill anheizen. Die Hähnchenflügel aus dem Kühlschrank nehmen, mit etwa einem Drittel der Tomatensauce bestreichen. Die Flügel auf jeder Seite etwa 10 Minuten grillen, bis sie braun und knusprig sind.

Die Chicken Wings auf einer Platte anrichten und mit der restlichen Tomatensauce übergießen. Mit den in Scheiben geschnittenen Chilischoten (oder den Paprikastreifen) garnieren. Die saure Sahne glatt rühren und in einem Schälchen zum Dippen dazu reichen.

Blätterteig-Empanadas

Zutaten für 20 Teigtaschen:
1 Paket tiefgekühlter Blätterteig (300 g)
3 EL Rosinen, 4 EL Rotwein
1/2 Bund glatte Petersilie
3 Zweige Koriandergrün
1 kleine Zwiebel, 1 Knoblauchzehe
1–2 rote Chilischoten
50 g gekochter Schinken
100 g mageres Rinderhackfleisch (Tatar)
2 Eier, 50 g saure Sahne
Salz, schwarzer Pfeffer
1 Msp. Cayennepfeffer
Mehl zum Ausrollen

Die Blätterteigplatten ausbreiten und auftauen lassen. Die Rosinen im Rotwein einweichen. Petersilie und Koriandergrün waschen und trockenschütteln, die Blättchen fein hacken. Zwiebel und Knoblauch schälen und fein hacken. Die Chilischoten längs halbieren, entkernen, waschen und fein würfeln. Den Schinken in kleine Würfel schneiden.

Das Hackfleisch mit Rosinen (samt Rotwein), Kräutern, Zwiebeln, Knoblauch, Chilis, Schinken, 1 Ei und saurer Sahne vermischen, mit Salz und Pfeffer würzen.

Den Backofen auf 200 °C (Umluft 180 °C) vorheizen. Die Teigplatten einzeln auf wenig Mehl zu 20 x 20 cm großen Quadraten ausrollen, einmal quer und einmal längs in vier kleine Quadrate teilen. Auf jedes Teigquadrat etwas Hackmasse geben, zu einem Dreieck zusammenfalten und die Teigränder mit einer Gabel andrücken. Das zweite Ei verquirlen und die Teigtaschen damit bestreichen.

Ein Backblech mit kaltem Wasser abspülen, die Teigtaschen darauf setzen und im heißen Ofen etwa 20 Minuten backen, bis sie goldbraun sind. Die Empanadas heiß aus dem Ofen servieren.

Shrimps-Barbecue

Zutaten für 4 Personen:
1 große Zwiebel
3 Knoblauchzehen, 2 EL Öl
je 1 TL Kreuzkümmelsamen,
Piment- und Korianderkörner
je 1/2 TL getrockneter Thymian
und Oregano
2 getrocknete rote Chilischoten
150 ml scharfes Tomaten-Ketchup
150 ml Rotwein
1 EL Tomatenmark
je 2 EL Rotweinessig, brauner Rum
und Worcestersauce
2 TL brauner Rohrzucker
Saft und Schale einer
1/2 unbehandelten Orange
Salz, schwarzer Pfeffer
250 g ungeschälte Riesengarnelen
150 g Frühstücksspeck
(in dünnen Scheiben)
Öl für die Spieße
2 EL gehacktes Koriandergrün

Zwiebel und Knoblauch schälen und fein hacken. In einem breiten Topf das Öl erhitzen, Zwiebeln und Knoblauch darin andünsten und weich schmoren. Die Gewürze und Chilischoten im Mörser zerstoßen. Mit Ketchup, Rotwein, Tomatenmark, Essig, Rum, Worcestersauce und Zucker zu der Zwiebel-Knoblauch-Mischung geben. Orange heiß abwaschen und abtrocknen. Die Schale abreiben, die Frucht auspressen. Orangensaft und abgeriebene Schale hinzufügen und alles offen 15 Minuten köcheln lassen. Den Topf vom Herd nehmen und die Barbecue-Sauce abkühlen lassen.

Garnelen bis auf die Schwanzstücke schälen, den dunklen Darm auf der Rückenseite entfernen. Die Garnelen kalt abbrausen und mit Küchenpapier trockentupfen. Mit der abgekühlten Barbecue-Sauce vermischen und 30 Minuten marinieren.

Den Holzkohlen- oder Elektrogrill anheizen. Die Speckscheiben quer halbieren, vier Schaschlikspieße fetten. Die Garnelen aus der Sauce nehmen und einzeln mit Speck umwickeln. Jeweils 4 bis 5 Garnelen auf einen Schaschlikspieß stecken. Die Garnelen auf jeder Seite bei nicht zu starker Hitze 4 bis 5 Minuten grillen, bis der Speck gebräunt ist.

Die restliche Marinade in einem Topf erhitzen. Mit dem gehackten Koriandergrün bestreuen und zu den Garnelenspießen servieren.

ASADO – DAS SÜDAMERIKANISCHE GRILLFEST

In Südamerika liebt man Picknicks und Feiern unter freiem Himmel, bei denen auf einer Lage von Steinen ein großes Holzfeuer entzündet wird. Ist das Holz so weit abgebrannt, dass es nur noch glüht, werden Fleisch, Würste, Innereien oder Fisch darauf gegrillt. Dabei wird das Grillgut mit einer Würzmischung bestrichen, deren Zusammensetzung stets ein Familiengeheimnis ist. Auf jeden Fall enthält sie reichlich Knoblauch, Chilischoten und Rotwein oder stärkere Alkoholika. Als Beilage gibt es Kochbananen, die auf den heißen Steinen gegart werden. Und damit die Zeit bis zum Hauptgericht schneller vergeht, werden Empanadas als Vorspeise gegessen.

Thunfischsteaks mit schwarzer Bohnen-Salsa

Zutaten für 4 Personen:
200 g getrocknete schwarze Bohnen
1 Lorbeerblatt, Salz
1 reife Fleischtomate
1 rote Zwiebel, 2 Frühlingszwiebeln
1 grüne Chilischote
100 g Maiskörner (aus der Dose)
4 EL Öl, 2 EL Limettensaft
schwarzer Pfeffer
4 frische Thunfischsteaks (à 125 g)
1 Msp. gemahlener Kreuzkümmel
2 EL gehacktes Koriandergrün

Die Bohnen in kaltem Wasser mindestens 12 Stunden – am besten über Nacht – einweichen. Die Bohnen dann mit frischem Wasser und dem Lorbeerblatt aufsetzen, langsam aufkochen und bei schwacher Hitze zugedeckt etwa 2 Stunden köcheln lassen. Kurz vor Ende der Garzeit salzen.

Die Tomate überbrühen, häuten, halbieren und entkernen, das Fruchtfleisch in Würfel schneiden. Die Zwiebel schälen und fein hacken. Die Frühlingszwiebeln putzen, waschen und in feine Ringe schneiden. Die Chilischote längs halbieren, entkernen, waschen und möglichst fein würfeln. Die Maiskörner in ein Sieb abgießen und abtropfen lassen, dabei die Flüssigkeit auffangen.

Die Bohnen abgießen und abtropfen lassen. In einem Topf 1 EL Öl erhitzen, Zwiebeln und Chiliwürfel darin andünsten. Bohnen, Maiskörner und wenig Maisflüssigkeit hinzufügen, einmal aufkochen. Frühlingszwiebeln, Tomaten und Limettensaft dazugeben. Salzen, pfeffern und warm halten, nicht mehr kochen lassen.

Thunfischsteaks waschen und trockentupfen, mit Kreuzkümmel, Salz und Pfeffer würzen. In einer Pfanne 3 EL Öl erhitzen, die Thunfischsteaks darin auf jeder Seite 2 Minuten braten. Die Pfanne vom Herd nehmen, den Fisch noch 2 Minuten nachziehen lassen. Den gehackten Koriander unter die Bohnen-Salsa mischen. Die Fischsteaks mit der Salsa anrichten.

Pikantes Fischragout

Zutaten für 6 Personen:
500 g Fischkoteletts (z. B. Kabeljau, Steinbutt oder schwarzer Heilbutt)
500 g geschälte Riesengarnelen
2 EL Zitronensaft
1 kleine Kokosnuss
100 g getrocknete Garnelen
1 große Zwiebel
3 Knoblauchzehen
2–4 rote Chilischoten
100 g gemahlene Erdnüsse
5 EL Olivenöl
1 Lorbeerblatt
Salz, 2 EL Maismehl

Fischkoteletts und Garnelen waschen, mit Zitronensaft beträufeln und kühl stellen. An der Kokosnuss die drei Vertiefungen einstechen, den milchigen Saft auffangen und beiseite stellen. Die Schale aufschlagen, das Fruchtfleisch zerteilen, schälen und raspeln. Mit 1½ l kochendem Wasser übergießen, 15 Minuten ziehen lassen.

Getrocknete Garnelen in einer Pfanne anrösten und im Mörser fein zerstampfen. Zwiebel und Knoblauch schälen und in Scheiben schneiden. Chilischoten längs halbieren, entkernen, waschen und fein hacken. Die Kokosmischung durch ein mit einem Tuch ausgelegtes Sieb gießen, Raspel gut ausdrücken. Diese Kokosmilch mit den Erdnüssen und den zerstampften Garnelen vermischen, aufkochen und offen etwa 20 Minuten köcheln lassen.

In einem Schmortopf 3 EL Öl erhitzen, Zwiebeln, Knoblauch, Chilis und Lorbeer darin andünsten. 400 ml Wasser angießen, 5 Minuten kochen lassen, salzen. Fisch und Garnelen dazugeben und zugedeckt bei schwacher Hitze 15 Minuten ziehen lassen, herausheben. Fischsud und Kokosmilch durch ein Sieb in einen Topf gießen und erhitzen. Maismehl mit Wasser anrühren, zur Kokosbrühe gießen und unter Rühren etwa 30 Minuten zu einem dicken Brei einköcheln lassen. Die Fischstücke häuten und entgräten, mit Garnelen, restlichem Öl und der beiseite gestellten Kokosmilch dazugeben und salzen.

Geschmorte Entenkeulen auf Reis

Zutaten für 4 Personen:
4 Entenkeulen (à 250 g)
1/2 TL Kreuzkümmelsamen
1 Lorbeerblatt, 1 TL grobes Meersalz
1 Prise Cayennepfeffer
1/2 l Bier, 3 EL Limettensaft
1–2 EL Mehl, 3 EL Butterschmalz
250 g Möhren, 1 Zwiebel
2 Knoblauchzehen, 2 EL Öl
300 g Langkorn-Reis
ca. 600 ml Gemüsebrühe
Salz, schwarzer Pfeffer
1 Bund Koriandergrün

Die Entenkeulen waschen und mit Küchenpapier trockentupfen. Für die Marinade den Kreuzkümmel und das Lorbeerblatt in einem Mörser mit dem groben Meersalz zerreiben, mit Cayennepfeffer, Bier und Limettensaft verrühren. Die Entenkeulen mit der Marinade übergießen und zugedeckt im Kühlschrank 4 Stunden ziehen lassen, die Keulen ab und zu wenden.

Die Keulen aus der Marinade nehmen, trockentupfen und leicht mit Mehl bestäuben. In einem breiten Schmortopf das Schmalz erhitzen, die Keulen darin 10 bis 15 Minuten kräftig anbraten. Die Keulen aus dem Topf nehmen und das Fett bis auf einen kleinen Rest abgießen. Den Bratensatz mit der Marinade ablöschen und unter Rühren auflösen. Die Entenkeulen wieder in den Topf geben und zugedeckt bei schwacher Hitze etwa 1 1/2 Stunden schmoren lassen, dabei ab und zu mit dem Schmorsud übergießen.

Nach 1 Stunde den Reis zubereiten: Die Möhren putzen, schälen und in Würfel schneiden. Zwiebel und Knoblauch schälen und fein hacken. In einem Topf das Öl erhitzen, Zwiebeln und Knoblauch darin andünsten. Die Möhrenwürfel und den Reis einrühren und kurz mitdünsten. Die Brühe dazugießen und den Reis zugedeckt etwa 15 Minuten bissfest garen.

Die Entenkeulen mit Salz und Pfeffer abschmecken. Das Koriandergrün waschen und trockenschütteln, die Blätter von den Stielen zupfen und grob zerschneiden. Den Koriander unter den Reis rühren. Die Entenkeulen auf dem Reis anrichten und mit der Sauce servieren.

DER LIEBLINGSAUFLAUF DER CHILENEN

Außer Fischen und Meeresfrüchten, die vor der langen Küste reichlich gefangen werden, wird in Chile gern Fleisch gegessen, vor allem gegrillt oder gebraten. Für ein besonderes Festessen, das Curanto, wird eine Grube am Strand mit heißen Steinen gefüllt, darauf kommen Geflügel, Fleischstücke und Meeresfrüchte, die mit Blättern abgedeckt stundenlang garen. Mit weniger großem Aufwand lässt sich der Pastel de choclo aus Hackfleisch, Hähnchen, Mais, Oliven und Rosinen zubereiten. Die Kombination von süß und pikant ist in der chilenischen Küche allgemein sehr beliebt; bei diesem deftigen Auflauf reicht man noch extra Zucker zum Bestreuen dazu. Im Originalrezept wird ein ganzes Hähnchen mit Knochen zerteilt, gebraten und auf den Auflauf gelegt.

Pastel de choclo

Zutaten für 6 Personen:
6 Hähnchenbrustfilets, ca. 3 EL Öl
Salz, schwarzer Pfeffer
ca. 2 TL gemahlener Kreuzkümmel
6 große Maiskolben, 3 EL Butter
2 EL gehacktes Basilikum
200 ml Milch, 4 Zwiebeln
500 g Rinderhackfleisch
(oder Schweinehackfleisch)
1 Prise Chilipulver
4 hart gekochte Eier
1 Tasse schwarze Oliven, 1 Tasse Rosinen
2 EL brauner Rohrzucker

Hähnchenbrustfilets waschen, trockentupfen und quer halbieren. In etwas Öl rundherum goldbraun anbraten. Mit Salz, Pfeffer und Kreuzkümmel würzen und beiseite stellen.

Die Körner von den Maiskolben abschaben. Die Butter zerlassen, die Maiskörner und das gehackte Basilikum darin kurz andünsten und salzen. Unter Rühren nach und nach die Milch dazugießen und kochen, bis die Mischung dick wird. Bei schwacher Hitze 5 Minuten ziehen lassen, dann vom Herd nehmen.

Die Zwiebeln schälen, hacken und im restlichen Öl glasig dünsten. Das Hackfleisch hinzufügen und krümelig anbraten. Mit Salz, Pfeffer, Chilipulver und restlichem Kreuzkümmel würzen.

Backofen auf 200 °C (Umluft 180 °C) vorheizen. Die Hackmischung in eine flache ofenfeste Form oder in Portionsförmchen geben. Die Eier pellen und in Scheiben schneiden, mit den Oliven und Rosinen auf dem Hackfleisch verteilen. Die Hähnchenstücke darauf legen und die Maismasse darüber streichen. Mit Zucker bestreuen. Im heißen Ofen etwa 30 Minuten backen, bis die Oberfläche gebräunt ist.

Margarita

Zutaten für 1 Glas:
1 Stück Zitrone, feines Salz
3 Eiswürfel
2 cl frisch gepresster Limettensaft
1 cl Curaçao Triple Sec
3 cl Tequila

Den Rand eines (möglichst vorgekühlten) Cocktailglases mit der Zitrone anfeuchten und in Salz drehen, sodass es einen Salzrand erhält. Die Eiswürfel mit Limettensaft, Curaçao und Tequila in einen Shaker füllen und kräftig schütteln. In das Cocktailglas seihen und servieren.

Frozen Margarita

Zutaten für 1 Glas:
knapp 1 Hand voll gestoßenes Eis
4 cl Tequila
3 cl frisch gepresster Limettensaft
2 cl Curaçao Triple Sec
1 Prise Salz

Das gestoßene Eis mit Tequila, Limettensaft, Curaçao und Salz in einen Elektromixer geben, 1 bis 2 Minuten auf höchster Stufe mixen. In einen Tumbler füllen und mit Trinkhalm servieren.

Von der Frozen Margarita gibt es viele Abwandlungen mit Fruchtpürees. Da sie nicht in Gläsern mit Salzrand serviert werden, gibt man eine Prise Salz zum Drink.

Springtime

Zutaten für 1 Glas:
gestoßenes Eis
4 cl Tequila
2 cl frisch gepresster Limettensaft
2 cl Curaçao Triple Sec
1 cl Pfefferminzlikör
Tonic Water zum Auffüllen

Garnitur:
Salatgurkenstreifen, Minzeblättchen

Ein Longdrinkglas etwa zu einem Drittel mit gestoßenem Eis füllen. Tequila, Limettensaft, Curaçao und Pfefferminzlikör darüber gießen und umrühren. Mit Tonic Water auffüllen und mit Salatgurkenstreifen und Minze garnieren.

Tequila Sunrise

Zutaten für 1 Glas:
3–4 Eiswürfel
4 cl Tequila
1 cl frisch gepresster Limettensaft
1 cl Curaçao Orange
1 Barlöffel Johannisbeerlikör
(Crème de Cassis)
gestoßenes Eis
Sodawasser zum Auffüllen

Garnitur: 1 Limettenscheibe

Die Eiswürfel, Tequila, Limettensaft, Curaçao und Johannisbeerlikör in einen Shaker füllen und kräftig schütteln.

Ein Longdrinkglas zu einem Drittel mit gestoßenem Eis füllen, den Drink darüber seihen und mit Sodawasser auffüllen. Mit der Limettenscheibe garnieren und mit Trinkhalm servieren.

Caipirinha

Zutaten für 1 Glas:
1 unbehandelte Limette
1–2 TL brauner Rohrzucker
(oder weißer Zucker)
6 cl Pitú (Cachaça – weißer Zuckerrohrbrand)
gestoßenes Eis

Die Limette heiß abwaschen, in Stücke schneiden und in einen Tumbler oder ein Whiskyglas geben. Den Zucker dazugeben, mit einem Stößel zerstampfen und den Limettensaft ausdrücken. Pitú dazugeben und mit gestoßenem Eis auffüllen. Gut umrühren und servieren.

Batido de piña

Zutaten für 1 Glas:
1/2 Tasse Ananaswürfel
1–2 Barlöffel Zuckersirup
5 cl Pitú (Cachaça – weißer Zuckerrohrbrand)
1 Hand voll gestoßenes Eis

Garnitur: 1 Ananasstück, Minze

Die Ananaswürfel mit Zuckersirup, Pitú und gestoßenem Eis in einen Elektromixer geben und bei höchster Stufe 2 bis 3 Minuten mixen. In einen Tumbler oder ein Becherglas gießen. Ananasstück und Minze auf ein Spießchen stecken und den Cocktail damit garnieren. Mit Trinkhalm servieren.

Surfer, Seafood und Aloha

EIN KÜCHEN-TRIP VON HAWAII ZU DEN BERMUDAS

Bermuda – Inselleben in Pastell

Nach der nächtlichen Fahrt auf dem Atlantik beginnt der Tag heute mit einem atemberaubenden Blick auf die Strände von Bermuda. Die ganze Insel scheint eine Komposition in Hellblau, Grün und Pink zu sein: Unter weißen Muschelkalkdächern leuchten pastellfarben gestrichene Häuser inmitten üppiger Vegetation von den Anhöhen. Weiße Luxusjachten durchpflügen das Wasser in der sanft geschwungenen Bucht des Great Sound, amerikanischer Reichtum vor der Kulisse einer britischen Kronkolonie.

Als sich die MS Deutschland langsam an die Kaimauer der alten Stadt St. George schiebt, deren historische Gebäude zu den ältesten auf den insgesamt 300 kleinen und großen Inseln gehören, macht sich an Deck gespannte Erwartung breit. Zwei Hafenbeamte in dunkelgrünen Bermudashorts, Krawatte und Blazer betreten die Gangway, nehmen Papiere entgegen. Dann ist der Weg frei für die Reisenden – zehn Stunden Zeit, die Bermudas zu erkunden.

Die Mischung aus exotischer Natur, luxuriösem Lebensstil und historischem Ambiente ist einzigartig. St. George mit seinen pittoresken Gassen kann nur die Inselhauptstadt Hamilton Konkurrenz machen, die man per Taxi, mit dem Bus oder per Moped erreicht – Mietautos gibt es auf den Bermudas nicht. Vorbei am flamingorot leuchtenden Hotel Princess Hamilton fährt man in die Front Street ein, deren Verkehrspolizisten-Käfig auf der kleinen Kreuzung weltberühmt geworden ist. Bunte Geschäftshäuser im Kolonialstil ziehen sich am Wasser entlang, einige hundert Meter dahinter erstreckt sich das ehrwürdige Parlamentsgebäude.

Bei einer kurzen Rundfahrt über die Insel wird deutlich, dass abseits der schmalen Straßen nicht nur mondäne Millionärsvillen das Gesicht von Bermuda prägen, sondern an den Buchten und auf den Hügeln auch viele kleine malerische Häuser die Geschichte der Inselgruppe zu erzählen wissen: Walfang, Schmuggel und viele andere aufregende Kapitel gehören zu den vergangenen 400 Jahren dieser Kolonie.

Außerhalb des Korallenriffs zieht ein weiteres Kreuzfahrtschiff vorbei, es wird in Hamilton direkt an der Front Street anlegen. Es ist später Nachmittag, Zeit, das Taxi zurück nach St. George zu nehmen. Unterwegs, hoch oben auf einem der herrlichen Golfplätze, lassen wir ein letztes Mal den Blick über das sanftblaue Meer schweifen. Der Kellner im Golfhaus serviert Rum Swizzle, den schönsten Sundowner, den man sich vorstellen kann. Auch er gehört zur Tradition der Insel, zur Seefahrt und zum Müßiggang.

Die Läden in der Front Street von Hamilton sind für Bermuda-Touristen die beste Shopping-Adresse. Bei den frischen Auslagen an kleinen Verkaufsständen holt man sich Appetit fürs Dinner.

Schon eine Stunde später heißt es wieder an Bord gehen. Alle bleiben noch draußen an Deck, die Luft ist warm und samtig. Und jeder ahnt: Die Farben der Bermudas werden noch lange nachwirken ...

Hawaii – Wellen und Krater

Die dunklen Rücken der zehn Buckelwale erheben sich in Wellenbewegungen, auf- und abtauchend, aus dem Wasser und lassen die begeisterten Passagiere an der Reling des Traumschiffs staunen. Bis zum Deck hört man das Schnaufen der tonnenschweren Tiere. Als zwei der Kolosse aus dem Wasser schnellen und akrobatische Luftsprünge vollführen, ertönt lauter Jubel: Aloha!

Hawaii pur vor der Insel Maui: Surferparadies und Insel der Träume mit samtweicher pazifischer Luft. In der Ferne lockt der Vulkan Haleakala mit seinem gewaltigen Krater. Frühaufsteher fahren schon vor Beginn der Dämmerung hinauf zum Gipfel des Berges, um dort den schönsten Sonnenaufgang der Welt zu erleben. Warum der Berg Haleakala, »Haus der Sonne«, heißt, wird man von dieser Stunde an verstehen.

Durch weite Zuckerrohrplantagen, Ananasfelder und Taro-Pflanzungen führt die Straße quer über die Insel zur historischen Walfängerstadt Lahaina, ehemals Hauptstadt des Königreichs Hawaii. Der mächtige Banyan-Baum vor dem Gerichtsgebäude, weit ausladend und seit beinahe 130 Jahren das berühmteste Gewächs weit und breit, hätte viele Geschichten über Maui zu erzählen: über strenge Missionare, raubeinige Walfänger und über den Untergang der hawaiischen Kultur mit ihren polynesischen Wurzeln.

Heute bestimmen die Touristen den Rhythmus der Stadt. Abseits der alten Holzhäuser aus der Kolonialzeit führt die Inseltour zum Sandstrand des Kaanapali Beach. Unter Palmen genießen die Gäste den süffigen orangeroten Mai-Tai-Drink. Sehnsüchtig gehen die Blicke zurück auf die tiefgrünen Berge, deren Blütenpracht mit Farnen und Orchideen im tropischen Regen täglich zu explodieren scheint. Erinnerung an den Ausflug zum Iao Valley, einem romantischen Wildbachtal. Am Nachmittag kommt Wind auf, Wolken am »Haus der Sonne«. Und draußen auf dem Meer kommen endlich die Wale zurück.

Riesige Buckelwale im tiefblauen Meer, anmutige Schönheiten beim Hula-Tanz, traumhafte Strände, an denen man unter Palmen die Seele baumeln lassen kann: Kein Wunder, dass viele die Hawaii-Inseln für das Paradies auf Erden halten.

Roh gebeizter Thunfisch mit Frühlingszwiebeln

Zutaten für 4 Personen:
500 g ganz frisches helles Thunfischfilet
(oder Red-Snapper-Filet)
1 EL Limettensaft
1 rote Zwiebel
1/2 Bund Frühlingszwiebeln
1 haselnussgroßes Stück Ingwer
1 rote Chilischote
4–6 EL helle Sojasauce
2 TL Sesamöl
Salz, schwarzer Pfeffer
1 TL heller Sesamsamen

Das Fischfilet waschen, trockentupfen und in Würfel schneiden. In eine Schüssel geben und mit dem Limettensaft vermischen.

Die Zwiebel schälen und fein hacken. Die Frühlingszwiebeln putzen, waschen und samt Grün in dünne Ringe schneiden. Den Ingwer schälen und fein hacken. Die Chilischote längs halbieren, entkernen, waschen und sehr fein würfeln. Alles mit Sojasauce und Sesamöl unter die Fischstücke mischen, mit Salz und Pfeffer abschmecken. Zugedeckt 2 bis 3 Stunden im Kühlschrank marinieren.

Den Sesamsamen in einer Pfanne ohne Fett hellbraun rösten und zum Servieren über den Fischsalat streuen.

Garnelen mit Dips

Zutaten für 4 Personen:
Für den Knoblauch-Dip:
1 Knoblauchzehe
100 g Doppelrahm-Frischkäse
100 g Schmand (oder Crème fraîche)
Salz, weißer Pfeffer

Für den Koriander-Dip:
2 getrocknete, in Öl eingelegte Tomaten
70 g Mayonnaise
70 g Schmand (oder Crème fraîche)
Salz, schwarzer Pfeffer
2 TL grob gehacktes Koriandergrün

Für den Gurken-Dip:
1 kleine Gärtnergurke
Salz, 1 Bund Dill
200 g Schmand (oder Crème fraîche)
1 TL Zitronensaft
schwarzer Pfeffer

Außerdem:
500 g mittelgroße ungeschälte Garnelen
einige Blätter Romanasalat
einige Zitronenachtel

Für den Knoblauch-Dip den Knoblauch schälen und hacken. Unter den Frischkäse mischen und mit Schmand, Salz und Pfeffer verrühren.

Für den Koriander-Dip die getrockneten Tomaten auf Küchenpapier abtropfen lassen. Das Fruchtfleisch von den Häuten schaben und klein schneiden. Die Tomatenstücke mit der Mayonnaise und dem Schmand verrühren. Mit Salz und Pfeffer kräftig würzen, das Koriandergrün untermischen.

Für den Gurken-Dip die Gurke waschen und trockenreiben. Auf der Gemüsereibe fein raspeln, mit Salz vermischen und etwas ziehen lassen. Den Dill waschen und trockenschütteln, die Dillspitzen abzupfen, die Stängel beiseite legen. Die Dillspitzen fein hacken. Den Schmand cremig rühren. Die Gurkenraspel fest ausdrücken und mit den Dillspitzen unter die Sahne mischen. Mit Zitronensaft, Salz und Pfeffer kräftig abschmecken.

Die Garnelen in einem Sieb kalt abbrausen. Die Dillstängel mit etwa 2 l Wasser aufkochen und salzen. Die Garnelen in das kochende Wasser geben und den Topf vom Herd nehmen. Die Garnelen 5 Minuten ziehen lassen, in ein Sieb abgießen und abtropfen lassen. Die Garnelen bis auf das Schwanzstück schälen. Die Salatblätter waschen, trockenschütteln und in Streifen schneiden. Die Garnelen auf den Salatblättern mit Zitronenachteln anrichten und mit den Dips servieren.

ROHER FISCH UND GARNELEN

Der Thunfischsalat aus fangfrischem rohem Fischfilet ist auf Hawaii eine beliebte Delikatesse; er ähnelt dem mexikanischen Cevic, der aber wesentlich schärfer ist. In beiden Fällen wird das Fischeiweiß durch die Säure des Limettensafts ohne Hitze »gegart«. Die Sesamsamen mischt man auch gern mit gehackten Macadamianüssen unter den Salat. Garnelen in jeder Größe spielen auf den Bermudas bei fast allen Gerichten mit Fisch oder Meeresfrüchten eine wichtige Rolle. Besonders häufig werden sie zu Lachs serviert oder – wie hier – einfach als Vorspeise mit pikanten Dips. Garnelen in der Schale sind aromatischer als geschälte und deshalb für dieses Gericht besser geeignet.

Caesar Salad mit Hähnchen-Croûtons

Zutaten für 4 Personen:
1 Kopf Romanasalat (ca. 500 g)
100 g Salat-Mayonnaise
2 EL Zitronensaft
2–3 Spritzer Tabascosauce
6 in Salz eingelegte Sardellenfilets
50 g Parmesan (am Stück)
250 g Hähnchenbrustfilet
Salz, weißer Pfeffer
6 dünne Scheiben Frühstücksspeck
2 Knoblauchzehen, 4 EL Olivenöl
4–5 EL Maismehl

Den Romanasalat putzen, waschen und trockenschleudern. Die Blätter in etwa 2 cm breite Streifen schneiden. Für das Dressing die Mayonnaise mit dem Zitronensaft und der Tabascosauce verrühren. Sardellenfilets kalt abspülen, trockentupfen und in kleine Stücke schneiden. Unter das Dressing mischen.

Den Parmesan mit einem Sparschäler in feine Scheiben hobeln. Das Hähnchenfilet waschen, trockentupfen und in etwa 1 cm große Würfel schneiden. Mit Salz und Pfeffer würzen.

Den Speck in schmale Streifen schneiden. Den Knoblauch schälen und fein hacken. In einer Kasserolle das Öl erhitzen, die Speckstreifen darin knusprig braten. Mit einem Schaumlöffel herausheben und auf Küchenpapier abtropfen lassen. Die Hähnchenwürfel im Maismehl wenden und im Specköl etwa 7 Minuten rundherum goldbraun und knusprig braten.

Inzwischen die Salatstreifen mit dem Dressing vermischen und auf Tellern anrichten. Hähnchen-Croûtons, Speckstreifen und Parmesanscheiben darüber verteilen, den Salat sofort servieren.

Jakobsmuscheln in Sahnesauce

Zutaten für 4 Personen:
250 g Jakobsmuschelfleisch
(eventuell tiefgekühlt)
125 g Champignons
1 EL Zitronensaft
2 Frühlingszwiebeln
1 rote Chilischote
Salz, weißer Pfeffer
2 EL Butter
150 g Sahne

Das Muschelfleisch in ein Sieb geben, kalt abbrausen und abtropfen (oder auftauen) lassen. Die Pilze putzen, in dünne Scheiben schneiden und mit Zitronensaft beträufeln. Die Frühlingszwiebeln putzen und waschen. Den weißen Teil in feine Ringe, den grünen längs in dünne Streifen schneiden. Die Chilischote längs halbieren, entkernen, waschen und fein hacken.

Vom Jakobsmuschelfleisch die »Nüsse« (weiße Muskelstücke) quer halbieren, den »Corail« (orangefarbener Rogensack) ganz lassen. Mit Küchenpapier trockentupfen, salzen und pfeffern. In einer Pfanne die Butter zerlassen und die Muschelnüsse darin bei mittlerer Hitze auf jeder Seite etwa 1 Minute anbraten, herausnehmen.

Die Champignons in der Pfanne braten, bis der austretende Saft verdampft ist. Frühlingszwiebelringe und Chilis unterrühren und etwa 5 Minuten dünsten. Die Sahne angießen und etwa um ein Drittel einkochen lassen.

Das Muschelfleisch (Nüsse und Corail) in der Sauce heiß werden lassen, mit Salz und Pfeffer würzen. Auf kleinen Tellern anrichten und mit dem Frühlingszwiebelgrün garnieren. Dazu servieren Sie am besten frisch geröstete Toastbrote.

Meeresfrüchteeintopf

Zutaten für 4 Personen:
2 Zwiebeln
4 Knoblauchzehen
je 1 rote und grüne Chilischote
4 mittelgroße Tomaten, 3 EL Olivenöl
250 g Tomatenpüree (aus der Dose)
350 ml trockener Weißwein
2 Stängel Oregano
Salz, schwarzer Pfeffer
500 g Miesmuscheln
500 g Meerwolf- oder Lengfischfilet
1 EL Zitronensaft
1 fertig gekochter Hummer (500 g)
1/2 Bund glatte Petersilie

Zwiebeln und Knoblauch schälen und fein hacken. Chilischoten längs halbieren, entkernen, waschen und fein hacken. Die Tomaten überbrühen, häuten, halbieren und entkernen.

In einem großen Topf das Öl erhitzen, Zwiebeln, Knoblauch und Chilis darin andünsten. Das Tomatenpüree mit dem Wein verrühren und dazugießen, die gehäuteten Tomatenhälften hinzufügen.

Den Oregano waschen und trockenschütteln, die Blättchen von den Stielen zupfen und unter die Tomaten rühren. Mit Salz und Pfeffer kräftig abschmecken und zugedeckt etwa 15 Minuten bei schwacher Hitze köcheln lassen.

Die Muscheln gründlich waschen, eventuell die Bärte entfernen. Geöffnete Muscheln aussortieren. Fischfilet waschen, trockentupfen, in Stücke schneiden und mit Zitronensaft beträufeln. Den Hummer mit einem scharfen Messer längs halbieren, den Magensack entfernen und das Fleisch auslösen. Die Scheren mit einem Hammer oder einer Zange aufknacken, das Fleisch auslösen. Alles in nicht zu kleine Stücke zerteilen. Fischstücke, Muscheln und Hummerfleisch in die Sauce geben und 7 Minuten köcheln lassen.

Inzwischen die Petersilie waschen und trockenschütteln, die Blätter von den Stielen zupfen und grob hacken. Den Eintopf mit der Petersilie bestreut servieren.

Fischsuppe mit Papaya

Zutaten für 4 Personen:
2 Zwiebeln, 2 große Möhren
2 große Kartoffeln
1 kleine, nicht zu reife Papaya
2 Stangen Staudensellerie
70 g Schinkenspeck
2 EL Öl, 700 ml Fischfond
500 g geschälte Tomaten (aus der Dose)
4 EL brauner Rum, 2 EL Sherry dry
1 TL Tabascosauce, 1 Lorbeerblatt
je 1 TL schwarze Pfefferkörner und getrockneter Thymian
2 Gewürznelken
500 g helles Fischfilet
(z. B. Seelachs oder Schellfisch)
2 EL gehackte Petersilie

Die Zwiebeln schälen und grob hacken. Möhren, Kartoffeln und Papaya schälen. Die Papaya halbieren und mit einem Löffel die schwarzen Kerne entfernen. Das Papayafruchtfleisch, die Möhren und die Kartoffeln in etwa 1 cm große Würfel schneiden. Den Staudensellerie putzen, waschen und in 1/2 cm dicke Scheiben schneiden. Den Schinkenspeck in kleine Würfel schneiden.

In einem großen Topf das Öl erhitzen. Die Schinkenspeckwürfel darin auslassen und anbraten. Die Speckwürfel mit einem Schaumlöffel herausheben. Zwiebel-, Papaya- und Gemüsewürfel im verbliebenen Bratfett leicht andünsten, sie dürfen nicht bräunen.

Den Fischfond, Tomaten, braunen Rum, Sherry, Tabascosauce und die Gewürze dazugeben. So viel Wasser angießen, dass die Zutaten gut bedeckt sind. Aufkochen lassen und zugedeckt bei schwacher Hitze 25 bis 35 Minuten garen.

Das Fischfilet waschen, trockentupfen und in etwa 1 cm große Würfel schneiden. Mit der Petersilie unter den Eintopf rühren und noch 5 Minuten ziehen lassen. Die Fischsuppe vor dem Servieren mit Salz und Pfeffer abschmecken.

Lamm mit Wildreis-Pfannkuchen

Zutaten für 4 Personen:
8 Lammkoteletts
(über 2 Rippen geschnitten)
2 EL süßer Senf, 1 TL scharfer Senf
75 g Wildreis, Salz
3 Schalotten, 2 EL Butter
2 Eier, 3 EL Geflügelfond
1/2 EL gehackter Thymian
oder Oregano
3 EL Mehl, Olivenöl zum Braten
schwarzer Pfeffer

Lammkoteletts waschen und mit Küchenpapier trockentupfen. Beide Senfsorten verrühren und die Koteletts auf beiden Seiten damit bestreichen. Beiseite stellen.

Für die Pfannkuchen in einem Topf etwa 1/2 l Salzwasser aufkochen, den Reis einstreuen und zugedeckt etwa 45 Minuten bei schwacher Hitze quellen lassen.

Die Schalotten schälen und in sehr feine Würfel schneiden. In einer kleinen Pfanne die Butter erhitzen, die Schalottenwürfel darin glasig dünsten. Von der Herdplatte nehmen und abkühlen lassen.

Die Eier trennen. Eiweiß mit einer Prise Salz zu steifem Schnee schlagen. Den gegarten Reis in ein Sieb abgießen, kalt abbrausen und gut abtropfen lassen. Mit Eigelb, Schalottenwürfeln, Geflügelfond, Thymian und Mehl vermischen. Den Eischnee unterheben. Backofen auf 75 °C anheizen, Teller darin vorwärmen.

In einer Pfanne etwas Öl erhitzen. Mit einem Esslöffel aus der Reismasse kleine Pfannkuchen formen und im Öl auf jeder Seite etwa 3 Minuten goldbraun braten. Auf den Tellern warm halten.

Die Lammkoteletts in etwas frischem Öl bei starker Hitze auf jeder Seite etwa 5 Minuten braten. Pfeffern, neben den Pfannkuchen anrichten und servieren. Als Beilage passt dazu sehr gut in Butter geschwenktes junges Gemüse.

Spanferkelrücken auf Luau-Art

Zutaten für 4 Personen:
1 kg Spanferkelrücken (oder Schweineschulter mit Schwarte)
4 Knoblauchzehen
1 TL abgeriebene Orangenschale
1 TL getrockneter Oregano
Salz, schwarzer Pfeffer
1 kleine frische Ananas
(200 g Fruchtfleisch)
2 rote Chilischoten
50 g brauner Rohrzucker
2 EL Weißweinessig, Tabascosauce
2–3 Lorbeerblätter (möglichst frische)
100 g würzige Blätter (z. B. Kardamomblätter, Bärlauch, Weinblätter)
oder Salatblätter

Spanferkelrücken kalt abspülen, mit Küchenpapier trockentupfen. Die Schwarte mit einem scharfen Messer rautenförmig einschneiden. Den Knoblauch schälen und zerkleinern, im Mörser mit Orangenschale, Oregano, Salz und Pfeffer zu einer Paste zerreiben. Das Fleisch mit der Paste einreiben, im Kühlschrank 3 bis 4 Stunden marinieren.

Für die Sauce die Ananas schälen und längs vierteln. Den harten Strunk in der Mitte entfernen, das Fruchtfleisch in Stücke schneiden und im Mixer pürieren. Chilischoten längs halbieren, entkernen, waschen und fein hacken. In einem Topf den Zucker mit einigen Tropfen Essig beträufeln und erhitzen, bis er leicht karamellisiert. Die Chilis untermischen, den restlichen Essig und das Ananaspüree unterrühren, einmal aufkochen. Den Topf vom Herd nehmen und das Püree mit Salz, Pfeffer und Tabascosauce pikant abschmecken. Abkühlen lassen und zugedeckt im Kühlschrank aufbewahren.

Einen Römertopf wässern. Die Blätter waschen, die Hälfte davon in den Römertopf legen. Den Spanferkelrücken mit der Schwartenseite nach oben darauf legen, mit Lorbeer und den übrigen Blättern abdecken und den Topf verschließen.

Den Römertopf in den kalten Ofen stellen, auf 220 °C (Umluft 200 °C) schalten und 1 1/2 Stunden garen. Dann die Temperatur auf 90 °C (Umluft 80 °C) zurückschalten, den Braten noch 2 bis 3 Stunden garen. Die Blätter abnehmen und den Braten auf einer Platte anrichten. Mit der kalten Ananassauce servieren.

HAWAIISCHES LUAU

Seit alters her werden Festtage auf Hawaii mit einem Luau begangen, einem feierlichen Mahl, mit dem früher Herrscher, Würdenträger oder Gäste unter freiem Himmel bewirtet wurden. Solche Feste, ob Hochzeiten oder Geburtstage, dauerten oft mehrere Tage und erforderten lange Vorbereitungen. Heute ist das Luau vor allem eine viel besuchte Touristenattraktion. Im Mittelpunkt der Feierlichkeiten steht traditionell ein am Stück gebratenes Schwein; es wird in einem Erdofen (Imu) gebacken, einer mit porösen, heißen Steinen gefüllten Grube. In Bananenblätter gewickelt muss das Schwein stundenlang über den Steinen garen, bis sein Fleisch saftig ist.

Rum Swizzle

Zutaten für 1 Glas:
1 Limette
3 cl brauner Jamaica-Rum
3 cl heller kubanischer Rum
1/2 cl Apricot Brandy
2 TL flüssiger Honig
1 dash Angostura Bitter
Eiswürfel

Garnitur: 1 Limettenscheibe

Limette auspressen, den Saft mit beiden Rumsorten, Apricot Brandy, Honig und Angostura in einen Shaker geben, mit Eiswürfeln schütteln und in ein Glas seihen. Mit der Limettenscheibe garnieren.

Blue Lagoon

Zutaten für 1 Glas:
4–5 Eiswürfel
3 cl weißer Rum
7 cl Ananassaft
2 cl Curaçao Blue

Garnitur: 1 Ananasstück

Die Eiswürfel in ein Longdrinkglas geben, Rum und Ananassaft dazugießen, mit einem Barlöffel umrühren. Den Curaçao über den Löffelrücken vorsichtig obenauf gießen, nicht untermischen.

Mit dem Ananasstück garnieren und mit Trinkhalm servieren.

Florida Cocktail

Zutaten für 1 Glas:
3–4 Eiswürfel
6 cl Ananassaft
4 cl weißer Rum
2 cl Limettensaft
1 cl Grenadine
1 Barlöffel Pfefferminzlikör (Crème de Menthe)
1 Spritzer Angostura Bitter

Garnitur: 1 Limettenachtel

Die Eiswürfel in einen Shaker geben, Ananassaft, Rum, Limettensaft, Grenadine, Crème de Menthe und Angostura dazugeben, kräftig schütteln und in ein Cocktailglas seihen. Mit dem Limettenachtel garnieren.

Blue Hawaii

Zutaten für 1 Glas:
3–4 Eiswürfel
4 cl Ananassaft
3 cl weißer Rum
2 cl Curaçao Blue
2 cl frische Kokosmilch

Garnitur:
1 Ananasstück, 1 Cocktailkirsche

Die Eiswürfel in einen Shaker oder einen Mixer geben. Ananassaft, Rum, Curaçao und Kokosmilch dazugeben und kräftig schütteln oder mixen. In ein großes Cocktailglas seihen. Ananasstück und Cocktailkirsche auf ein Spießchen stecken, den Cocktail damit garnieren. Mit kurzem Trinkhalm servieren.

Mai Tai

Zutaten für 1 Glas:
3–4 Eiswürfel, 3 cl weißer Rum
3 cl brauner Jamaica-Rum
3 cl Limettensaft
1 cl Zitronensaft
2 cl Mandelsirup
1 cl Curaçao Triple Sec, gestoßenes Eis

Garnitur:
1 Limettenstück
1 frische Kirsche oder Cocktailkirsche

Die Eiswürfel in einen Shaker geben, beide Rumsorten, Limetten- und Zitronensaft, Mandelsirup und Curaçao dazugießen und kurz schütteln. Ein breites Longdrinkglas zu einem Drittel mit gestoßenem Eis füllen und den Cocktail darüber seihen. Limettenstück und Kirsche auf Spießchen stecken, den Cocktail damit garnieren. Mit Trinkhalm servieren.

Chi-Chi

Zutaten für 1 Glas:
3–4 Eiswürfel, 8 cl Ananassaft
5 cl Wodka, 4 cl Cream of Coconut
2 cl Zitronensaft, gestoßenes Eis

Garnitur: Ananasstücke
1 frische Kirsche oder Cocktailkirsche

Die Eiswürfel in einen Shaker füllen, Ananassaft, Wodka, Cream of Coconut und Zitronensaft dazugeben und kräftig durchschütteln.

Ein breites Longdrinkglas halb mit gestoßenem Eis füllen, den Cocktail darüber seihen. Mit Ananasstücken und Kirsche garnieren, mit Trinkhalm servieren.

Tapas, Vino und Dolce Vita

TYPISCHE SPEZIALITÄTEN
DER MITTELMEERKÜCHE

Italien – Eine Nacht in Venedig

Die Nacht in Venedig beginnt für die Passagiere um 18 Uhr. Pünktlich läuft unser Schiff ein und macht an seinem Liegeplatz fest. Die Atmosphäre des beginnenden Abends, so nah an den zentralen Plätzen der Lagunenstadt, ist atemberaubend. Mancher der Passagiere bleibt noch andächtig für eine Stunde an Deck sitzen, einen Drink in der Hand, und lässt die Stadt auf sich wirken. Wer möchte, nimmt an der nächtlichen Gondelserenade teil.

Neben dem Dogenpalast packen die Händler ihre Handtaschen, Schmuckstücke und Seidentücher ein. Die Vaporetti, Venedigs schwimmende Linienbusse, spucken an den Haltestellen am Canal Grande hunderte von heimkehrenden Angestellten aus. Feierabend in Venedig.

Die Restaurants in den schmalen Gassen zwischen der Piazza San Marco und der Rialtobrücke rüsten sich für den abendlichen Ansturm der Touristen. Über den Kanälen und ihren kleinen Brücken fliegen eilig die letzten Schwalben des Tages, die Glocken der Basilica Santa Maria della Salute rufen zum Abendgebet.

Dies ist die schönste Stunde in Venedig. Die Stadt beginnt nun ganz anders zu leuchten, die Umrisse der Palazzi und Türme werden im Licht der Dämmerung weicher. Die ersten Gondolieri schwärmen aus und nach den lärmenden Tagesgeschäften entspannt sich die Atmosphäre.

Unvergleichlich stimmungsvoll ist ein Dinner in einem der eleganten Restaurants am Canal Grande, der »Prachtstraße« und Seele der Lagunenstadt.

Auch der nächste Tag ist ereignisreich. Abseits der Haupttouristenströme gibt es viel zu entdecken und die unbändige Vitalität des Alltags macht Lust auf noch mehr Italien, auf das Hinterland Venetien etwa, wo Zypressenhaine, Weinberge und Villen die hügelige Landschaft prägen.

Die Nacht soll aber wieder Venedig gehören, wenigstens so lange, bis das Schiff in der Dunkelheit ablegt und vorbei an unzähligen Lichtern und erleuchteten Plätzen die Stadt verlässt. Es bleibt jener Hauch von Sehnsucht, der einen immer wieder nach Italien zieht.

Griechenland – Inseln vor dem Peloponnes

Das Wetter an diesem Morgen ist einfach traumhaft. Trotz der heißen Sonne geht ein leichter Wind und die MS Deutschland macht kräftig Fahrt. Es ist ein angenehmes Dahingleiten, alle Sonnenliegen an Deck sind belegt. Besonders begehrt sind die Liegen auf der Steuerbordseite, wo der Blick über das tiefblaue Ionische Meer an den Felsküsten des Peloponnes endet. Delfine begleiten das Schiff für eine Viertelstunde wie eine freundliche Begrüßungseskorte, um schließlich wieder abzutauchen.

Als wir uns der Insel Zakynthos nähern, beginnt die Meereskulisse Farbtupfer zu bekommen. Über den Stränden auf sanften Anhöhen erstrecken sich Orangenhaine, Weinberge und Obstgärten. Die Inselhauptstadt, mit vielen Arkaden und großen Plätzen gesegnet, bietet auf sehr charmante Weise reichlich Abwechslung, nicht nur fürs Auge, sondern auch für den Magen. Leicht findet man hier eine malerisch gelegene Taverne, um fangfrisch gegrillte Fische und Meeresfrüchte zu genießen. Die griechische Lebensfreude ist sprichwörtlich und die Gastfreundschaft auf den Inseln lässt interessante Begegnungen zu.

Und: Nach Griechenland reisen heißt natürlich auch überall auf die Zeugnisse einer großen Kultur stoßen. Archäologische Ausgrabungen werden zum Abenteuer unserer Zeit, altertümliche Mauern sind stumme Zeugen der Geschichte.

Nördlich von Zakynthos liegen die anderen Ionischen Inseln: Kephalonia, Ithaka und Lefkada. Besonders das bergige und mit seinen zerklüfteten Küsten etwas geheimnisvoll wirkende Kephalonia lohnt einen Besuch. Und Ithaka als Heimat von Odysseus ist viel mehr als nur das Bindeglied zu Homers weltberühmter »Ilias«.

Ob auf der Westseite oder im Ägäischen Meer – Griechenland ist das Land der Inseln und das Land der Schiffe. Die Fahrt von Hafen zu Hafen bringt jeden Tag neue Entdeckungen: Üppige grüne Landschaften, verträumte kleine Buchten und lebhafte Fischerorte wechseln sich ab.

Als wir den Hafen von Zakynthos verlassen, setzt sich eine weiße Möwe auf den Mast am Sonnendeck unseres Schiffs und schaut dem Ablegemanöver der Mannschaft zu. Mit voller Kraft voraus nimmt die MS Deutschland wieder Fahrt auf. Kinder im Hafen winken uns zu. Draußen wirft eine Segeljacht Anker. Wind in unseren Haaren …

Vom Tourismus kaum entdeckt, hat sich der idyllische Hafenort Kioni im Nordosten Ithakas bis heute seinen ursprünglichen Charme bewahren können. Auf den gebirgigen Inseln sind Esel als Lastenträger und Fortbewegungsmittel oft noch unentbehrlich.

Datteln und Garnelen im Speckmantel

Zutaten für 4 Personen:
12 getrocknete Datteln
12 geschälte Mandeln
12 geschälte Riesengarnelen
12 dünne Scheiben Frühstücksspeck
10 EL Olivenöl

Von den Datteln nach Belieben die pergamentartige Haut abziehen, die Datteln längs aufschneiden und den Stein entfernen. Die Mandeln in einer kleinen Pfanne ohne Fett goldbraun anrösten und abkühlen lassen.

Garnelen am Rücken einschneiden und den dunklen Darm entfernen. Garnelenfleisch kalt abbrausen und trockentupfen. Speckscheiben quer halbieren. Die Datteln mit den Mandeln füllen, mit Speck umwickeln und mit Holzspießchen feststecken. Garnelen ebenfalls mit Speck umwickeln und mit Spießchen feststecken.

In einer Kasserolle das Öl erhitzen, die Datteln und die Garnelen darin bei mittlerer Hitze rundherum knusprig braten. Auf Küchenpapier abtropfen lassen und warm servieren.

Tortilla

Zutaten für 4 Personen:
350 g fest kochende Kartoffeln
2 Knoblauchzehen, 4 Eier
Salz, schwarzer Pfeffer
6 EL Olivenöl

Die Kartoffeln waschen, schälen und in dünne Scheiben schneiden. Den Knoblauch schälen und fein hacken. Die Eier mit etwas Salz und Pfeffer verquirlen.

In einer (möglichst beschichteten) Pfanne 4 EL Öl erhitzen. Die Kartoffelscheiben darin bei mittlerer Hitze unter gelegentlichem Wenden 10 bis 15 Minuten garen, sie sollen dabei nicht bräunen. Den Knoblauch dazugeben und 3 Minuten mitdünsten. Mit wenig Salz würzen.

Die Eier über die Kartoffelscheiben gießen und bei mittlerer Hitze etwa 7 Minuten stocken lassen. Ist die Oberfläche fest und trocken, die Tortilla auf einen flachen Deckel stürzen. Das restliche Öl in die Pfanne geben und den Eierkuchen zurück in die Pfanne gleiten lassen. Die Unterseite bei etwas stärkerer Hitze leicht bräunen lassen. Auf eine Platte stürzen, abkühlen lassen und wie eine Torte in Stücke schneiden. Lauwarm servieren.

Auberginen und Paprika auf Joghurt

Zutaten für 4 Personen:
1 kleine Aubergine
1 rote Paprikaschote
2 EL Olivenöl
1 getrocknete rote Chilischote
1/2 TL Korianderkörner
Salz, schwarzer Pfeffer
300 g abgetropfter fester Joghurt
3 Knoblauchzehen
1 EL gehackte Petersilie
2 EL Öl
2 TL Paprikapulver (rosenscharf)

Die Aubergine putzen und waschen. Die Paprikaschote längs halbieren, entkernen und waschen. Beides in feine Streifen schneiden. In einer Schmorpfanne das Olivenöl erhitzen, die Gemüsestreifen darin bei mittlerer Hitze etwa 10 Minuten unter Wenden braten, bis sie leicht gebräunt sind. Die Chilischote und die Korianderkörner im Mörser mit etwas Salz zerstoßen und unter das Gemüse rühren. Mit Pfeffer abschmecken und beiseite stellen.

Den Joghurt in eine Schüssel füllen. Den Knoblauch schälen und dazupressen. Mit dem Joghurt verrühren, salzen. Auf einer flachen Platte ausstreichen und das geschmorte Gemüse darauf verteilen. Mit Petersilie bestreuen.

In einer kleinen Pfanne das Öl mit dem Paprikapulver vorsichtig erhitzen, bis das Öl rot gefärbt ist. Über den Joghurt träufeln, nach Belieben lauwarm oder kühl servieren.

VORSPEISEN – AM MITTELMEER FAST DIE HAUPTSACHE

Sucht man nach den Gemeinsamkeiten der Küchen rund ums Mittelmeer, so stößt man neben der reichlichen Verwendung von Olivenöl auf die Vorspeisen – Antipasti, Tapas, Meze und wie sie in den verschiedenen Ländern noch genannt werden. Diese Appetitanreger sind in warmen Ländern besonders willkommen, da in der Hitze niemand so recht Hunger hat. Dann erfreuen kleine Häppchen die Sinne und wecken die Lust aufs Essen. Oft dienen die Vorspeisen auch dazu, den Tagesablauf zu unterbrechen, um bei einem Snack in geselliger Runde über Gott und die Welt zu diskutieren – so wie es die Spanier in ihren Bars bei Tapas und Sherry gern tun. Dabei waren die Tapas ursprünglich nur dazu gedacht, als »Deckel« die Fliegen vom Glas fern zu halten …

Gegrillter Oktopus mit gefüllten Kartoffeln

Zutaten für 4 Personen:
1 großer Oktopus (küchenfertig)
4 große Kartoffeln, 3 Möhren
12 Knoblauchzehen, ca. 4 EL Olivenöl
2 EL geriebener Hartkäse
Salz, schwarzer Pfeffer
1/2 TL getrockneter Thymian
Saft und abgeriebene Schale von
1/2 unbehandelten Limette
40 g weiche Butter, 20 grüne Oliven
12 kleine Scheiben Weißbrot (Baguette)
2 EL Korianderblättchen

Oktopus waschen, mit Salzwasser knapp bedeckt aufkochen. Dann 10 bis 15 Minuten bei schwacher Hitze köcheln lassen. Vom Herd nehmen, den Oktopus im Sud etwa 4 Stunden abkühlen lassen.

Kartoffeln in Salzwasser garen und pellen. Je einen Deckel abschneiden und das Innere aushöhlen, die Hälfte davon hacken. 1 Möhre und 4 Knoblauchzehen schälen und fein würfeln. Etwas Öl erhitzen, die Kartoffel-, Möhren- und Knoblauchwürfel darin andünsten. Backofen auf 200 °C (Umluft 180 °C) vorheizen. Gemüse mit Käse, Salz, Pfeffer und Thymian vermischen, in die Kartoffeln füllen, die Deckel aufsetzen. In geölte Alufolie wickeln und im heißen Ofen 30 Minuten backen.

Limettensaft und -schale unter die Butter mischen. Restliche Möhren und restlichen Knoblauch schälen, die Möhren und 6 Knoblauchzehen in sehr feine Streifen schneiden. Oliven in heißem Öl schwenken, 1 Knoblauchzehe dazupressen. Den Backofengrill vorheizen.

Vom abgetropften Oktopus nur die Fangarme abschneiden, salzen, pfeffern und mit Öl bestreichen. Etwa 10 Minuten im Ofen grillen, bis sie gut gebräunt sind. Brotscheiben goldbraun toasten, mit dem restlichen Knoblauch einreiben. Oktopus mit Oliven, Ofenkartoffeln und Brotscheiben anrichten und etwas Limettenbutter darauf schmelzen lassen. Mit Knoblauch-Möhren-Streifen und Koriander garnieren.

Zarzuela

Zutaten für 4 Personen:
700 g Miesmuscheln
je 2 Koteletts von schwarzem Heilbutt, Kabeljau und Seeaal (insgesamt ca. 700 g)
4 kleine Fische (Stöcker oder Dorsche; insgesamt ca. 300 g)
4 Gambas (oder Riesengarnelen)
4 Tintenfischtuben
2 EL Zitronensaft
Salz, schwarzer Pfeffer
2 Zwiebeln, 8 Knoblauchzehen
1 kg Tomaten, 8 EL Olivenöl
2 rote Chilischoten (fein gehackt)
4 EL gehackte Petersilie
4 EL spanischer Brandy

Muscheln gründlich waschen, eventuell die Bärte entfernen, offene Muscheln aussortieren. Mit etwas Wasser zugedeckt bei starker Hitze etwa 5 Minuten kochen, bis sich die Muscheln geöffnet haben. Geschlossene Muscheln wegwerfen.

Fischkoteletts, Fische und Gambas putzen und waschen. Den Panzer der Gambas jeweils auf der Rückenseite aufschneiden, den Panzer ablösen (Schwanz und Kopf am Körper lassen), den Darm entfernen. Tintenfischtuben waschen und in Ringe schneiden. Alles mit Zitronensaft beträufeln, salzen und pfeffern. Zwiebeln und Knoblauch schälen und hacken. Die Tomaten überbrühen, häuten, halbieren, entkernen und klein schneiden.

In einer Schmorpfanne das Öl erhitzen. Tintenfischringe, Gambas, Fischkoteletts und Fische darin portionsweise bei mittlerer Hitze rundherum kurz anbraten und in eine ofenfeste Form geben. Wenn alles gebraten ist, die Muscheln aus dem Sud heben und zu den Fischen geben.

Backofen auf 200 °C (Umluft 180 °C) vorheizen. Zwiebeln und Knoblauch im restlichen Öl goldgelb braten. Chilis, Petersilie und Tomaten hinzufügen. Muschelsud ohne Bodensatz angießen und 15 Minuten einkochen lassen. Mit Brandy, Salz und Pfeffer abschmecken. Die Sauce über die Fische und Meeresfrüchte gießen, zugedeckt im Ofen etwa 20 Minuten garen. Den Eintopf mit Brot servieren.

Perlhuhn in Weinblättern

Zutaten für 4 Personen:
2 kleine Perlhühner
(oder Stubenküken; à ca. 600 g)
Salz
schwarzer Pfeffer
50 g altbackenes Weißbrot
30 g geräucherter Bauchspeck
1 Knoblauchzehe
3 Salbeiblätter
1 EL Olivenöl
3 EL Butter
12 Weinblätter (frisch oder
in Salz eingelegt)
1/4 l Weißwein

Die Perlhühner waschen und mit Küchenpapier trockentupfen. Innen und außen salzen und pfeffern.

Für die Füllung die Weißbrotscheiben entrinden, das Brot in 1 cm große Würfel schneiden. Den Bauchspeck ohne Knorpel und Schwarte fein würfeln. Den Knoblauch schälen, mit den Salbeiblättern fein hacken. Das Öl in einer kleinen Pfanne erhitzen, die Brot- und Speckwürfel sowie Knoblauch und Salbei darin braten. Die Mischung etwas abkühlen lassen. Die Perlhühner damit füllen und die Öffnungen mit Holzspießchen feststecken.

Die Haut der Perlhühner mit jeweils 1/2 EL Butter einreiben. Frische Weinblätter kurz überbrühen, in Salz eingelegte mit warmem Wasser abspülen. Die Blätter trockentupfen. Die Perlhühner damit umhüllen, mit Küchengarn festbinden. Die restliche Butter in einem Schmortopf zerlassen, die Perlhühner mit den Schenkeln nach unten in den Topf legen und mit dem Rosmarin im heißen Fett bei mittlerer Hitze zugedeckt 20 Minuten mehr kochen als braten. Vorsichtig wenden, weitere 15 Minuten schmoren.

Den Wein angießen und offen bei starker Hitze um etwa die Hälfte einkochen lassen. Von den Perlhühnern das Garn und die Blätter ablösen. Die Perlhühner längs halbieren, auf den Weinblättern anrichten und mit Bratenfond übergießen.

Teigpäckchen mit Lamm und Gemüse

Zutaten für 4 Personen:
300 g mageres Lammfleisch (Keule oder Lende)
250 g fest kochende Kartoffeln
2 Möhren, 1 Zwiebel
3 Knoblauchzehen, ca. 75 g Butter
350 g Tomatenstücke (aus der Dose)
50 ml Weißwein, Salz, schwarzer Pfeffer
100 g Erbsen (tiefgekühlt)
je 1 TL gehackte Oregano- und Thymianblättchen
2 Blätter Filloteig (ca. 250 g)

Lammfleisch waschen, trockentupfen und in mundgerechte Stücke schneiden. Kartoffeln und Möhren schälen und in etwa 1 cm große Würfel schneiden. Zwiebel und Knoblauch schälen und fein hacken.

In einem Schmortopf 25 g Butter zerlassen, die Fleischstücke darin bei mittlerer Hitze anbraten, herausnehmen. Zwiebeln und Knoblauch im verbliebenen Fett anbraten, Kartoffeln und Möhren dazugeben und leicht anschmoren.

Fleischstücke, Tomaten und Weißwein hinzufügen, mit Salz und Pfeffer würzen. Zugedeckt bei mittlerer Hitze 20 Minuten schmoren. Dann Erbsen und Kräuter dazugeben, weitere 5 Minuten garen.

Den Backofen auf 220 °C (Umluft 200 °C) vorheizen. Die restliche Butter zerlassen. Die Filloteigblätter ausbreiten und leicht befeuchten. Ein Teigblatt mit etwas zerlassener Butter bestreichen, das zweite Teigblatt darauf legen. Den Filloteig in vier rechteckige Stücke schneiden.

Die Lamm-Gemüse-Füllung auf die Teigplatten verteilen, den Teig zu Päckchen zusammenfalten und mit der restlichen zerlassenen Butter bestreichen. Auf einem mit Backpapier ausgelegten Backblech im heißen Ofen etwa 30 Minuten backen, bis die Teigpäckchen schön gebräunt sind. Kurz vor Ende der Backzeit nochmals mit Butter bestreichen. Nach Belieben mit Zitronenachteln servieren.

DAS MITTAGSMAHL DER FELDARBEITER

Viele halten die Paella (was übersetzt einfach »Pfanne« bedeutet) für das spanische Nationalgericht. Ursprünglich ist sie jedoch eine lokale Spezialität aus Valencia, wo sich die Landarbeiter auf den Feldern mittags über dem offenen Feuer in einer großen Pfanne Reis zubereiteten, den sie mit frischem Gemüse, selbst gesammelten Schnecken und Pilzen und auch einmal mit einem Kaninchen oder einem Huhn anreicherten. Zum Essen hockten sich alle um die Pfanne und aßen den Reis mit großen Holzlöffeln. Später wurde aus dem einfachen Mahl ein mit Fisch und Meeresfrüchten verfeinertes Gericht, dem immer Safran die goldgelbe Farbe und das typische Aroma verleiht. Am besten gelingt die Paella in einer Original-Eisenpfanne, die die Hitze gut leitet. Wichtig ist, am Anfang mit recht starker Hitze zu garen, die dann langsam reduziert wird, damit der Reis nicht anbrennt. Wie beim italienischen Risotto muss auch die Flüssigkeitszugabe mit Gefühl erfolgen, damit der Reis nicht hart bleibt, andererseits aber auch nicht völlig verkocht.

Gemischte Paella

Zutaten für 4 Personen:
500 g Miesmuscheln
(oder Venusmuscheln)
100 ml Weißwein
2 Tintenfische (küchenfertig)
4 Hähnchenunterschenkel
50 g Serrano-Schinken
200 g Chorizo (spanische Paprikawurst)
250 g festes Fischfilet (z. B. Seebarsch)
1 EL Zitronensaft
4 ungeschälte Riesengarnelen
100 g grüne Bohnen
2 rote Paprikaschoten
2 Zwiebeln
3 Knoblauchzehen
3 reife Fleischtomaten
4 EL Olivenöl
250 g Paella-Reis
(oder Mittelkorn-Reis)
Salz, schwarzer Pfeffer
1 TL Paprikapulver (edelsüß)
1 Döschen Safran
ca. 1 l Geflügelbrühe
150 g Erbsen (tiefgekühlt)
3 EL gehackte Petersilie

Die Muscheln unter fließendem kaltem Wasser gründlich abbürsten, eventuell die Bärte entfernen und offene Muscheln aussortieren. In einem Topf den Wein aufkochen, die Muscheln hineingeben und zugedeckt bei starker Hitze 5 Minuten kochen, bis sich alle geöffnet haben (geschlossene Muscheln wegwerfen). Die Muscheln aus dem Sud heben und beiseite stellen. Die Tintenfische waschen und in dem Muschelsud 1 Minute kochen, aus dem Sud heben und abtropfen lassen. In etwa 1 cm breite Stücke schneiden.

Die Hähnchenschenkel waschen und mit Küchenpapier trockentupfen. Den Schinken in kleine Würfel, die Wurst in nicht zu dünne Scheiben schneiden. Fischfilet waschen, trockentupfen, in mundgerechte Stücke schneiden und mit dem Zitronensaft beträufeln. Die Garnelen kalt abbrausen und trockentupfen.

Die Bohnen putzen, waschen und in etwa 3 cm lange Stücke schneiden. Die Paprikaschoten längs halbieren, entkernen, waschen und in Streifen schneiden. Zwiebeln und Knoblauch schälen, fein hacken. Die Tomaten überbrühen, häuten, halbieren und entkernen, das Fruchtfleisch in Stücke schneiden.

In einer großen Pfanne das Öl erhitzen, die Hähnchenschenkel darin rundherum anbraten. Schinkenwürfel, Chorizoscheiben, Tintenfisch- und Fischfiletstücke, Paprikastreifen, Zwiebeln und Knoblauch unterrühren und kurz anschmoren. Garnelen, Tomaten, Bohnen und zuletzt den Reis dazugeben, dabei ständig mit einem Holzlöffel umrühren.

Wenn alles angeschmort ist, die Paella mit Salz, Pfeffer, Paprika und Safran würzen. Unter ständigem Rühren nach und nach etwas Brühe angießen. Erst wenn die Brühe vom Reis völlig aufgenommen ist, weitere nachgießen. Nach 10 Minuten die Erbsen dazugeben, weitere 10 Minuten garen. Die Muscheln unterrühren und 5 Minuten ziehen lassen. Die Paella mit Petersilie bestreut servieren.

Involtini mit Mozzarella und Spinat

Zutaten für 4 Personen:
350 g Blattspinat, Salz
8 kleine, dünne Kalbsschnitzel
3 EL Olivenöl
2–3 Knoblauchzehen
schwarzer Pfeffer
8 dünne Scheiben Pancetta (luftgetrockneter durchwachsener Speck)
1 Kugel Mozzarella (125 g)
2 EL Mehl, 2 EL Butter
400 ml Gemüsebrühe, 2 Tomaten
2 EL gehackte Petersilie

Den Spinat verlesen und gründlich waschen. Harte Stiele entfernen, die Blätter abtropfen lassen. Salzwasser aufkochen, den Spinat darin etwa 5 Minuten blanchieren. In ein Sieb abgießen, kalt abschrecken und gut abtropfen lassen. Die Kalbsschnitzel waschen, trockentupfen und mit 2 EL Öl bestreichen. Die Schnitzel zwischen Klarsichtfolie mit der flachen Seite des Fleischklopfers gleichmäßig dünn klopfen. Den Knoblauch schälen und durch die Presse drücken. Die Schnitzel mit Knoblauch bestreichen, mit Salz und Pfeffer leicht würzen. Die Pancettascheiben auf die Kalbsschnitzel legen.

Den Spinat ausdrücken, zerpflücken und auf die Schnitzel verteilen. Mozzarella in Würfel schneiden und über den Spinat streuen. Die Schnitzel aufrollen und die Enden mit Holzspießchen feststecken. Die Involtini in Mehl wenden.

In einer Schmorpfanne die Butter mit dem restlichen Öl erhitzen, die Involtini darin bei starker Hitze rundherum etwa 5 Minuten braten, bis sie gebräunt sind. Nach und nach die Brühe angießen, zugedeckt bei schwacher Hitze etwa 20 Minuten schmoren.

Die Tomaten waschen und in Spalten schneiden, dabei die Stielansätze entfernen. Die Involtini mit der Sauce auf Tellern anrichten, mit Tomatenspalten und Petersilie garniert servieren.

Kaninchen-Stifado

Zutaten für 4 Personen:
2 Kaninchenrücken (1 kg)
Salz, schwarzer Pfeffer, 1 EL Mehl
500 g kleine Zwiebeln
(Grillzwiebeln oder Schalotten)
4 Knoblauchzehen
4 EL Olivenöl
1/4 l Rotwein
2 Lorbeerblätter
1 Zimtstange, 3 Nelken
1/2 TL getrockneter Thymian
500 g Tomaten
1 EL Rotweinessig
2 EL grob gehackter frischer Thymian

Die Kaninchenrücken mit einem schweren Messer in etwa 5 cm dicke Scheiben zerteilen. Die Fleischscheiben waschen und mit Küchenpapier trockentupfen. Salzen, pfeffern und mit Mehl bestäuben. Die Zwiebeln schälen, kleine Zwiebeln ganz lassen, größere vierteln. Den Knoblauch schälen und in Scheiben schneiden.

In einer Schmorpfanne das Öl erhitzen und die Fleischscheiben darin bei mittlerer Hitze auf beiden Seiten anbraten, herausnehmen. Im verbliebenen Bratfett erst die Zwiebeln, dann den Knoblauch goldbraun andünsten. Die Fleischscheiben wieder dazugeben. Die Hälfte des Weins angießen, Lorbeerblätter, die halbierte Zimtstange, Nelken und getrockneten Thymian hinzufügen. Alles zugedeckt bei schwacher Hitze 1 Stunde schmoren, dabei nach und nach den restlichen Wein dazugießen.

Die Tomaten überbrühen, häuten, halbieren und entkernen, das Fruchtfleisch in kleine Stücke schneiden. Die Tomatenstücke zum Fleisch geben und weitere 30 Minuten schmoren. Das Kaninchen-Stifado mit Essig, Salz und Pfeffer kräftig abschmecken, mit frischem Thymian bestreut servieren.

Cassata alla siciliana

Zutaten für 4–6 Personen:
500 g Ricotta
100 g Puderzucker
1 TL Vanillezucker
2 EL Maraschino-Likör
75 g Zartbitterschokolade
75 g kandierte Früchte (Orangeat, Zitronat, kandierte Kirschen)
150 g heller Biskuitboden

Zum Garnieren:
125 g Sahne, 1 EL Zucker
kandierte Kirschen, Schokostreusel, Krokant und Puderzucker

Ricotta in eine Schüssel geben und cremig rühren. Puderzucker, Vanillezucker und den Likör unterrühren. Die Schokolade grob hacken, die kandierten Früchte in kleine Würfel schneiden. Alles unter die Creme mischen.

Eine breite Kastenform mit Backpapier auslegen. Den Biskuit in etwa 1 cm dicke Scheiben schneiden und den Boden und die Seitenwände der Form damit auslegen (wenn die Biskuitscheiben nicht an den Seiten hängen bleiben, einfach mit wenig Ricottacreme »ankleben«).

Die Ricottacreme in die ausgelegte Form füllen und die Oberfläche glatt streichen. Die Form mit Klarsichtfolie abdecken und 4 bis 5 Stunden – am besten sogar über Nacht – in den Kühlschrank stellen und fest werden lassen.

Zum Servieren die Form aus dem Kühlschrank nehmen und vorsichtig auf eine Kuchenplatte stürzen. Die Sahne mit dem Zucker sehr steif schlagen. Die Cassata mit einem breiten Messer gleichmäßig mit der geschlagenen Sahne bestreichen. Die Oberfläche mit halbierten kandierten Kirschen, Schokostreuseln und Krokant verzieren, leicht mit Puderzucker bestäuben. Die Cassata in Scheiben schneiden und sofort servieren.

Crema catalana

Zutaten für 4 Personen:
2 EL Speisestärke
1/2 l Milch
1 Vanilleschote
1 kleine Zimtstange
4 Eigelb, 150 g Zucker

Die Stärke mit wenig Milch anrühren. Die restliche Milch in einen Topf gießen. Die Vanilleschote aufschlitzen und das Mark herauskratzen. Das Vanillemark mit der Schote und der Zimtstange zu der Milch in den Topf geben und erhitzen. Eigelb und 50 g Zucker in einer Schüssel mit einem Schneebesen schaumig rühren. Die heiße Milch unter Rühren nach und nach dazugießen.

Die Schüssel in ein heißes Wasserbad stellen. Die Stärke dazugeben und die Mischung unter Rühren erhitzen, bis sie gebunden ist. Die Vanilleschote und die Zimtstange entfernen.

Die Creme auf vier flache Förmchen verteilen und 4 bis 8 Stunden kühl stellen. Eine Stunde vor dem Servieren den restlichen Zucker in einem kleinen Topf mit 1 EL Wasser beträufeln und erhitzen, bis er nussbraun karamellisiert. Die Creme jeweils damit übergießen und nochmals kühl stellen.

Die Creme des heiligen Josef

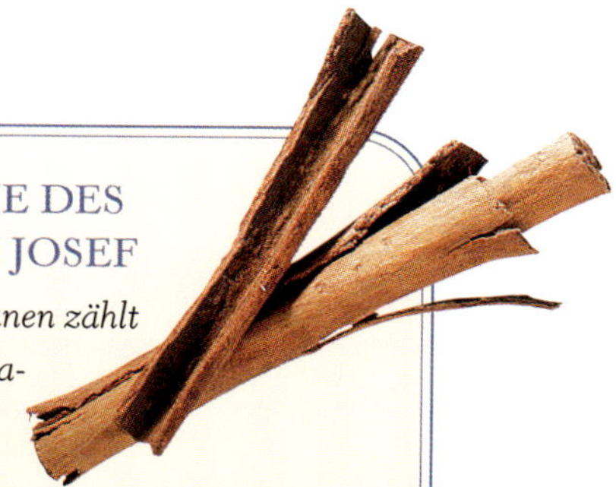

Für die Katalanen zählt die Crema catalana zu den Glanzlichtern ihrer traditionellen Kochkunst – auch wenn Franzosen und Engländer für sich in Anspruch nehmen, ein ähnliches Dessert erfunden zu haben. Der Brauch will, dass die Großmütter oder ledigen Tanten, die noch im Elternhaus wohnen, die süße Creme am 19. März, dem Tag des heiligen Josef, zubereiten. Bis heute wird in vielen katalanischen Familien an diesem Ritual festgehalten.

Palmen, Couscous und Bananen

EINE KULINARISCHE SAFARI
VON MAROKKO BIS SÜDAFRIKA

Namibia – Wüste und wilde Tiere

Faszination Wildnis: In der namibischen Hafenstadt Walvis Bay starten die Traumschiff-Passagiere zu einer unvergesslichen Abenteuertour. Nicht die Skelett-Küste ist das Ziel, auch nicht die Namib-Wüste, sondern der Etosha-Nationalpark, das Mekka für Safaris.
Nach Swakopmund ist es nicht weit. Hier spricht man noch deutsch, seit »Deutsch-Südwest« in der Wilhelminischen Ära »Schutzgebiet« war. Selbst die Straßennamen sind deutsch geblieben, die historischen Gebäude repräsentieren den Stil der Kaiserzeit. Gestern und Heute in einem verblüffenden Nebeneinander.
Dann der Flug über endlose Wüste und schroffe, ausgetrocknete Bergrücken zum Etosha-Nationalpark im Norden Namibias. Als die Passagiere aus der kleinen Maschine steigen, schlägt ihnen Gluthitze entgegen. Die Mokuti Lodge, Station für diesen und den folgenden Tag, ist ein äußerst komfortabler Ausgangspunkt für Safaris. Dann ist es endlich so weit, die Fahrt in die Etosha-Pfanne kann beginnen. Schon mancher Geländewagen, der sich auf abgelegene Routen gewagt hat, ist liegen geblieben. Dies ist kein Disneyland. Der Ranger steuert das Fahrzeug mit den Safarigästen durch Dornengebüsch und über schmale Wege. An einem Wasserloch, versteckt hinter Schirmakazien, bleibt er plötzlich stehen. Einige Zebras wagen sich vorsichtig aus dem Busch und fangen an zu trinken. Hinter ihnen warten Kudus und Springböcke.
Eine halbe Stunde später tauchen die ersten Giraffen auf. Sie lauschen, wittern irgendwo Gefahr und ergreifen die Flucht. Aus der Ferne erklingen die dumpfen Rufe eines Raubtiers, Wildhunde kreuzen unseren Weg. Jeder schärft seine Sinne, ist sich bewusst, dass hier andere Lebensregeln gelten. Und dann, wie aus dem Nichts, treten drei Elefanten zwischen den Bäumen hervor. Es sind Giganten, mit ihren gewaltigen Ohren wedeln sie sich Luft zu. Plötzlich schreitet einer von ihnen auf die Sandpiste und stellt sich vor das Auto. Mit seinem Rüssel tastet er die Kühlerhaube ab und beäugt kritisch die Fahrgäste. Alle halten den Atem an. Der Ranger ruft dem Tier etwas Beruhigendes zu. Langsam dreht sich der Elefant um und trottet von dannen.

Die zeitweise salzverkrustete Etosha-Pfanne bildet das Zentrum des Etosha-Nationalparks. In dem riesigen Schutzgebiet leben heute auch wieder mehr als 3000 Elefanten, nachdem profitgierige Jäger die Tiere schon fast ausgerottet hatten. Der Nationalpark liegt im Land der Herero, deren Frauen nach alter Sitte einen aufwändigen dreieckigen Kopfputz tragen.

Südafrika – Am Kap der Guten Hoffnung

Wenn sich am Tafelberg die berüchtigte Wolke wie ein Tischtuch über das Gipfelplateau legt, ist die Postkartenkulisse perfekt. Kapstadt, die heimliche Welthauptstadt der Genießer, liegt dennoch in strahlendem Sonnenschein. Das mediterrane Klima, die herrliche Landschaft, die Gelassenheit und Internationalität der Bewohner: All das macht das Leben in der einzigen Großstadt südlich der Sahara so angenehm. Neben vielen historischen Gebäuden ist vor allem die herausgeputzte Waterfront eine Touristenattraktion ersten Ranges. Shopping unter dem Tafelberg, zwischen Trockendock und Hafenkneipen.

Die Fahrt zum Kap der Guten Hoffnung führt über teils spektakuläre Straßen die Küste entlang, vorbei an herrlich gelegenen Badeorten. Eine Gruppe frecher Paviane kreuzt den Weg der Autofahrer. Am Cape Point, dem berühmten Aussichtspunkt, schlagen hohe Wellen wild tosend an schroffe Felsen. Ein bisschen schaudert man bei diesem Anblick: »Kap der Stürme« hieß die Landzunge einst. Und hinter dem Horizont liegt die Antarktis. Einige Kilometer weiter, in Boulders, leben an einem geschützten Strandabschnitt mehrere hundert Boten des kalten Erdteils – eine Kolonie Pinguine. Geduldig watscheln sie vor den Kameras der Besucher hin und her.

Der Nachmittag bringt ein Highlight für Weinkenner. Besichtigt wird Groot Constantia, das älteste Weingut der Region, mit faszinierenden Kellern, Probierstuben und einem Weinmuseum. Weiter östlich, wo zu Füßen der sanften grünen Hügel viele andere große Weingüter liegen, ist die Stadt Stellenbosch mit ihrer pittoresken kapholländischen Architektur zur heimlichen Weinhauptstadt Südafrikas geworden. Weitläufige Weinberge lassen ahnen, welche Vielfalt an edlen Rotweinen und exzellenten Chardonnays man hier und in den anderen Orten entlang der verschiedenen Weinrouten finden kann.

So wie die Fülle des Weins lässt sich an diesem Nachmittag auch die faszinierende Vielfalt der Landschaften Südafrikas nur ahnen: die Drakensberge, die Garden Route mit der Plettenberg Bay, die Karoo-Halbwüste und der Krüger-Nationalpark. Am schönsten aber sind die Sonnenuntergänge. Wir sehen von Deck aus, wie die Sonne tiefrot glühend im Ozean versinkt, und spüren den Zauber Afrikas.

Eingebettet in die liebliche Hügellandschaft rund um Stellenbosch liegt Buitenverwachting, eines der südafrikanischen Spitzenweingüter von Weltruf.

Bilderbuchkulisse auf der Kap-Halbinsel: Hinter den Badeorten am Atlantik setzt sich das Tafelbergmassiv Richtung Süden in der grandiosen Felslandschaft der Twelve Apostles fort. Faszination einer fremden Kultur: Im heutigen Nordosten Südafrikas leben seit Jahrhunderten die Ndebele, deren Frauen für ihr farbenfrohes Kunsthandwerk bekannt sind.

Wir sehen von Deck aus, wie die Sonne tiefrot glühend im Ozean versinkt, und spüren den Zauber Afrikas.

Eierkuchenröllchen mit scharfem Gemüse

Zutaten für 4 Personen:
2 Frühlingszwiebeln
8 schwarze Oliven
1 rote Chilischote
1/2 Bund glatte Petersilie
1 mittelgroße Kartoffel
4 Eier
1 TL gemahlener Kreuzkümmel
Salz, schwarzer Pfeffer
2 EL Olivenöl

Die Frühlingszwiebeln putzen, waschen, längs vierteln und fein hacken. Das Olivenfleisch von den Steinen schneiden und sehr fein hacken. Die Chilischote längs halbieren, entkernen, waschen und fein würfeln. Die Petersilie waschen und trockenschütteln, die Blättchen von den Stielen zupfen und fein hacken. Alles in eine Schüssel geben. Die Kartoffel schälen und auf einer Gemüsereibe dazuraspeln.

Die Eier in einer Schüssel verquirlen, mit Kreuzkümmel, Salz und Pfeffer würzen.

In einer großen Pfanne das Öl erhitzen, die Frühlingszwiebelmischung darin bei mittlerer Hitze 7 Minuten andünsten. Die Eiermischung in die Pfanne gießen und bei schwacher Hitze etwa 10 Minuten dünsten, bis die Oberfläche trocken und fest ist. Das Omelett wenden und auf der anderen Seite 2 bis 3 Minuten braten.

Das Omelett aus der Pfanne nehmen, etwas abkühlen lassen und wie eine Torte in schmale Stücke teilen. Die Stücke von der breiteren Seite her aufrollen und mit Holzspießchen feststecken. Die Eierkuchenröllchen lauwarm oder kalt auf Vorspeisentellern anrichten. Nach Belieben mit Zitronenscheiben und Petersilie garniert servieren.

AFRIKANISCHE EIERSPEISEN

Hühner sind selbst in kargen Regionen relativ leicht zu halten und suchen sich ihr Futter selbst. Deshalb tauchen Eier in der afrikanischen Küche immer wieder auf: Festliche Gerichte werden gern mit hart gekochten Eiern garniert und viele Alltagsgerichte mit Gemüse werden durch Eier kulinarisch aufgewertet. So z. B. auch das ägyptische Nationalgericht Foul, bei dem mit Zwiebelschalen gekochte Eier zu braunen Bohnen gegessen werden. Fast ebenso beliebt sind die Eierkuchenröllchen Eggah, die häufig auch mit Sardellen oder (wie die spanische Tortilla) mit Kartoffeln zubereitet werden.

Avocadopüree mit Shrimps

Zutaten für 4 Personen:
1 kleiner Kopf Romanasalat
2 reife Tomaten
1 Dose Kichererbsen (400 g)
1 große, reife Avocado
2 EL Limettensaft
Salz, schwarzer Pfeffer
2 EL Vollmilchjoghurt
2 rote Zwiebeln
2 hart gekochte Eier
1 rote Chilischote
200 g Shrimps (kleine Garnelen)

Romanasalat putzen, waschen, trockenschleudern und in Streifen schneiden. Die Tomaten waschen und in dicke Scheiben schneiden, dabei die Stielansätze entfernen. Die Kichererbsen in ein Sieb geben, kalt abbrausen und abtropfen lassen.

Die Avocado schälen und entkernen. Das Fruchtfleisch in Stücke schneiden und mit einer Gabel zerdrücken. Sofort mit Limettensaft, Salz, Pfeffer und Joghurt vermischen. Zwiebeln schälen und grob hacken. Die Eier pellen und längs vierteln. Die Chilischote längs halbieren, entkernen, waschen und in feine Streifen schneiden. Die Shrimps kalt abbrausen und gut abtropfen lassen.

Salatstreifen auf Vorspeisentellern auslegen, die Kichererbsen darüber streuen, alles leicht salzen und pfeffern. Das Avocadopüree über die Kichererbsen verteilen und die Shrimps darauf setzen. Auf der einen Seite die Tomatenscheiben mit den Zwiebelwürfeln anrichten, leicht salzen und pfeffern, auf die andere Seite die Eiviertel legen und mit den Chilistreifen bestreuen. Nach Belieben mit Brunnenkresse garniert servieren.

Goldbrasse in Mandelkruste mit Safrankartoffeln

Zutaten für 4 Personen:
750 g kleine fest kochende Kartoffeln
1/4 TL gemahlener Safran
4 kleine Goldbrassen
(küchenfertig; à ca. 350 g)
Salz, schwarzer Pfeffer
2 EL Zitronensaft
1 Bund Koriandergrün, 6 EL Olivenöl
150 g gemahlene Mandeln
3 EL Zucker, 2 TL Zimtpulver
3 EL Rosenwasser
1 Knoblauchzehe, 1 Ei

Die Kartoffeln waschen, schälen und unzerteilt in Salzwasser mit dem Safran etwa 15 Minuten vorkochen.

Von den Fischen eventuell vorsichtig die scharfen Flossenstacheln mit einer Schere abschneiden. Die Fische unter fließendem kaltem Wasser waschen, die Bauchhöhlen säubern, trockentupfen und mit Salz, Pfeffer und Zitronensaft würzen. Den Koriander waschen, trockenschütteln und in die Bauchhöhlen der Fische füllen. Ein tiefes Backblech mit 2 EL Öl ausstreichen, die Fische darauf legen.

Die Safrankarfoffeln abgießen und in 2 EL heißem Öl schwenken. Um die Fische herum auf dem Backblech verteilen.

Den Backofen auf 200 °C (Umluft 180 °C) vorheizen. Die gemahlenen Mandeln mit Zucker, Zimt und Rosenwasser im Mixer pürieren und in eine Schüssel geben. Den Knoblauch schälen und dazupressen, mit 2 EL Öl und dem Ei vermischen, ein wenig kaltes Wasser dazugeben, bis die Masse streichfähig ist. Die Mandelpaste über die Fische streichen, dabei Köpfe und Schwänze aussparen. Mit einem angefeuchteten Teelöffel ein Schuppenmuster in die Masse drücken.

Die Fische im heißen Ofen 25 bis 35 Minuten backen, bis die Mandelkruste leicht gebräunt ist. Mit den Safrankartoffeln auf vorgewärmten Tellern anrichten, nach Belieben mit frischen Kräutern garnieren.

Fischfilet in rosa Kokoscreme

Zutaten für 4 Personen:
750 g Fischfilet
(Tilapia oder Viktoriabarsch)
2 TL Zitronensaft
2 rote Chilischoten
1 walnussgroßes Stück Ingwer
5 Knoblauchzehen
1 TL Kreuzkümmelsamen
1 TL grobes Meersalz
1/2 TL Kurkumapulver
1 weiße Zwiebel, 4 EL Öl
1/2 l Kokosmilch
Salz, schwarzer Pfeffer
etwas Mehl

Den Fisch waschen, mit Küchenpapier trockentupfen, mit Zitronensaft beträufeln und zugedeckt kühl stellen.

Die Chilischoten längs halbieren, entkernen, waschen und grob hacken. Ingwer und Knoblauch schälen und klein schneiden. Zuerst den Kreuzkümmel mit dem Meersalz im Mörser zerreiben, dann Ingwer, Knoblauch und Chilis hinzufügen und zu einer glatten Paste zerreiben. Das Kurkumapulver untermischen.

Zwiebeln schälen und sehr fein würfeln. In einer Kasserolle 2 EL Öl erhitzen und die Zwiebelwürfel darin goldgelb andünsten. Die Chilipaste hinzufügen und unter Rühren leicht anschmoren. Die Kokosmilch angießen, einmal aufkochen und die Kasserolle vom Herd nehmen.

In einer großen Schmorpfanne das restliche Öl erhitzen. Die Fischfilets mit Küchenpapier trockentupfen. Mit Salz und Pfeffer würzen und in Mehl wenden. Portionsweise im heißen Öl auf beiden Seiten etwa 3 Minuten goldbraun braten. Den Fisch auf Küchenpapier abtropfen lassen.

Das Öl abgießen, die Chili-Kokos-Sauce in der Pfanne erhitzen. Mit Salz und Pfeffer abschmecken, die Fischstücke in die Kokoscreme legen und 2 bis 3 Minuten erhitzen. Den Fisch mit der Kokoscreme anrichten, nach Belieben mit Reis oder einer Wildreismischung servieren.

Spinatrisotto mit Korinthen

Zutaten für 4 Personen:
1 großes Bund glatte Petersilie
2 Zwiebeln, 4 Knoblauchzehen
80 g Butterschmalz
2 TL schwarze Pfefferkörner
1 TL Korianderkörner
1/2 TL Kreuzkümmelsamen
1/2 TL getrockneter Thymian
2 TL getrocknete Minze
1 TL grobes Meersalz
250 g Risottoreis (z. B. Arborio)
600 g Blattspinat (tiefgekühlt)
600 ml Geflügelbrühe, 4 EL Korinthen
400 g ungeschälte Riesengarnelen
Salz, schwarzer Pfeffer
3–4 EL Zitronensaft

Die Petersilie waschen und trockenschütteln, die Blättchen von den Stielen zupfen und fein hacken. Zwiebeln und Knoblauch schälen und fein hacken. In einem Schmortopf 4 EL Butterschmalz erhitzen. Die Zwiebeln, die Hälfte des Knoblauchs und die Petersilie darin andünsten.

Die Gewürze und die getrockneten Kräuter mit dem Meersalz im Mörser zerstoßen, in den Schmortopf geben und ebenfalls kurz anbraten. Den Reis dazustreuen und unter Rühren glasig braten. Den tiefgekühlten Spinat hinzufügen, die Brühe angießen und die Korinthen unterrühren. Alles zugedeckt bei schwacher Hitze etwa 25 Minuten köcheln lassen, bis der Reis gar ist.

Inzwischen die Riesengarnelen auf der Rückenseite mit einer Schere aufschneiden, die Garnelen schälen und den Darm entfernen. Die Garnelen kalt abbrausen und mit Küchenpapier trockentupfen. Das restliche Butterschmalz erhitzen und die Garnelen darin mit dem restlichen Knoblauch rundherum etwa 5 Minuten braten. Mit Salz und Pfeffer würzen.

Den Spinatrisotto durchrühren und auf einer Platte aufhäufen. Die Riesengarnelen auf dem Risotto anrichten und alles mit Zitronensaft beträufeln. Nach Belieben frisch geriebenen Hartkäse zu dem Spinatrisotto servieren.

Hähnchen mit Erdnüssen

Zutaten für 4 Personen:
1 großes Hähnchen (ca. 1,2 kg)
1 Gemüsezwiebel, 3 Knoblauchzehen
3 Möhren, 2 Kardamomkapseln
2 getrocknete rote Chilischoten
1 TL grobes Meersalz
1 TL schwarze Pfefferkörner
1/2 TL Korianderkörner
je 1/4 TL Ingwer- und Nelkenpulver
1/4 TL frisch geriebene Muskatnuss
1/2 TL Kurkumapulver, 4 EL Erdnussöl
1 Lorbeerblatt, 1/4 l Geflügelbrühe
250 Kartoffeln, 4 EL Erdnusscreme
100 g Erbsen (tiefgekühlt)
75 g Erdnusskerne
2 hart gekochte Eier

Das Hähnchen in acht Stücke teilen, waschen und mit Küchenpapier trockentupfen. Zwiebel und Knoblauch schälen und fein hacken. Die Möhren putzen, schälen und in Scheiben schneiden.

Die Kardamomkapseln aufbrechen, die Samen mit den Chilischoten, Meersalz, Pfeffer- und Korianderkörnern im Mörser zerstoßen, dann Ingwer, Nelken, Muskatnuss und Kurkuma darunter mischen. Die Hähnchenstücke mit etwa der Hälfte der Würzmischung einreiben.

In einer Schmorpfanne das Öl erhitzen, die Hähnchenstücke darin rundherum anbraten. Zwiebeln und Knoblauch dazugeben und kurz andünsten. Die Möhrenscheiben, die restliche Würzmischung, den Lorbeer und die Brühe dazugeben, alles 10 Minuten zugedeckt schmoren.

Die Kartoffeln waschen, schälen und in kleine Würfel schneiden. Mit der Erdnusscreme unter die Hähnchenpfanne rühren, etwas Wasser angießen und weitere 20 Minuten bei kleiner Hitze garen.

Die Erbsen hinzufügen und 10 Minuten in der Hähnchenpfanne garen. Die Erdnusskerne in einer Pfanne ohne Fett hellbraun rösten. Die Eier pellen und vierteln. Die Hähnchenstücke und das Gemüse auf einer Platte anrichten, mit den gerösteten Erdnüssen bestreuen und mit den Eivierteln garniert servieren.

COUSCOUS – DER NORDAFRIKANISCHE EINTOPF

In allen Ländern Nordafrikas wird fast täglich Couscous gegessen, womit sowohl der grobe Hartweizengrieß selbst wie auch das Schmorgericht bezeichnet wird. Der Name soll auf das arabische »keskes« zurückzuführen sein; es bezeichnet das Sieb, in dem der Grieß traditionell gegart wird. Der Couscous-Grieß, den man bei uns in gut sortierten Supermärkten findet, ist bereits vorgegart und muss deshalb nur kurz in heißer Flüssigkeit quellen. Wer den Grieß in einem Spezialitätengeschäft kauft, sollte dort unbedingt nachfragen, wie dieser gegart werden muss. Außer mit verschiedenen Fleischsorten wird Couscous mit Fisch und Meeresfrüchten zubereitet (wie auch auf Sizilien, wo Araber ihre Spuren in der Küche hinterlassen haben). Tunesier, die für sich in Anspruch nehmen, das Gericht erfunden zu haben, würzen scharf mit Chilischoten, Marokkaner eher süßlich-aromatisch mit Zimt und Koriander, in Ägypten wird Couscous gern mit Datteln und Nüssen gegessen. Dazu wird Tee oder Rotwein getrunken und später zur Verdauung ein Feigenschnaps gereicht.

Couscous mit Lamm, Hähnchen und Gemüse

Zutaten für 4–6 Personen:
100 g Rosinen
500 g Lammfleisch ohne Knochen (aus der Schulter)
4 Hähnchenschenkel
2 Zwiebeln, 2 Knoblauchzehen
3 Möhren
1/2 Stange Staudensellerie
250 g Zucchini
2 grüne Paprikaschoten
4 EL Olivenöl
Salz, schwarzer Pfeffer
1/2 EL Paprikapulver (edelsüß)
1/4 TL Paprikapulver (rosenscharf)
je 1 Msp. Nelkenpulver und gemahlener Safran
je 1 Dose Kichererbsen und Tomaten (à 400 g)

Für den Couscous:
250 g Couscous-Grieß
1/4 l heiße Geflügelbrühe
50 g Butter

Für die Sauce:
2 EL Harissa (Chilipaste)
100 ml heiße Brühe (vom Eintopf)

Die Rosinen in eine kleine Schüssel füllen und mit 1/4 l warmem Wasser übergießen, bis zum Servieren quellen lassen. Fleisch und Geflügel waschen, mit Küchenpapier trockentupfen. Das Lammfleisch in 3 cm große Würfel schneiden, die Hähnchenschenkel durchs Gelenk halbieren.

Zwiebeln und Knoblauch schälen und fein würfeln. Die Möhren putzen und schälen, Sellerie und Zucchini putzen und waschen. Alles in etwa 4 cm große Stücke schneiden. Die Paprikaschoten längs halbieren, entkernen, waschen und in Streifen schneiden.

In einem großen Schmortopf das Öl erhitzen. Die Lammwürfel darin bei mittlerer Hitze rundherum anbraten, herausnehmen. Dann die Hähnchenschenkel im verbliebenen Öl anbraten. Zwiebeln und Knoblauch dazugeben und 5 Minuten andünsten. Die Lammwürfel wieder in den Topf geben, mit Salz, Pfeffer, Paprika- und Nelkenpulver sowie Safran würzen.

Die Kichererbsen in ein Sieb geben, kalt abbrausen und abtropfen lassen. Mit dem vorbereiteten Gemüse und den Tomaten (samt Saft) sowie 1 1/4 l Wasser in den Schmortopf geben. Alles zugedeckt bei mittlerer Hitze 1 Stunde köcheln lassen.

Kurz vor Ende der Garzeit den Couscous-Grieß in eine Schüssel geben, mit der heißen Geflügelbrühe übergießen und etwa 3 Minuten quellen lassen. Mit einer Gabel auflockern. Die Butter in einer Pfanne zerlassen und den Grieß darin erwärmen, dabei wieder mit einer Gabel auflockern. Die Hitze erhöhen und den Grieß ausdampfen lassen. Die Pfanne vom Herd nehmen. Für die Sauce Harissa mit heißer Brühe (vom Eintopf abnehmen) verrühren.

Den Grieß auf einer Platte anrichten, die Fleischstücke und das Gemüse daneben verteilen und mit der Schmorsauce übergießen. Die scharfe Harissa-Sauce zum Nachwürzen und die gequollenen Rosinen in Schälchen separat dazu servieren.

Bananen mit Eierrahm

Zutaten für 4 Personen:
Für den Eierrahm:
4 frische Eigelb
25 g Zucker
300 g Sahne
1/2 Vanilleschote

Außerdem:
2 reife Bananen
1 TL Zimtpulver
1/2 TL Nelkenpulver
1/4 TL frisch geriebene Muskatnuss
30 g Zucker
2 EL gehackte Erdnüsse

Eigelb in eine Schlagschüssel geben und so lange mit dem Zucker verrühren, bis sich der Zucker aufgelöst hat. Die Sahne in einen Topf gießen. Die Vanilleschote aufschlitzen und das Mark mit einem Messer in die Sahne schaben, die Schote dazugeben. Die Vanillesahne unter Rühren erhitzen. Kurz vor dem Kochen vom Herd nehmen und mit einem Schneebesen kräftig in die Zucker-Eigelb-Mischung einrühren.

Die Mischung im leise siedenden Wasserbad unter ständigem Rühren mit dem Schneebesen erhitzen, bis die Creme dickflüssig wird (sie darf auf keinen Fall kochen, sonst flockt das Eigelb aus). Die Creme durch ein Sieb in eine Schüssel gießen, auf Zimmertemperatur abkühlen lassen, dabei ab und zu durchrühren.

Die Bananen schälen, in Scheiben schneiden und auf vier Dessertschalen verteilen. Den Eierrahm über die Bananenscheiben gießen, etwa 2 Stunden kühl stellen.

In einem Schüsselchen Zimt- und Nelkenpulver, Muskatnuss, Zucker und gehackte Erdnüsse vermischen. Jeweils 1 Esslöffel von der Mischung über den Eierrahm streuen und servieren.

SÜSSE KNABBEREIEN

Die Dattelpalme gehört zu den ältesten Kulturpflanzen der Welt; man nimmt an, dass sie bereits vor gut 5000 Jahren in Mesopotamien kultiviert wurde. Von dort verbreitete sich die bis zu 25 Meter hohe Palme in allen Trockengebieten Asiens und Afrikas. Ihre süßen Früchte zählten früher zu den Grundnahrungsmitteln der Beduinen. Heute sind frische oder getrocknete Datteln in Tunesien vor allem als Naschwerk zu Tee oder Kaffee beliebt. Überhaupt genießt man Süßigkeiten anders als bei uns weniger als Dessert, sondern als Süßigkeit zwischen den Mahlzeiten.

Dattel-Konfekt

Zutaten für 4–6 Personen:
50 g Pistazienkerne
125 g Marzipanrohmasse
je 1 Msp. gemahlener Piment, Nelken- und Zimtpulver
2 EL heller Honig, 1 EL Rosenwasser
Puderzucker zum Formen
250 g getrocknete Datteln
Zucker zum Wenden

Die Pistazienkerne im Blitzhacker oder Mörser sehr fein pürieren. Mit der Marzipanrohmasse, Piment, Nelken- und Zimtpulver, Honig und Rosenwasser verkneten. Die Marzipanmasse auf etwas Puderzucker zu etwa 1/2 cm dicken Rollen formen.

Die Datteln an der Längsseite aufschneiden und vorsichtig den Kern auslösen. Von den Marzipanrollen Stücke etwa in der Länge der Kerne abschneiden und die Datteln damit füllen – die Marzipanfüllung soll etwas über die Datteln hinausragen. Die Füllung in Zucker drücken.

Die gefüllten Datteln auf Küchenpapier auslegen und einige Stunden – am besten sogar über Nacht – antrocknen lassen. Als Konfekt zum Mokka servieren. Die Datteln kann man auch gut auf Vorrat herstellen und in einer Blechdose aufbewahren.

Mokka, Safran und 1001 Nacht

DAS BESTE AUS DEN KÜCHENSCHÄTZEN ARABIENS

Oman – Zwischen Meer und Oase

Hunderte nie gekannter Eindrücke rasen wie auf einer Zeitreise an einem vorbei.

Alle Geheimnisse des Orients scheinen sich im Sultanat Oman zu vereinen. Die sagenumwobene Stadt Muscat, vor hohen Gebirgszügen am Golf von Oman gelegen, erwartet die Passagiere nach zwei Tagen auf See mit fremden, faszinierenden Eindrücken. Die Fischer auf ihren alten hölzernen Dhaus, unter weißen Segeln auf Fang, sind die ersten Vorboten dieser anderen Welt.

Vom Bab al-Kabir, dem großen Tor, führt für die Reisenden der erste Weg durch die Altstadt. Schnitzereien und Rundbögen zieren die historischen Gebäude. Noch heute wird Muscat von einer geschlossenen Stadtmauer umgeben, die sich über die Berge hinzieht. Der Blick in kleine Gassen, in denen es wimmelt von Händlern, Kunsthandwerkern, verschleierten Frauen und Männern mit kunstvoll verzierten Krummdolchen am Gürtel, die Gerüche einer fremden Küche. Es ist die Zeit des Ramadan. Besucher haben zu respektieren, dass zwischen Sonnenaufgang und -untergang in der Öffentlichkeit nicht gegessen, getrunken oder geraucht wird.

Etwa zwei Stunden dauert die Fahrt ins Jebal-Akhdar-Gebirge. Hier scheint die Zeit stehen geblieben zu sein. Hunderte nie gekannter Eindrücke rasen wie auf einer Zeitreise an einem vorbei: Bewohner der Bergdörfer und ihre Kamele; zwei stolze Reiter mit weißen Gewändern auf ihren Araberhengsten, die gewebten Satteldecken mit kunstvollen Quasten verziert; eine Ziegenherde mit ihrem Hirten, der sein Gewehr über der Schulter trägt, denn Hyänen und Leoparden warten in den Bergen auf Beute.

Die Oase Nakhl, was übersetzt »Dattelpalme« heißt, ist nach den heißen Quellen von Rustaq ein weiteres überwältigendes Erlebnis. Die gewaltige Festung vor den kahlen, bedrohlichen Bergen steht in reizvollem Kontrast zu den weitläufigen Gärten, die sich hinter ihr erstrecken. Das biblische Bild der erquickenden Oase wird plötzlich greifbar…

Die Befestigungsanlage von Nakhl stammt in ihren ältesten Teilen noch aus vorislamischer Zeit. Das alte Muscat macht für Besucher den eigentlichen Reiz der modernen Hauptstadt aus: die Masjid al-Zawawi und ein Fischer beim Netzeflicken im Hafen.

Jemen - Perle Arabiens

Sonnenaufgang über dem Roten Meer. Auf dem Lido-Deck haben einige Frühaufsteher ihren Morgensport unterbrochen, um die Ankunft in Hodeidah mitzuerleben. Die ersten Kameras werden gezückt – ein neues aufregendes Ziel für die MS Deutschland.

An einem schmalen Streifen vor den Bergen erstreckt sich in einer Ebene der Landesteil Tihama, gelegen zwischen Hodeidah und dem alten Kaffeehafen Al-Makia, von dem das Wort Mokka abgeleitet wird. Doch das eigentliche Ziel der Passagiere heißt für die nächsten elf Stunden Sanaa, die »Perle Arabiens«. Die Hauptstadt des Jemen liegt 2350 Meter hoch und wurde angeblich von Noahs Sohn Sem gegründet. Zahlreiche Moscheen, Badehäuser, labyrinthische Souks und Gärten prägen ihr Gesicht. Am eindrucksvollsten aber ist die Medina, einer der am besten erhaltenen alten Stadtkerne der arabischen Welt. Staunend steht der Reisende vor den schmalen, hohen Wohnhäusern aus ockerfarbenen Lehmziegeln und zweifelt nicht mehr daran, dass es hier einst sogar einen zwanzigstöckigen Palast gegeben haben soll.

Ein junger Reiseführer gibt Einblick in die traditionelle jemenitische Küche. Auf dem Land wird das meiste im Ziegelofen zubereitet, Hammel- und Rindfleisch, Gemüse, viel Getreide. Die Reihenfolge macht in diesem extrem heißen Klima Sinn: Man beginnt mit Zwiebeln und Rettich, danach gibt es Süßspeisen – vor allem Honig darf wie in den meisten arabischen Ländern dabei nicht fehlen. Erst dann folgen die schwereren Fleischspeisen. Ein besonderer Genuss ist der Sultanskaffee, ein Kaffeeschalengetränk, das mit Ingwer und Zimt gewürzt wird.

Über Sanaa liegt der Zauber einer jahrhundertealten Vitalität. Das quirlige arabische Leben sorgt in jeder Minute für Spannung und lässt zugleich ahnen, wie vielfältig der Alltag hinter den dicken Mauern war und immer noch ist.

Vom Mosaik der Erlebnisse überwältigt, kehren die Passagiere in ihre Kabinen zurück. An diesem Abend, so viel ist sicher, werden an Bord noch viele Gespräche um die ungewöhnliche Stadt in den Bergen des sagenumwobenen Landes der Königin von Saba kreisen.

Einzigartig in der arabischen Welt ist die Altstadt von Sanaa, ein Meer von bis zu 800 Jahre alten Häusern mit filigran verzierten Fassaden. Neben der großartigen Architektur begeistert die Reisenden aber auch das bunte Treiben auf den Märkten.

Kichererbsenbällchen Falafel

Zutaten für 4 Personen:
250 g getrocknete Kichererbsen
50 g Bulgur (vorgegarte Weizengrütze)
1 Zwiebel, 3 Knoblauchzehen
3 EL Korianderblättchen
je 1 EL gemahlener Koriander
und Kreuzkümmel
Salz, schwarzer Pfeffer
1 TL Backpulver
3–4 EL Semmelbrösel
Öl zum Frittieren

Die Kichererbsen in kaltem Wasser mindestens 15 Stunden – am besten über Nacht – einweichen. Die eingeweichten Kichererbsen in einem Sieb abtropfen lassen und zwischen den Händen reiben, bis die harten Häutchen entfernt sind. Bulgur in ein Sieb geben, mit warmem Wasser abbrausen und abtropfen lassen. Die Kichererbsen mit dem Bulgur im Blitzhacker zu einer nicht zu feinen Paste pürieren und in eine Schüssel füllen.

Zwiebel und Knoblauch schälen, grob zerschneiden und mit den Korianderblättchen im Blitzhacker fein pürieren. Unter die Kichererbsenmasse rühren. Mit gemahlenem Koriander und Kreuzkümmel, Salz und Pfeffer würzen. Backpulver und Semmelbrösel untermischen und kräftig durchkneten. Aus der Kichererbsenmasse walnussgroße Bällchen formen, die Bällchen auf ein Küchentuch legen.

In einem hohen Topf oder in der Fritteuse etwa 5 cm hoch Öl erhitzen (auf 175 °C oder bis an einem hineingehaltenen Holzstäbchen Bläschen aufsteigen). Die Bällchen im heißen Öl portionsweise etwa 8 Minuten goldbraun frittieren. Mit einem Schaumlöffel herausheben und auf Küchenpapier gut abtropfen lassen.

Petersiliensalat Tabbouleh

Zutaten für 4 Personen:
100 g Couscous-Grieß (oder Bulgur)
Salz, 400 g reife Tomaten
4 Bund glatte Petersilie
4 Frühlingszwiebeln, schwarzer Pfeffer
6–8 EL Zitronensaft, 8 EL Olivenöl
3 EL gehackte Minze

Couscous in eine Schüssel geben, salzen und mit lauwarmem Wasser übergießen – es sollte möglichst fingerbreit über den Körnern stehen – und etwa 45 Minuten (Bulgur 1 Stunde) einweichen lassen. Den gequollenen Couscous in einem feinmaschigen Sieb abtropfen lassen.

Tomaten überbrühen, häuten, halbieren, entkernen und in kleine Würfel schneiden. Die Petersilie waschen und trockenschütteln, die Blättchen von den Stielen zupfen und grob hacken. Frühlingszwiebeln putzen, waschen und samt Grün in feine Ringe schneiden. Alles in eine große Schüssel geben und vermischen. Mit Salz, Pfeffer, Zitronensaft, Öl und gehackter Minze anmachen.

ARABISCHE VORSPEISEN UND SANDWICHES

In den arabischen Ländern beginnen Menüs mit vielen kleinen Vorspeisen, die eigentlich schon satt machen. Deshalb bei den nicht weniger üppigen Hauptgerichten abzuwinken wäre jedoch eine Beleidigung. Die Kichererbsenbällchen sind als Imbiss sehr beliebt und werden im Oman z. B. auch aus getrockneten Bohnen zubereitet. Mit Salatstreifen, Gurken, Tomaten und würzigem Sesam-Dip serviert man sie in aufgeschnittenen Fladenbroten.

Sesam-Dip Tahina

Zutaten für 4 Personen:
125 g Sesampaste (Tahin)
3 Knoblauchzehen
60 ml Zitronensaft
3 EL Sahnejoghurt
je 1/2 TL gemahlener Koriander
und Kreuzkümmel
Salz, 1 EL helle Sesamsamen

Die Sesampaste im Glas gut durchrühren, die benötigte Menge abmessen und in eine Schüssel geben. Knoblauch schälen und dazupressen, den Zitronensaft unterrühren, dabei nach und nach etwa 50 ml kaltes Wasser dazugießen. Den Joghurt untermischen, mit Koriander, Kreuzkümmel und Salz abschmecken und 2 Stunden kühl stellen.

Zum Servieren den Sesamsamen in einer kleinen Pfanne ohne Fett bei mittlerer Hitze unter Rühren goldgelb rösten und über den Sesam-Dip streuen. Frisch aufgebackenes Fladenbrot dazu reichen. Der Sesam-Dip wird meist zu frittierten Kichererbsenbällchen (siehe Rezept links) serviert. Man kann ihn zusätzlich mit schwarzen Oliven und Zitronenscheiben garnieren.

Arabische Sommersuppe

Zutaten für 4 Personen:
400 g gemischtes grünes Blattgemüse
(z. B. Spinat, Mangold, Rübenblätter, Senfkohl, Pak-Choi)
Salz, 1 l Geflügelbrühe
1 Hähnchenbrust (mit Knochen; 450 g)
1 Zwiebel
2 Knoblauchzehen
1 Möhre
2 Stangen Staudensellerie
1 EL Butterschmalz
Salz, schwarzer Pfeffer
2–3 EL Zitronensaft
1 TL abgeriebene Zitronenschale

Das Blattgemüse putzen, waschen und in kochendem Salzwasser blanchieren. In ein Sieb abgießen, kalt abschrecken und gut abtropfen lassen.

Die Geflügelbrühe aufkochen. Die Hähnchenbrust in die Brühe legen und 10 Minuten bei schwacher Hitze ziehen lassen.

Die Hähnchenbrust aus der Brühe heben und abkühlen lassen. Die Brühe durch ein feines Sieb gießen.

Die Zwiebel und den Knoblauch schälen und fein hacken. Die Möhre putzen und schälen, die Selleriestangen putzen und waschen. Möhre und Staudensellerie in feine, kurze Streifen schneiden.

In einem Topf das Butterschmalz zerlassen. Zwiebeln, Knoblauch und Gemüsestreifen darin bei mittlerer Hitze andünsten, bis die Zwiebelwürfel glasig sind. Die Brühe angießen und erhitzen, aber nicht kochen lassen. Knapp unter dem Siedepunkt etwa 20 Minuten garen.

Die Hähnchenbrust häuten, das Fleisch ablösen und in feine Streifen schneiden. Mit dem blanchierten Blattgemüse unter die Brühe rühren, mit Salz, Pfeffer, Zitronensaft und -schale abschmecken und nicht zu heiß servieren.

Nach Belieben Fladenbrot in kleine Würfel schneiden, in Butterschmalz knusprig rösten und über die Suppe streuen.

Kalte Gurkensuppe mit Kreuzkümmel

Zutaten für 4 Personen:
2 mittelgroße Salatgurken
4 Becher Bulgara-Joghurt (à 175 g)
ca. 200 ml Mineralwasser
(mit wenig Kohlensäure)
3 Knoblauchzehen
1–2 TL Kreuzkümmelsamen
1/2 TL grobes Meersalz
Salz, schwarzer Pfeffer

Die Salatgurken waschen, schälen und längs halbieren. Mit einem Teelöffel die Kerne entfernen. Das Gurkenfleisch in Würfel schneiden und im Mixer oder mit dem Stabmixer glatt pürieren.

Den Joghurt mit dem Mineralwasser verquirlen. Den Knoblauch schälen und dazupressen, das Gurkenpüree unter den Knoblauchjoghurt rühren.

Kreuzkümmel in einer kleinen Pfanne ohne Fett bei mittlerer Hitze rösten, bis er aromatisch duftet (nicht zu stark erhitzen, sonst wird er bitter). Den gerösteten Kreuzkümmel mit dem Meersalz in einen Mörser geben und leicht zerreiben (jedoch nicht zu Pulver). Den Kreuzkümmel unter die Joghurt-Gurken-Mischung rühren, mit Salz und Pfeffer kräftig würzen. Die Gurkensuppe zugedeckt 3 bis 4 Stunden kühl stellen.

Zum Servieren die kalte Gurkensuppe nochmals kräftig durchrühren (oder mit dem Stabmixer schaumig aufschlagen). Auf Suppentassen oder Gläser verteilen und nach Belieben mit Zitronenstücken oder mit Dillzweigen garniert servieren. Dazu passt sehr gut frisch aufgebackenes Fladenbrot.

Gefüllter Wolfsbarsch mit kalter Sesamsauce

Zutaten für 4 Personen:
2 große Wolfsbarsche
(oder Brassen; à ca. 600 g)
Salz, 5 Knoblauchzehen
6 EL Olivenöl
50 g Walnusskerne
1 grüne Paprikaschote
3 Schalotten, 1 Granatapfel
1 EL gehackte Petersilie
schwarzer Pfeffer
75 g Sesampaste (Tahin)
5 EL Zitronensaft

Die Fische waschen, trockentupfen und auf beiden Seiten einmal längs bis auf die Gräten einschneiden. Innen und außen salzen. Knoblauch schälen, 2 Zehen zum Öl pressen. Die Fische mit der Hälfte des Knoblauchöls einpinseln.

Für die Füllung die Walnüsse hacken. Die Paprikaschote längs halbieren, entkernen, waschen und klein würfeln. Die Schalotten schälen und fein hacken. In einer Kasserolle etwas Knoblauchöl erhitzen und die Schalotten darin goldgelb anbraten. Paprikawürfel und Walnüsse dazugeben und 3 Minuten mitbraten. Die Kasserolle vom Herd nehmen. Den Granatapfel halbieren und mit einem Teelöffel die Kerne herauskratzen, die Hälfte der Kerne mit der Petersilie zu der Nuss-Gemüse-Mischung geben, salzen und pfeffern.

Backofen auf 200 °C (Umluft 180 °C) vorheizen. Die Fische mit der Mischung füllen, mit Holzspießchen feststecken. Auf ein tiefes Backblech legen und im heißen Ofen 30 Minuten garen. Nach der Hälfte der Garzeit die Fische wenden und mit dem restlichen Knoblauchöl bestreichen.

Die Sesampaste glatt rühren, den Zitronensaft und etwas kaltes Wasser unterrühren. Den restlichen Knoblauch dazupressen, die Sauce salzen und pfeffern. Die gebratenen Fische mit den restlichen Granatapfelkernen bestreuen. Die kalte Sesamsauce separat dazu servieren.

Thunfisch in Paprikasauce

Zutaten für 4 Personen:
je 1 rote und grüne Paprikaschote
2 rote Chilischoten
500 g reife Tomaten
2 weiße Zwiebeln
3 Knoblauchzehen
je 1 TL Pimentkörner und Kreuzkümmelsamen
4 frische Thunfischsteaks (à 125 g)
Salz, schwarzer Pfeffer
3 EL Butterschmalz
1 TL Ingwerpulver, 50 g Tomatenmark
1/2 Bund glatte Petersilie
Cayennepfeffer

Die Paprikaschoten längs halbieren, entkernen, waschen und in kleine Würfel schneiden. Die Chilischoten längs halbieren, entkernen, waschen und in feine Streifen schneiden. Die Tomaten überbrühen, häuten, halbieren und entkernen, das Fruchtfleisch würfeln. Zwiebeln schälen und in Streifen schneiden. Knoblauch schälen und hacken. Piment und Kreuzkümmel im Mörser grob zerstoßen.

Thunfischsteaks waschen und trockentupfen, mit Salz und Pfeffer würzen. In einer Schmorpfanne das Butterschmalz zerlassen. Die Thunfischsteaks darin bei mittlerer Hitze auf jeder Seite etwa 1 Minute anbraten, aus der Pfanne nehmen. Zwiebeln und Knoblauch im verbliebenen Bratfett hellgelb andünsten, Paprikawürfel und Chilistreifen dazugeben und ebenfalls andünsten. Tomaten, Piment, Kreuzkümmel und Ingwerpulver dazugeben, unter Rühren 5 Minuten dünsten. Tomatenmark und etwa 150 ml Wasser unterrühren, offen 10 Minuten köcheln lassen.

Petersilie waschen und trockenschütteln, die Blättchen von den Stielen zupfen, fein hacken und unter die Sauce mischen. Thunfischsteaks in die Sauce legen, mit Salz, Pfeffer und Cayennepfeffer pikant abschmecken. Zugedeckt noch 5 Minuten ziehen lassen. Die Thunfischsteaks auf Tellern anrichten, die Paprikasauce darüber verteilen, nach Belieben mit frittierten Petersilienstielen garnieren.

Fleischgerichte in arabischen Ländern

In Gebieten, in denen wegen Trockenheit kaum Gemüseanbau betrieben werden kann und Nomaden mit ihren Herden von einer kargen Weide zur nächsten ziehen, spielen Fleischgerichte natürlich eine besondere Rolle. Da den Mohammedanern der Genuss von Schweinefleisch verboten ist, gibt es Ziegen-, Lamm- und Kalbfleisch, das bevorzugt auf dem Holzkohlengrill zubereitet wird. Beliebt sind auch Gerichte mit Geflügel, das man allerdings meist schmort. Zu besonderen Gelegenheiten werden auch Kamele geschlachtet. Das Fleisch von älteren Schafen und Kühen ist zum Grillen zu zäh und man konnte es früher, als es noch keine Kühlmöglichkeiten gab, auch nicht abhängen lassen: Es wäre verdorben, aber nicht zart geworden. Also zerkleinerte man das Fleisch so, dass es trotz seiner Zähigkeit genießbar war. Aus diesem Grund findet man in heißen Ländern so viele Hackfleischgerichte. Eine andere Besonderheit ist die Vorliebe der arabischen Küchen für die Kombination von pikanten Gerichten und süßen Früchten, die mit vielen Gewürzen geschmort werden.

Fleischklößchen mit Sauerkirschen

Zutaten für 4 Personen:
750 g Lammhackfleisch
(oder Kalbshackfleisch)
Salz, schwarzer Pfeffer
1/2 TL frisch geriebene Muskatnuss
je 1/2 TL Zimt- und Nelkenpulver
150 g getrocknete Sauerkirschen
Mehl zum Wenden, 4–5 EL Öl
4 dünne arabische Fladenbrote (Chubz)
1 EL Zitronensaft
3–4 EL glatte Petersilienblättchen

Das Hackfleisch in eine Schüssel geben, mit Salz, Pfeffer und den Gewürzen vermischen. Kräftig kneten und zugedeckt 30 Minuten kühl stellen.

Die getrockneten Sauerkirschen in einen breiten Topf geben, gut mit Wasser bedecken und langsam aufkochen. Den Topf vom Herd nehmen und die Kirschen zugedeckt quellen lassen.

Die Hackfleischmasse zu golfballgroßen Bällchen formen und in Mehl wenden. In einer großen Pfanne das Öl erhitzen und die Klößchen darin 10 Minuten rundherum goldbraun anbraten. Die Fleischklößchen aus der Pfanne in den Topf mit der Kirschsauce heben und so viel Wasser angießen, dass die Klößchen halb bedeckt sind. Zugedeckt bei schwacher Hitze noch etwa 10 Minuten garen, dabei den Topf ab und zu rütteln.

Die Fladenbrote kurz im heißen Backofen erhitzen und halbieren. Die Fleischklößchen mit den Fladenbroten auf Tellern anrichten. Die Kirschsauce mit Salz, Pfeffer und Zitronensaft abschmecken, mit dem Stabmixer pürieren und über die Klößchen gießen. Mit Petersilie bestreut servieren.

Pikante Lammkoteletts

Zutaten für 4 Personen:
12 halbe Lammkoteletts
(möglichst mit langen Rippenknochen)
Salz, schwarzer Pfeffer
1 haselnussgroßes Stück Ingwer
2 grüne Kardamomkapseln
1/2 TL Pimentkörner
2 getrocknete rote Chilischoten
1/2 TL Zimtpulver
1 Msp. frisch geriebene Muskatnuss
je 3 EL Butterschmalz und Walnussöl
2 Knoblauchzehen
2 EL gehackte Petersilie
1 EL gehackte Minze

Die Lammkoteletts waschen, trockentupfen und die Knochen sauber abschaben. Das Fleisch salzen und pfeffern. Den Ingwer schälen und fein reiben. Die Kardamomkapseln aufbrechen, die Samen mit den Chilischoten und den Pimentkörnern im Mörser zerreiben. Mit Zimtpulver und Muskatnuss vermischen.

Das Butterschmalz mit dem Walnussöl in einer kleinen Pfanne erhitzen. Knoblauch schälen und dazupressen. Die Würzmischung einrühren, einmal aufschäumen lassen. Petersilie und Minze unterrühren und die Würzbutter etwas abkühlen lassen. Die Lammkoteletts auf beiden Seiten mit der Würzbutter bestreichen, bis zum Grillen ziehen lassen.

Den Holzkohlen- oder Elektrogrill anheizen. Die Lammkoteletts bei starker Hitze auf jeder Seite 6 bis 8 Minuten grillen, bis sie gut gebräunt, innen aber noch etwas rosig sind. Nebenbei die restliche Würzbutter wieder erhitzen. Die gegrillten Koteletts auf vorgewärmten Tellern anrichten, mit heißer Würzbutter übergießen. Nach Belieben mit Petersilienzweigen und Zitronenvierteln garnieren und mit Reis servieren.

Reispudding mit Pistazien

Zutaten für 4 Personen:
100 g Basmati-Reis
3 grüne Kardamomkapseln
600 ml Milch
100 g Sahne, 90 g Zucker
3 EL Butter
1 Msp. gemahlener Safran
30 g Pistazienkerne
2 EL Rosinen
1 EL Rosenwasser
Litschis (oder Mandarinenspalten bzw. Granatapfelkerne) zum Garnieren

Den Basmati-Reis in ein Sieb geben und waschen, bis das Wasser klar abläuft. Den Reis in einem Topf mit 200 ml kaltem Wasser aufkochen und bei schwacher Hitze zugedeckt etwa 10 Minuten köcheln lassen.

Die Kardamomkapseln aufbrechen und die schwarzen Samen auslösen. Die Kardamomsamen zum gegarten Reis geben. Milch, Sahne, Zucker, Butter und gemahlenen Safran hinzufügen. Alles kurz aufkochen und bei mäßiger Hitze offen etwa 30 Minuten köcheln lassen, dabei den Reispudding häufiger umrühren.

Die Pistazienkerne fein hacken. Von den gehackten Pistazien 1 EL zum Garnieren beiseite legen, den Rest mit den Rosinen und dem Rosenwasser unter den Reispudding rühren. Den Reispudding in vier Dessertschüsselchen füllen, kurz abkühlen lassen und 2 bis 3 Stunden in den Kühlschrank stellen.

Zum Servieren den Reispudding mit den restlichen Pistazien bestreuen. Die harte Schale der Litschis abpellen. Den Reispudding und mit den Litschis (oder Mandarinenspalten bzw. Granatapfelkernen) garniert servieren.

HALTBAR UND SÜSS

Das Trocknen von Früchten gilt als eine der ältesten Konservierungsmethoden. Schon vor Jahrtausenden gruben Nomaden Feigen in den Wüstensand ein: So schützte man überschüssiges Frischobst vor dem Verderben und legte einen Vorrat für Notzeiten an. Beim Dörren steigt der Zuckergehalt der Früchte auf bis zu 70 Prozent. Dadurch konzentriert sich das Aroma und die Früchte schmecken auffallend süß.

Trockenfrüchte in Sirup

Zutaten für 4 Personen:
250 g gemischte Trockenfrüchte
(Aprikosen, Feigen, Pflaumen, Datteln)
50 g helle Rosinen
je 30 g geschälte Mandeln,
Pinien- und Pistazienkerne
3 EL Zucker
100 g Crème fraîche

Die Trockenfrüchte und die Rosinen mit warmem Wasser abspülen und abtropfen lassen. Mit den Mandeln, den Pinien- und den Pistazienkernen in einen Topf geben, den Zucker darüber streuen und $^{1}/_{4}$ l Wasser darüber gießen. Alles aufkochen und zugedeckt bei schwacher Hitze 20 Minuten köcheln lassen.

Den Topf vom Herd nehmen und das Kompott abkühlen lassen. Auf Dessertschälchen verteilen, kurz abkühlen lassen und mehrere Stunden in den Kühlschrank stellen. Zum Servieren die Crème fraîche cremig rühren und löffelweise als Kleckse auf dem Fruchtkompott verteilen. Nach Belieben mit kleinen Minzezweigen garniert servieren.

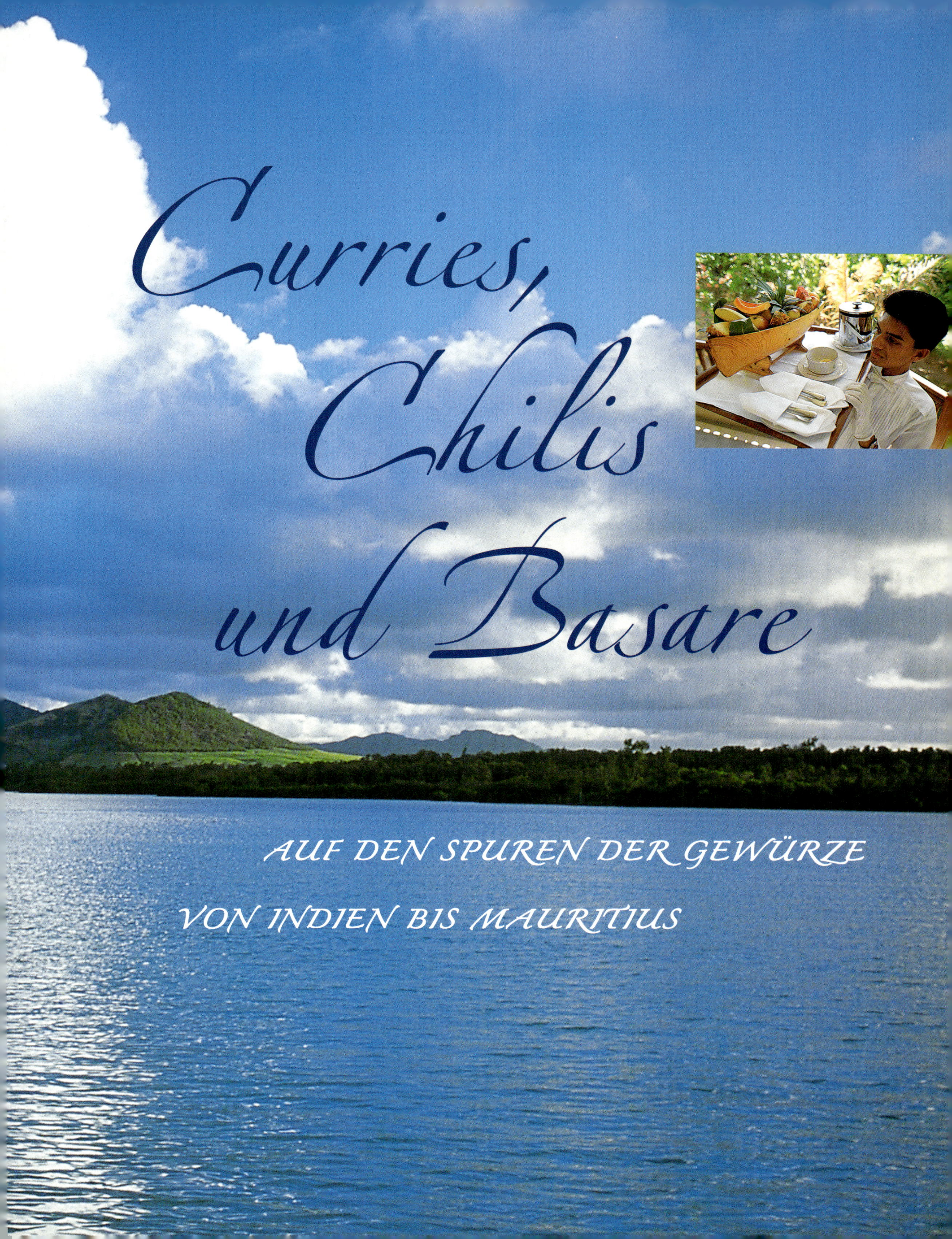

Curries, Chilis und Basare

AUF DEN SPUREN DER GEWÜRZE

VON INDIEN BIS MAURITIUS

Ein Meer von Farben und Düften: Das vielfältige Angebot der Händler spiegelt die Vorliebe der indischen Küche für Kräuter und Gewürze wider. An Pracht kaum zu überbieten: das weltberühmte Mausoleum Taj Mahal in Agra.

Indien – Magie der Gegensätze

Reisen nach Indien sind Highlights im Kreuzfahrtprogramm. Die Faszination vieler unterschiedlicher Kulturen und Traditionen, die gegensätzlichen Erlebniswelten von Goa bis Delhi, von Bombay bis Kalkutta sind einfach überwältigend. Indien hat so vieles zu bieten: einzigartige Landschaften neben Ödnis, Blütenpracht und Düfte von Sandelholz und exotischen Pflanzen, die Spuren der letzten Tiger, Elefanten, heilige Kühe auf den Straßen, die Gebete der Priester, die prächtigsten Farben der Welt, Monsunregen und gleißende Sonne.

Staunend stehen die Besucher vor dem Taj Mahal. Das Grabmal ist ein Symbol für die Liebe, im 17. Jahrhundert errichtet von Kaiser Shahjahan zu Ehren seiner Lieblingsfrau Mumtaz Mahal – und das macht den Anblick noch erhabener. Der weiße Marmor leuchtet je nach Tageslicht in verschiedenen Nuancen, die unzähligen feinen Verzierungen aus Halbedelsteinen stehen für die Macht des Erbauers. Zeitsprünge, die auch wie Sprünge über ganze Kontinente wirken. Eintauchen in die 13-Millionen-Metropole Bombay, auch hier wieder der typische indische Kontrast zwischen Armut und Wohlstand. Oder Mangalore, die Lagunenstadt am Arabischen Meer: Rikschas und Teeverkäufer, Besichtigung einer Cashew-Plantage, Besuch des 1000-Säulen-Tempels. Schließlich Delhi, überbordende Weltstadt, voller Hoffnung für die Vergessenen und Zentrum des Aufbruchs für die jungen Erfolgreichen. Draußen vor den Städten aber schlägt das Herz Indiens im alten Takt weiter.

Hier werden wir auch daran erinnert, dass Indien das Land der Gewürze ist. Dass aber Curries keine Pflanzen, sondern Gewürzmischungen sind, lernen viele Reisende erst hier. Und wenn auch in den verschiedenen Regionen Indiens anders gekocht wird, der verschwenderische Einsatz von Gewürzen und Kräutern ist allen Küchentraditionen gemeinsam. So steht denn die Küche stellvertretend für das, was das ganze Land ist: ein großartiges Fest für die Sinne.

Mauritius – Paradies hinter dem Riff

Das türkisfarbene Wasser am langen weißen Strand der Westküste bei Flic en Flac begeistert die Wassersportler unter den Traumschiff-Passagieren. Mit Segelbooten fahren sie vorsichtig über das schützende Riff hinaus, um Minuten später die kräftigen Wellen des Indischen Ozeans unter dem Kiel zu spüren. Andere wagen sich mit Schnorchel in die farbige Unterwasserwelt der Korallen. Eine Meile weiter, aber das wissen nur wenige, halten sich vom frühen Morgen bis zur Mittagsstunde regelmäßig fünfzig junge Delfine in der Bucht auf, ein Delfinkindergarten sozusagen.

Wir sind am Wendekreis des Steinbocks und so ähnlich muss das Paradies ausgesehen haben. Majestätische grüne Berge mit Wasserfällen, Urwaldvegetation und bezaubernden Tälern, eine Etage tiefer Zuckerrohrfelder, an den Küsten ideale klimatische Bedingungen. Das Erstaunlichste an Mauritius ist jedoch das friedliche Nebeneinander der Religionen und Kulturen. Die Mehrheit der Insulaner ist hinduistisch, viele Dörfer sind indisch geprägt. Doch neben bunten Tempeln bestimmen auch Moscheen, Kirchen und manchmal sogar Pagoden das Bild der Orte auf Mauritius. Auf dem kleinen Eiland leben etwa 1 Million Menschen, die mehr als zehn verschiedene Sprachen sprechen. Natürlich hat ein solcher Kultur-Mix auch seine kulinarische Tradition. Wer die Insel-Küche probiert hat, weiß, dass man ein ähnlich köstliches Potpourri sonst nur selten genießen kann: Ob kreolischer Eintopf, chinesische Fischsuppe oder französische Haute Cuisine – auf Mauritius ist alles möglich!

Neben Port Louis mit seinem bunten Markt sollte man zwei Ziele auf keinen Fall versäumen: den Botanischen Garten von Pamplemousses, ein wahrer Garten Eden mit einheimischen und exotischen Pflanzen, und die kleine Ile aux Cerfs an der Ostküste. Die abgeschiedene Palmeninsel bietet traumhafte Badebedingungen und zwei Restaurants unter freiem Himmel. Und direkt daneben die wenigen letzten Riesenschildkröten …

Anglerglück in Grande Rivière Noire: Vor dem kleinen Ort an der Westküste halten sich von November bis April große Schwärme von Thun- und Schwertfischen auf. Viele Religionen – viele Feste: Höhepunkte an Pracht und Feierlichkeit bieten die Feste der Hindus, an denen die ganze Insel teilnimmt.

Wir sind am Wendekreis des Steinbocks und so ähnlich muss das Paradies ausgesehen haben.

Knusprige Papadams mit Kokos-Dal

Zutaten für 4 Personen:
125 g Chana Dal (kleine, geschälte und halbierte Kichererbsen)
1 haselnussgroßes Stück Ingwer
3 Kardamomkapseln
1 Lorbeerblatt
1 Zimtstange
1 getrocknete rote Chilischote
2 EL Ghee (oder Butterschmalz)
1 TL Kreuzkümmelsamen
1/2 TL Anissamen
1 TL Kurkumapulver
1 Prise Asafötida (»Teufelsdreck«)
4 EL Kokosraspel
2 EL brauner Rohrzucker
60 g Sahne, Salz
4 Papadams (Linsenfladen)
Öl zum Frittieren

Chana Dal etwa 4 Stunden in kaltem Wasser einweichen, in einem Sieb abtropfen lassen. Den Ingwer schälen und in feine Scheiben schneiden. Die Kardamomkapseln aufbrechen, die schwarzen Samen auslösen. Chana Dal mit etwa 700 ml Wasser, Ingwer, Kardamomsamen, Lorbeerblatt, Zimtstange und Chilischote in einen Topf geben, langsam aufkochen. Bei schwacher Hitze zugedeckt etwa 40 Minuten garen, ab und zu umrühren.

Kurz vor Ende der Garzeit das Ghee in einer Pfanne erhitzen. Kreuzkümmel und Anis unter Rühren darin anbraten, die anderen Gewürze dazugeben und kurz mitrösten. Zuletzt die Kokosraspel hinzufügen und unter Rühren leicht anbraten. Die Gewürzbutter mit Zucker und Sahne unter den Dal rühren, salzen und kurz ziehen lassen.

INDISCHE DALS UND KNUSPERFLADEN

Hülsenfrüchte sind eine wichtige Proteinquelle und zählen in den vorwiegend vegetarischen Küchen Indiens zu den Grundnahrungsmitteln. Dal werden geschälte Erbsen, Linsen oder Bohnen genannt, aber auch die saucenähnlichen Gerichte, die mit diesen Hülsenfrüchten zubereitet werden und von denen zu jeder Mahlzeit eine Portion gegessen wird. Bei uns kennt man vor allem die geschälten roten Linsen, die in Indien Masur Dal genannt werden; es gibt aber noch etwa fünfzig weitere Dal-Sorten. Zum Würzen wird Ghee (geklärte, ursprünglich aus Büffelmilch gewonnene Butter) mit Gewürzen erhitzt und unter die gegarten Hülsenfrüchte gemischt. So kann sich das Aroma der Gewürze optimal entfalten. Aus Hülsenfrüchten stellt man auch Papadams her, knusprig gebratene, dünne Fladen, die als Zwischendurch-Knabberei und als Beilage zu Dals sehr beliebt sind.

Für die Papadams in einer tiefen Pfanne etwa 1 cm hoch Öl stark erhitzen. Jeweils ein Papadam in das heiße Öl legen und etwa 5 Sekunden backen, umdrehen, auf der anderen Seite ebenfalls 5 Sekunden backen. Papadam mit einem Schaumlöffel aus dem Öl heben und senkrecht gestellt auf Küchenpapier abtropfen lassen. Zu dem Kokos-Dal servieren.

Paprikaröllchen mit Garnelen

Zutaten für 4 Personen:
3 rote Paprikaschoten
ca. 5 EL Olivenöl
4 Frühlingszwiebeln
1 grüne Chilischote
1 walnussgroßes Stück Ingwer
5 cm Zitronengras (nur vom unteren Teil)
1 unbehandelte Limette
125 g geschälte Garnelen

Den Backofen (möglichst mit Grill) auf 250 °C vorheizen. Die Paprikaschoten vierteln, entkernen, waschen und trockentupfen. Mit der Hautseite nach oben auf ein geöltes Backblech legen und im heißen Ofen backen, bis die Haut Blasen wirft und dunkel wird. Die Schoten mit einem nassen Küchentuch abdecken und etwas abkühlen lassen. Die Haut vorsichtig abziehen und die Schoten in breite Streifen schneiden.

Die Frühlingszwiebeln putzen, waschen und in Stücke schneiden. Die Chilischote längs halbieren, entkernen, waschen und grob würfeln. Den Ingwer schälen und in kleine Würfel schneiden. Das Zitronengras putzen und fein schneiden. Die Limette heiß abwaschen, etwas Schale abreiben, die Limette auspressen.

Garnelen kalt abbrausen und trockentupfen. Zwiebeln, Chilis, Ingwer und Zitronengras mit den Garnelen im Mixer oder Blitzhacker pürieren. Limettenschale und Limettensaft sowie 4 EL Öl hinzufügen und weiter mixen, bis eine dicke Creme entsteht. Jeweils etwas von der Garnelenmasse auf einen Paprikastreifen geben, aufrollen und mit Holzspießchen feststecken. Die Paprikaröllchen nach Belieben mit Limettenstücken servieren.

Frittierte Teigtaschen

Zutaten für 6 Personen:
7 EL Ghee (oder Butterschmalz)
ca. 350 g Mehl
Salz
400 g Kartoffeln
3 Knoblauchzehen
4 grüne Kardamomkapseln
1/4 TL Ajowan-Samen
(Liebstöckelsamen)
1/2 TL Kurkumapulver
100 g Erbsen (tiefgekühlt)
2 EL fein geschnittenes Koriandergrün
Öl zum Frittieren
Chilisauce zum Dippen

Für den Teig 4 EL Ghee erhitzen und wieder abkühlen lassen. Das Mehl mit dem noch flüssigen Ghee, Salz und etwa 175 ml Wasser zu einem glatten Teig verkneten. In Folie wickeln und 20 Minuten auskühlen lassen.

Kartoffeln waschen, schälen und in kleine Würfel schneiden. Den Knoblauch schälen und hacken. Die Kardamomkapseln aufbrechen und die Samen mit Ajowan im Mörser leicht zerreiben. In einem Topf das restliche Ghee zerlassen, Kardamom und Ajowan darin anrösten. Kartoffeln und Knoblauch dazugeben und etwas anschmoren. Mit Kurkuma bestreuen und etwa 50 ml Wasser angießen, salzen und die Erbsen unterrühren. Zugedeckt bei schwacher Hitze etwa 10 Minuten garen, bis die Kartoffeln weich sind. Koriandergrün untermischen, abkühlen lassen.

Den Teig in 12 Stücke teilen und auf wenig Mehl zu etwa 18 cm großen Kreisen ausrollen. Die Teigkreise halbieren und jede Hälfte zu einer Tüte drehen, das Teigende mit etwas Wasser anfeuchten und festkleben. In jede Tüte 1 EL Füllung geben, den inneren Tütenrand mit etwas Wasser anfeuchten und fest zusammendrücken. Zum Frittieren in der Fritteuse oder einer tiefen Pfanne reichlich Öl auf etwa 175 °C erhitzen. Die Teigtaschen darin portionsweise 3 Minuten goldbraun ausbacken. Auf Küchenpapier abtropfen lassen und heiß mit Chilisauce servieren.

Mulligatawny-Suppe

Zutaten für 4 Personen:
3/4 l Geflügelbrühe
3 EL Basmati-Reis
150 g Hähnchenbrustfilet, Salz
1 große Zwiebel
1 Knoblauchzehe
1 haselnussgroßes Stück Ingwer
2 reife Tomaten
1 grüner Apfel
2 EL Ghee (oder Butterschmalz)
2 EL Kichererbsenmehl (Besan)
2 EL Currypulver
1 Lorbeerblatt
1 TL grob zerstoßener schwarzer Pfeffer

Die Geflügelbrühe erhitzen. Den Reis abspülen, bis das Wasser klar abläuft. Das Hähnchenbrustfilet waschen, trockentupfen und in der Brühe 10 Minuten garen. Den Reis in kochendes Salzwasser einstreuen und etwa 12 Minuten garen. Die Geflügelbrühe durch ein feines Sieb gießen, das Fleisch beiseite stellen. Den Reis in ein Sieb abgießen, kalt abbrausen und abtropfen lassen.

Zwiebel und Knoblauch schälen, Zwiebel halbieren und in feine Streifen schneiden. Den Ingwer schälen und mit dem Knoblauch fein hacken. Die Tomaten überbrühen, häuten, halbieren, entkernen und in Würfel schneiden. Den Apfel schälen und ohne Kerngehäuse fein würfeln.

Im Suppentopf das Ghee erhitzen, die Zwiebelstreifen darin glasig dünsten. Ingwer und Knoblauch unterrühren und kurz andünsten.

Tomaten- und Apfelwürfel mit Kichererbsenmehl, Currypulver, Lorbeerblatt und Pfeffer in den Topf geben, gut durchrühren. Die Geflügelbrühe dazugießen und unter Rühren erhitzen. Zugedeckt bei schwacher Hitze etwa 45 Minuten garen. Die Suppe im Topf mit dem Stabmixer pürieren. Das Hähnchenfleisch in feine Streifen schneiden und mit dem Reis auf Suppenteller verteilen. Die heiße Suppe darüber gießen. Die Suppe nach Belieben mit Zitronenachteln und knusprigen Papadams servieren.

Kürbis-Curry mit Garnelen

Zutaten für 4 Personen:
400 g geschälte Riesengarnelen
300 g Kürbisfleisch (z. B. Butterkürbis)
2 Zwiebeln, 2 Knoblauchzehen
1 walnussgroßes Stück Ingwer
5 Kardamomkapseln
Salz, 4 Nelken
je 1 TL schwarze Pfefferkörner,
Kreuzkümmelsamen und
Korianderkörner
2 getrocknete rote Chilischoten
1 TL Kurkumapulver
1/2 TL Zimtpulver
1 Msp. frisch geriebene Muskatnuss
2 EL Öl, 4 Kaffir-Limettenblätter
400 ml Kokosmilch

Garnelen in ein Sieb geben, kalt abbrausen und abtropfen lassen. Das Kürbisfleisch in 1 cm große Würfel schneiden. Zwiebeln und Knoblauch schälen, Zwiebeln in Streifen, Knoblauch in Scheiben schneiden. Ingwer schälen und hacken.

Die Kardamomkapseln aufbrechen, die Samen mit etwas Salz, Nelken, Pfefferkörnern, Kreuzkümmel, Koriander und Chilischoten im Mörser zerreiben. Mit Kurkuma, Zimt und Muskatnuss mischen.

In einer breiten Pfanne oder im Wok das Öl erhitzen, Zwiebeln und Knoblauch darin andünsten. Kürbisstücke und Ingwer dazugeben, kurz anschmoren. Die Gewürze darüber streuen und anbraten.

Etwa 150 ml Wasser angießen und offen 10 Minuten köcheln lassen. Limettenblätter waschen und in feine Streifen schneiden, mit der Kokosmilch zum Gemüse geben. Aufkochen, mit Salz abschmecken. Die Garnelen einrühren und bei schwacher Hitze 2 Minuten in der Sauce ziehen lassen. Heiß mit Basmati-Reis servieren.

In Indien wie in ganz Asien wird gern Kürbis gegessen – allerdings nicht die großen Gartenkürbisse wie bei uns, sondern kleine Sorten mit zarter Schale. Für dieses Curry können Sie auch kleine Hokkaido-Kürbisse aushöhlen und das Curry darin servieren.

Lachs mit scharfem Ananasgemüse

Zutaten für 4 Personen:
4 Lachskoteletts (à 250 g)
1 unbehandelte Limette
1 Ananas, 3 Frühlingszwiebeln
3 Knoblauchzehen
1 haselnussgroßes Stück Ingwer
3 kleine rote Thai-Chilischoten
5 EL Öl, 4 Nelken
2 Sternanis, 2 Zimtstangen
1 EL Palmzucker (oder Rohrzucker)
1 TL Kurkumapulver
Salz, schwarzer Pfeffer

Lachskoteletts waschen und mit Küchenpapier trockentupfen. Die Limette heiß abwaschen und trockenreiben. Etwa 1 TL Schale abreiben, die Limette auspressen. Die Lachskoteletts mit Limettenschale und -saft würzen, zugedeckt kühl stellen.

Die Ananas schälen, die braunen »Augen« mit einem spitzen Messer entfernen. Die Ananas längs vierteln, dabei den holzigen Strunk entfernen, das Fruchtfleisch in Stücke schneiden. Die Frühlingszwiebeln putzen und waschen, das Grün entfernen, den Rest fein hacken. Knoblauch schälen und in Scheiben schneiden. Ingwer schälen und in feine Stifte schneiden. Chilischoten längs halbieren, entkernen, waschen und in Streifen schneiden.

In einem Topf 3 EL Öl erhitzen. Frühlingszwiebeln, Knoblauch, Nelken, Sternanis und Zimtstangen darin kurz anbraten, bis alles duftet.

Ananasstücke und Chilistreifen in den Topf geben, Zucker und Kurkuma darüber streuen und etwas Wasser angießen. Salzen, pfeffern und zugedeckt bei schwacher Hitze 15 Minuten ziehen lassen.

Die Lachskoteletts mit Küchenpapier trockentupfen, mit Salz und Pfeffer würzen und mit dem restlichen Öl bestreichen. Eine Grillpfanne stark erhitzen, die Lachskoteletts auf jeder Seite 3 bis 4 Minuten grillen. Den Fisch mit dem Ananasgemüse servieren.

Hähnchen mit Rougail-Sauce

Zutaten für 4 Personen:
1 großes Hähnchen (ca. 1,2 kg)
Salz, schwarzer Pfeffer
500 g Tomaten
100 g fetter milder Speck
1 walnussgroßes Stück Ingwer
5 Knoblauchzehen
150 g fleischige rote Chilischoten
2 große Gemüsezwiebeln
1 TL abgeriebene Zitronenschale
1 EL Kurkumapulver
200 ml Geflügelbrühe
1 TL getrockneter Thymian
1 TL rosa Pfefferbeeren
1 EL Zitronensaft
2 EL grob gehackte Petersilie

Das Hähnchen in sechs Teile zerlegen, waschen und mit Küchenpapier trockentupfen. Mit Salz und Pfeffer würzen.

Die Tomaten überbrühen, häuten, halbieren und entkernen, das Fruchtfleisch in Würfel schneiden. Den Speck in Stücke schneiden und im Blitzhacker zerkleinern oder sehr fein würfeln. Ingwer und Knoblauch schälen und grob zerkleinern. Die Chilischoten längs halbieren, entkernen und waschen. Die Schoten mit Knoblauch und Ingwer im Blitzhacker pürieren. Die Zwiebeln schälen und in kleine Würfel schneiden.

In einem Schmortopf den Speck auslassen und bei mittlerer Hitze unter Rühren rösten, bis die Grieben hellgelb sind. Die Hähnchenstücke hinzufügen und rundherum goldbraun anbraten. Die Zwiebelwürfel dazugeben und andünsten. Ingwer, Chilipüree, Tomaten, abgeriebene Zitronenschale und Kurkuma unterrühren und offen bei kleiner Hitze schmoren, bis die Tomaten zerfallen.

SCHARF GEWÜRZT

Rougail ist eine typische Spezialität der Insel La Réunion, die mit dem indonesischen Sambal eng verwandt ist. Die scharfe Würzpaste wird aus geröstetem Speck, klein geschnittenem Gemüse (wie z. B. Tomaten), Ingwer, Knoblauch, Chilischoten, Kurkuma und Zitronensaft hergestellt. Sie gibt Fisch- und Fleischragouts die charakteristische Schärfe, kann aber auch einfach nur als Brotaufstrich verwendet werden.

Die Geflügelbrühe dazugießen, mit Thymian, Salz und Pfeffer kräftig würzen. Alles zugedeckt bei mittlerer Hitze etwa 45 Minuten schmoren.

Zuletzt die rosa Pfefferbeeren über das Ragout streuen, mit Zitronensaft, Salz und Pfeffer abschmecken. Die Hähnchenteile mit der Sauce auf Tellern anrichten und mit Petersilie bestreut servieren. Dazu passt am besten Basmati-Reis.

Lamm-Curry mit Spinat

Zutaten für 4 Personen:
600 g Blattspinat
400 g mageres Lammfleisch
(Lende oder Keule)
4 Zwiebeln, 2 Knoblauchzehen
1 walnussgroßes Stück Ingwer
2 EL Ghee (oder Butterschmalz)
1/2 TL Chilipulver
je 1 TL gemahlener Kreuzkümmel,
Koriander und Kardamom
1 TL Kurkumapulver
1/2 TL Bockshornkleesamen
1/4 TL Cayennepfeffer
Salz, 200 g Sahnejoghurt

Spinat verlesen und gründlich waschen, harte Stiele entfernen. Den Spinat in einer Schüssel mit kochendem Wasser übergießen und kurz ziehen lassen. In einem Sieb kalt abschrecken und abtropfen lassen.

Das Lammfleisch waschen, mit Küchenpapier trockentupfen und in mundgerechte Würfel schneiden. Zwiebeln und Knoblauch schälen, in Streifen schneiden. Ingwer schälen und fein hacken. In einer breiten Pfanne oder im Wok das Ghee erhitzen, die Zwiebelstreifen darin bei mittlerer Hitze unter Rühren andünsten. Die Fleischwürfel, Ingwer und Knoblauch hinzufügen und anbraten, bis alles gut gebräunt ist.

Die Gewürze unterrühren und kurz mitbraten. 300 ml Wasser dazugießen, bei schwacher Hitze zugedeckt 20 Minuten garen, ab und zu umrühren. Spinat dazugeben, weitere 10 Minuten garen. Zuletzt die Sauce 5 Minuten offen bei starker Hitze einkochen lassen. Den Joghurt cremig rühren, den größten Teil unter das Curry rühren, salzen und leicht erhitzen, nicht kochen lassen. Den restlichen Joghurt als Kleckse auf das Curry setzen, das Curry mit Basmati-Reis servieren.

Fruchtkompott mit Vanillesirup

Zutaten für 4 Personen:
2 kleine Ogen-Melonen
1 kleine Victoria-Ananas
(oder Baby-Ananas)
1 große Orange
je 100 g Erdbeeren und Physalis
(Kapstachelbeeren)
2 Vanilleschoten, 75 g Zucker
Salz, 2 EL Zitronensaft

Die Melonen halbieren und die Kerne entfernen. Das Fruchtfleisch mit einem Kugelausstecher auslösen. Die Melonenhälften mit einem Löffel ausschaben; in ihnen wird das Kompott serviert. Die Ananas schälen. Den Strunk entfernen, das Fruchtfleisch in Stücke schneiden. Die Orange mit einem scharfen Messer gründlich schälen, sodass auch die weiße Haut entfernt wird. Die Fruchtfilets zwischen den Trennhäuten herausschneiden, dabei den Saft auffangen.

Die Erdbeeren putzen, waschen, abtropfen lassen und vierteln. Die Physalis aufblättern und waschen. Einige Früchte zum Garnieren beiseite legen, die restlichen in Scheiben schneiden. In einer hitzebeständigen Schüssel das zerkleinerte Obst vermischen und mit dem aufgefangenen Orangensaft beträufeln.

Für den Sirup die Vanilleschoten aufschlitzen und das Mark herauskratzen. Schoten und Mark mit 175 ml Wasser, Zucker, Salz und Zitronensaft in eine Kasserolle füllen, aufkochen und bei starker Hitze 5 Minuten einkochen lassen. Den heißen Sirup mit den Vanilleschoten über die Früchte gießen. Mindestens 1 Stunde kühl stellen. Das Fruchtkompott auf die Melonenschalen verteilen, mit den Vanilleschoten und den beiseite gelegten Physalis garnieren.

Süße Kokoskugeln

Zutaten für 6 Personen:
50 g ungeschwefelte Rosinen
1 Zimtstange
1/4 TL gemahlener Kardamom
1/4 TL Ingwerpulver
3 EL Ghee (oder Butterschmalz)
150 g Hartweizengrieß
3 EL brauner Rohrzucker
60 g Marzipanrohmasse
5–6 EL gemahlene Mandeln
ca. 50 g Kokosraspel

Rosinen, Zimtstange und Gewürze mit 150 ml kochendem Wasser übergießen, 10 Minuten quellen lassen. Die Zimtstange entfernen und die Rosinen samt Brühe im Mixer pürieren.

Das Ghee zerlassen, den Grieß einstreuen und bei mittlerer Hitze unter Rühren etwa 10 Minuten anbraten, bis er leicht

bräunt. Den Grieß kurz abkühlen lassen, 300 ml Wasser dazugießen und erhitzen, unter Rühren etwa 5 Minuten köcheln lassen, bis die Masse dick ist. Den Topf vom Herd nehmen. Den Zucker und das Rosinenpüree untermischen und den Grieß 10 Minuten nachquellen lassen.

Die Marzipanrohmasse mit einer Gabel zerdrücken, mit den gemahlenen Mandeln gründlich unter den Grieß rühren. Eventuell mehr Mandeln dazugeben, falls die Masse zu weich ist. Die Grieß-Marzipan-Masse abkühlen lassen.

Die Kokosraspel auf einen Teller streuen. Aus der Grieß-Marzipan-Masse mit angefeuchteten Händen golfballgroße Kugeln formen. Die Grießkugeln in den Kokosraspeln wälzen, bis sie gleichmäßig damit überzogen sind. Auf einen Teller legen und mindestens 1 Stunde kühl stellen. Besonders dekorativ sehen die Kokoskugeln aus, wenn man sie zum Servieren in Pralinenhütchen setzt.

Aprikosen-Eiscreme

Zutaten für 4 Personen:
500 g reife Aprikosen
50 g Zucker
3 grüne Kardamomkapseln
1 TL Rosenwasser
200 g eiskalte Sahne
je 1 EL Pistazien- und geschälte Mandelkerne
1 EL Pan Masala (Mischung aus Fenchelsamen, Kardamomsamen, Aniskörnern u. a. Gewürzen mit Zuckerperlen)

Aprikosen mit kochendem Wasser überbrühen und kurz ziehen lassen, in einem Sieb abtropfen lassen. 400 g abwiegen, enthäuten, entsteinen und das Fruchtfleisch im Mixer glatt pürieren. Das Püree mit der Hälfte des Zuckers verrühren.

Die Kardamomkapseln aufbrechen, die schwarzen Samen auslösen. Die Samen im Mörser zerstoßen und mit dem Rosenwasser zum Aprikosenpüree geben.

Die Sahne mit dem übrigen Zucker verrühren und sehr steif schlagen. Etwas Schlagsahne unter das Aprikosenpüree rühren, dann die restliche Schlagsahne mit einem Schneebesen locker unterziehen. Die Masse in kleine Portionsförmchen füllen und im Tiefkühlfach etwa 4 Stunden gefrieren lassen.

Kurz vor dem Servieren die Pistazien- und Mandelkerne hacken und in einer kleinen Pfanne ohne Fett leicht anrösten. Die restlichen Aprikosen häuten und entsteinen, das Fruchtfleisch in Spalten schneiden.

Die Förmchen mit der Aprikosen-Eiscreme kurz in heißes Wasser halten, das Eis auf Teller stürzen und mit den gerösteten Nüssen bestreuen. Die Teller mit Aprikosenspalten garnieren und etwas Pan Masala rund um das Eis streuen.

Kokos, Muscheln und Lagunen

EXOTISCHE GENÜSSE AUS AUSTRALIEN UND DER SÜDSEE

Samoa – Gesang der Südsee

Die hohen Palmen an der Küste wiegen sich leicht im Wind und an einem grünen Hang werden die ersten Hüttendörfer sichtbar. Die Bucht von Pago Pago – gesprochen Pango Pango – auf der Samoa-Insel Tutuila präsentiert sich den von Bord gehenden Passagieren genau so, wie Südseeträume in unserer Phantasie beschaffen sind. Willkommen in Polynesien!

An dem wohl schönsten Naturhafen des Pazifiks beginnt eine Fahrt über die Insel, die einen faszinierenden Einblick in die Lebensweise der Bewohner gibt. Der Rhythmus der Südsee ist überall wie eine angenehme Schwingung zu spüren. Und tatsächlich kann man in den Dörfern bei jeder Gelegenheit die traditionellen Gesänge und Tänze der Samoaner miterleben. Ihre Familiengemeinschaften sind eng und prägen bis heute das Dorfleben und die Rituale.

Der kleine Hafenort Pago Pago gehört zum amerikanischen Ost-Samoa, während das unabhängige West-Samoa mit dem Hauptort Apia die einzige »Großstadt« besitzt. In beiden Landesteilen, zu denen auch zahlreiche kleinere Inseln und

Eine Samoanerin heißt Gäste mit der traditionellen »Kava«-Zeremonie willkommen. Neben herrlichen Inseln, Stränden und Lagunen sind es die Gastfreundschaft und Lebensfreude der Bewohner, die Samoa zum Südseeparadies schlechthin machen.

Atolle gehören, ist die polynesische Kultur am besten erhalten geblieben: in den vielen kleinen Dörfern mit ihren offenen, palmgedeckten Hütten, über denen der Qualm der Erdöfen in der Luft liegt

Wohnen und Leben auf Samao spiegeln die Leichtigkeit des Seins wider, die schon Schriftsteller wie Robert Louis Stevenson, William Somerset Maugham oder Jack London zu großer Südseeliteratur inspirierten. Samoa symbolisiert für jeden, der es kennen gelernt hat, üppige Urwaldvegetation, herrliche blaue Lagunen, sonnendurchflutete Palmenhaine, wilde Orchideen und tropische Regengüsse, aber auch gute Laune und eine Lebenseinstellung, die keinen Termindruck kennt. Die laue Nacht am Sandstrand gehört ebenso zu unserer Erinnerung an Samoa wie das fröhliche Lachen der Kinder in einem Dorf, während bei einem Fest im Freien gegrilltes Huhn oder Fisch auf Palmenblättern serviert wird.

Als das Traumschiff abends wieder in See sticht, bleibt der Gesang der Samoanerinnen wie ein angenehmer Hauch noch eine Weile an Deck ...

Australien – Kontinent der Weite

Der Ayers Rock, das »rote« Wahrzeichen des fünften Kontinents, wird von den Aborigines als Heiligtum verehrt. Viele Ureinwohner besinnen sich wieder auf ihre jahrtausendealte Kultur, indem sie traditionelle Bräuche, Kunsthandwerk, Musik und Malerei pflegen.

Sydney ist für viele Globetrotter die schönste Stadt der Welt. Die ideale Lage am Meer mit dem markanten Hafen, die Aufgeschlossenheit ihrer Bewohner und nicht zuletzt die Olympischen Sommerspiele 2000 haben die Metropole bei ihren Besuchern unvergesslich gemacht. Fast immer steht zunächst die Sydney Opera auf dem Programm, die wie zur Begrüßung auf einer kleinen Halbinsel gegenüber der Harbour Bridge liegt und deren weiße Dächer wie geblähte Segel im Wind wirken. Ein Hubschrauberflug zu den Blauen Bergen und ein Besuch der berühmten Wildparks mit Känguruhs, Koalas und Wombats bringen dann das erste wirkliche Australien-Gefühl.

Dem Zauber von Sydney und seiner Umgebung folgen noch viele andere Überraschungen, sobald man in die wilderen Territories vorstößt. Ohne Flugzeug läuft auf diesem Kontinent nichts, die Entfernungen sind gewaltig und für Europäer geradezu atemberaubend.

Wer die extremen Kontraste zwischen der schier endlosen Wüstenlandschaft des Outback und der Sunshine-Küste von Queensland kennen gelernt hat, ahnt die Weite des Landes. Der Ayers Rock, für die Aborigines bis heute geheimnisvoller Ort und Ziel ihrer Traumpfade, ragt mit einem Umfang von neun Kilometern aus der trockenen Ebene heraus, ein roter Fels, schon aus der Ferne weithin sichtbar. Viele schwören, hier von merkwürdigen Erscheinungen aus der eigenen Vergangenheit überrascht worden zu sein. Jedenfalls ist der Ayers Rock kein gewöhnlicher Ort, wie jahrtausendealte Malereien und versteckte, nur den Aborigines bekannte Höhlen verraten. Hier und an vielen ähnlichen Orten wird deutlich: Die Magie der Aborigines, ihre Zeit und Raum überwindende mentale Kraft, ist mit diesem Land eine faszinierende Symbiose eingegangen, die uns bis heute verschlossen bleibt.

Wir sind nur Gäste, die sich am Artenreichtum der Unterwasserwelt des Great Barrier Reef erfreuen dürfen oder an den Tropeninseln vor der Küste. Wir stellen viele Fragen. Die Antworten behält dieses weite Land jedoch seinen Ureinwohnern vor.

Die Magie der Aborigines, ihre Zeit und Raum überwindende mentale Kraft, ist mit diesem Land eine faszinierende Symbiose eingegangen.

Pfannkuchen mit Bananen-Mango-Curry

Zutaten für 4 Personen:
Für die Pfannkuchen:
125 g Mehl, 1/4 l Milch, 2 Eier
Salz, Butterschmalz zum Braten

Für das Bananen-Mango-Curry:
1 kleine Mango, 1 Kochbanane
1 kleine Zwiebel, 1 rote Chilischote
1 haselnussgroßes Stück Ingwer
2 EL Butterschmalz
1 TL Currypulver
165 ml Kokosmilch
50 ml kräftige Gemüsebrühe
3–4 Curryblätter
1 Prise Asafötida (»Teufelsdreck«)
Salz, schwarzer Pfeffer
1/2 TL zerbröselte getrocknete
Methiblätter

Für den Pfannkuchenteig das Mehl in eine Schüssel geben und mit wenig Milch anrühren. Die restliche Milch nach und nach unterrühren, zuletzt die Eier untermischen. Den Teig leicht salzen und etwa 20 Minuten quellen lassen.

Für das Frucht-Curry die Mango schälen, das Fruchtfleisch vom Stein schneiden und in Würfel schneiden. Die Kochbanane schälen, das Fruchtfleisch in 1 cm dicke Scheiben schneiden.

Die Zwiebel schälen und in feine Würfel schneiden. Die Chilischote längs halbieren, entkernen, waschen und fein hacken. Den Ingwer schälen und fein würfeln. In einem Schmortopf oder im Wok das Butterschmalz erhitzen, Zwiebelwürfel, Chilis und Ingwer darin bei mittlerer Hitze anbraten.

Die Bananenscheiben dazugeben und etwa 6 Minuten unter Wenden braten. Mit Currypulver bestäuben. Kokosmilch und Brühe angießen, mit Curryblättern, Asafötida, Salz und Pfeffer würzen. Zugedeckt bei schwacher Hitze etwa 10 Minuten garen.

Aus dem Teig in einer beschichteten Pfanne in etwas Butterschmalz vier dünne Pfannkuchen ausbacken.

Die Mangowürfel zum Curry geben, weitere 5 Minuten garen. Die Pfannkuchen tütenförmig zusammenfalten und mit dem Bananen-Mango-Curry füllen. Mit den zerbröselten Methiblättern bestreuen.

Schweinelende mit Lachs in Pergament

Zutaten für 4 Personen:
300 g Blattspinat, Salz
4 Bogen dickes Pergamentpapier, Öl
4 dünne Scheiben Schweinelende
schwarzer Pfeffer
4 dickere Scheiben Graved Lachs
(oder Räucherlachs)
1 unbehandelte Limette
2 kleine grüne Thai-Chilischoten
150 ml Kokosmilch

Den Spinat verlesen und gründlich waschen, harte Stiele entfernen. Die Blätter in einem Sieb gut abtropfen lassen. Salzwasser aufkochen und den Spinat darin blanchieren. In ein Sieb abgießen, kalt abschrecken und abtropfen lassen. Die Pergamentpapierbogen mit Öl bestreichen. Den Spinat zerzupfen und auf den gefetteten Papierbogen verteilen.

Die Lendenscheiben waschen und mit Küchenpapier trockentupfen. Auf den Spinat legen, leicht salzen und pfeffern. Die Lachsscheiben darauf legen und die Blätter zu Päckchen zusammenschlagen, mit Bast oder Küchengarn verschnüren. Die Päckchen in einen Dämpfkorb setzen, den Deckel auflegen.

Im Wok oder in einem breiten Topf Wasser aufkochen, den Dämpfkorb hineinsetzen (das Wasser darf den Boden des Dämpfkorbs nicht erreichen) und die Päckchen etwa 20 Minuten dämpfen.

Die Limette heiß abwaschen und etwas Schale abreiben. Die Limette mit einem scharfen Messer gründlich schälen, sodass auch die weiße Haut entfernt wird. Die Fruchtfilets zwischen den Trennhäuten herausschneiden, die Limettenfilets klein schneiden. Chilischoten waschen und ohne Stielansätze klein schneiden. Mit den Limettenstücken und der abgeriebenen Limettenschale unter die Kokosmilch rühren, mit Salz und Pfeffer kräftig abschmecken.

Die gegarten Päckchen auf Tellern anrichten, die Sauce in kleinen Schälchen dazu servieren.

Blätter zum Füllen

Auf den Südseeinseln hüllt man die Fleischpäckchen eigentlich in die großen Blätter der Taropflanze. Diese Sumpfpflanze, die zu den Aronstabgewächsen gehört, liefert nicht nur ein spinatähnliches Gemüse, sondern auch Wurzelknollen, die wie die Yamswurzeln gekocht, gebraten oder gebacken werden. Nahe verwandt ist die Tannia, die in der Karibik Callaloo genannt wird.

Forellenfilet mit Zwiebel-Sesam-Kruste

Zutaten für 4 Personen:
4 Forellenfilets (mit Haut; à 125 g)
Salz, schwarzer Pfeffer
1 EL Limettensaft
750 g Brokkoli
2 Zwiebeln
3 Knoblauchzehen
je 2 Zweige Thymian, Rosmarin und Lavendel
je 2 EL helle und schwarze Sesamsamen
2 EL Öl, 100 g Butter
½ TL abgeriebene Limettenschale

Forellenfilets waschen und mit Küchenpapier trockentupfen, eventuell vorhandene Gräten mit einer Pinzette entfernen. Die Haut mit einem scharfen Messer mehrmals schräg einschneiden. Die Filets salzen und pfeffern, mit Limettensaft beträufeln und zugedeckt kühl stellen.

Brokkoli putzen, waschen und in Röschen zerteilen. Die Stängel schälen und in bleistiftdicke Stifte schneiden. Reichlich Salzwasser aufkochen und den Brokkoli darin 5 Minuten blanchieren. Abgießen, kalt abschrecken und abtropfen lassen.

Zwiebeln und Knoblauch schälen und zerkleinern. Kräuter waschen und trockenschütteln, die Blättchen von den Stielen zupfen. Zwiebeln, Knoblauch und Kräuter mit einer Prise Salz im Mörser zu einer Paste zerreiben.

Die Sesamsamen auf einem flachen Teller mischen. Die Fischfilets auf beiden Seiten mit der Zwiebelpaste bestreichen, dann in den Sesamsamen wenden. In einer großen Pfanne das Öl mit der Hälfte der Butter erhitzen, die Forellenfilets darin zunächst auf der Hautseite 4 bis 5 Minuten braten. Vorsichtig wenden und auf der Fleischseite 2 bis 3 Minuten garen.

Nebenbei die restliche Butter zerlassen und den Brokkoli darin schwenken. Mit Salz, Pfeffer und Limettenschale würzen. Forellenfilets mit dem Brokkoli servieren.

Red Snapper in Limettensauce

Zutaten für 4 Personen:
2 Red Snapper
(oder große Doraden; à 750 g)
2 unbehandelte Limetten
Salz, weißer Pfeffer
200 ml trockener Weißwein
400 ml Fischfond
1 haselnussgroßes Stück Ingwer
2 Zwiebeln, 3 EL Öl
2 EL Mehl, 1 Msp. Muskatblüte (Macis)
1 Msp. Safranfäden, 3 Eier
1 TL Speisestärke

Die Fische waschen, Köpfe und Flossen abschneiden, die Körper in etwa 3 cm dicke Scheiben schneiden. Eine Limette heiß abwaschen und quer halbieren. Eine dickere Scheibe abschneiden, die Frucht auspressen. Die Fischscheiben mit etwas Limettensaft beträufeln, salzen, pfeffern und zugedeckt kühl stellen. Weißwein und Fischfond in einem Topf erhitzen. Ingwer schälen und in feine Scheiben schneiden, mit der Limettenscheibe in den Weinfond geben, um ein Drittel einkochen lassen.

Zwiebeln schälen und fein würfeln. In einer Schmorpfanne das Öl erhitzen. Die Fischstücke in Mehl wenden und im heißen Öl 4 Minuten anbraten, wenden. Die Zwiebeln dazugeben, 4 Minuten braten.

Den Weinfond durch ein Sieb dazugießen, mit Salz, Pfeffer, Muskatblüte und Safran würzen. Die zweite Limette auspressen, den Saft hinzufügen und alles bei schwacher Hitze etwa 10 Minuten zugedeckt ziehen lassen.

Die Eier verquirlen und die Speisestärke unterrühren. Die Fischstücke aus der Sauce heben. Die Eiermischung mit etwas heißer Sauce verrühren, zur Sauce gießen und unter ständigem Rühren erhitzen, aber nicht kochen lassen. Die Fischstücke zurück in die Sauce geben, die Sauce mit Salz und Pfeffer abschmecken. Die Fischstücke mit der Sauce auf Tellern anrichten und nach Belieben mit Korianderblättchen garniert servieren.

Schweinemedaillons in Pak-Choi-Hülle

Zutaten für 4 Personen:
1 große Staude Pak-Choi (oder Mangold)
Salz, 2 reife Tomaten
400 g Schweinefilet
schwarzer Pfeffer, ca. 2 EL Öl
1 walnussgroßes Stück Ingwer
2–3 EL würziger Honig
4 Curryblätter
4 EL Butter, 1 TL Puderzucker
200 ml Kokosmilch
1 Prise Cayennepfeffer
1 EL grob gehacktes Koriandergrün

Pak-Choi putzen und waschen. Die weißen Stiele in 5 cm lange Stücke schneiden und in kochendem Salzwasser 5 Minuten blanchieren. In ein Sieb abgießen, kalt abschrecken, abtropfen lassen. Acht grüne Blätter etwa 1 Minute blanchieren, kalt abschrecken und auf einem Küchentuch ausbreiten. Tomaten überbrühen, häuten, halbieren und in Scheiben schneiden.

Das Schweinefilet in etwa 2 cm dicke Medaillons schneiden. Salzen, pfeffern und auf beiden Seiten mit Öl einreiben. Eine Pfanne stark erhitzen und die Filetscheiben darin auf jeder Seite 2 Minuten anbraten, aus der Pfanne nehmen und beiseite stellen.

Den Ingwer schälen und reiben. Jeweils eine Filetscheibe mit etwas Ingwer und Honig bestreichen und eine zweite darauf legen, diese nur mit Honig bestreichen.

Jeweils 2 Pak-Choi-Blätter kreuzförmig aufeinander legen, eine doppelte Filetscheibe darauf setzen, mit einer Tomatenscheibe belegen. Leicht salzen, pfeffern und mit einem Curryblatt belegen. Je ein kleines Butterflöckchen darauf setzen und die Filettürmchen mit den Pak-Choi-Blättern umhüllen. Den Boden eines Dämpfkorbs mit etwas Öl bestreichen, die Päckchen hineinsetzen. Den Dämpfkorb in einen breiten Topf oder in den Wok stellen, etwas heißes Wasser angießen und die Päckchen zugedeckt etwa 20 Minuten dämpfen.

Die restliche Butter in einer Pfanne aufschäumen lassen, die Pak-Choi-Stiele hineingeben, mit Puderzucker bestäuben und kurz andünsten, aber nicht bräunen. Die Kokosmilch dazugießen, mit Salz, Pfeffer und Cayennepfeffer würzen. Die Pak-Choi-Päckchen auf Teller setzen und halb auspacken. Das Pak-Choi-Gemüse dazugeben und mit dem Koriander bestreut servieren.

Kräuterhähnchen in Kokossauce

Zutaten für 4 Personen:
Für die Kokossauce:
1 Kokosnuss
1 EL Zitronensaft
4 Schalotten
2 EL Butter
1/2 TL gemahlener Koriander
1/2 TL Kurkumapulver
1 Msp. Cayennepfeffer

Für das Kräuterhähnchen:
4 Hähnchenbrustfilets
Salz, weißer Pfeffer
2 EL Butter
1 Fleischtomate
350 g Kürbisfleisch
250 g Choisum (oder Pak-Choi)
Fett für die Form
3 EL gehackte Kräuter (z. B. Petersilie, Koriandergrün, Minze)

An der Kokosnuss die drei dunklen Vertiefungen einstechen, den milchigen Saft auffangen und beiseite stellen. Die Schale aufschlagen, das Fruchtfleisch auslösen und die braune Haut abschälen. Das Kokosfleisch im Blitzhacker sehr fein pürieren und mit Zitronensaft vermischen.

Die Schalotten schälen und in Scheiben schneiden. Die Hälfte im Mörser zerreiben und in 1 EL Butter goldgelb braten. Koriander, Kurkuma und Cayennepfeffer dazugeben und kurz andünsten. Das Kokospüree und 1/2 l Wasser hinzufügen, alles 10 Minuten köcheln lassen.

Die restlichen Schalottenscheiben in der restlichen Butter goldgelb anbraten. Das Kokospüree durch ein mit einem Küchentuch ausgelegtes Sieb gießen, dabei den Saft auffangen. Das Püree fest auspressen und wegwerfen. Diese aufgefangene Kokosmilch zu den Schalotten gießen, noch 5 Minuten kräftig kochen, dann die beiseite gestellte Kokosflüssigkeit dazugeben. Die Sauce vom Herd nehmen.

Hähnchenbrustfilets waschen, trockentupfen, salzen und pfeffern. Die Butter in einer Pfanne erhitzen, die Filets darin bei starker Hitze auf jeder Seite 1 Minute anbraten, aus der Pfanne nehmen und zugedeckt beiseite stellen.

Den Backofen auf 190 °C (Umluft 175 °C) vorheizen. Die Tomate überbrühen, häuten, halbieren, entkernen und in Würfel schneiden. Kürbisfleisch ebenfalls würfeln. Choisum waschen und in Streifen schneiden. Eine flache ofenfeste Form fetten, das Gemüse darin verteilen, salzen und pfeffern. Die Hähnchenbrustfilets dazwischen setzen, mit den gehackten Kräutern bestreuen und mit der Kokossauce übergießen. Im heißen Ofen etwa 30 Minuten backen, bis das Gemüse gar ist. Die Hähnchenbrustfilets mit dem Gemüse anrichten und nach Belieben mit Schnittknoblauch garnieren.

Lammfleisch-Teriyaki mit Ananas

Zutaten für 4 Personen:
1 frische Ananas
4 Knoblauchzehen
1 walnussgroßes Stück Ingwer
5 EL indonesische Sojasauce
1/2 TL Chilipulver
600 g mageres Lammfleisch
(Lende oder Keule)
2 Limetten
1 TL scharfer Senf
4 EL Öl
Salz, schwarzer Pfeffer

Die Ananas schälen, die braunen »Augen« mit einem spitzen Messer entfernen. Die Ananas längs vierteln, den Strunk in der Mitte entfernen und das Fruchtfleisch in Stücke schneiden. Den Ananassaft auffangen und in eine Schüssel geben. Den Knoblauch schälen, die Hälfte zum Ananassaft pressen. Den Ingwer schälen und dazureiben, den Saft mit Sojasauce und Chilipulver würzen.

Lammfleisch waschen, mit Küchenpapier trockentupfen und in etwa 2 cm große Würfel schneiden. Lammwürfel in der Schüssel mit der Marinade vermischen und zugedeckt 2 Stunden kühl stellen, ab und zu durchmischen. Zwölf Holzspieße in Wasser legen und quellen lassen.

Den Holzkohlen- oder Elektrogrill anheizen. Die Limetten auspressen. Den restlichen Knoblauch fein hacken. Mit dem Senf und 4 EL Öl unter den Limettensaft rühren, mit Salz und Pfeffer würzen.

Die Fleischwürfel aus der Marinade nehmen und abtropfen lassen. Abwechselnd mit den Ananasstücken auf die Spieße aufreihen. Das Fleisch mit dem restlichen Öl bestreichen. Die Spieße über der Holzkohle (oder im Elektrogrill) bei nicht zu starker Hitze auf jeder Seite 8 bis 10 Minuten grillen, bis das Fleisch knusprigbraun ist, dabei häufiger mit Marinade bestreichen. Die Spieße auf Tellern anrichten und mit der Limettensauce übergießen. Am besten mit Reis servieren.

Pikantes Südsee-Curry

Zutaten für 4 Personen:
750 g Rind- oder Lammfleisch
(aus der Keule)
2 rote Chilischoten, 4 Zwiebeln
3 EL Öl, 1–2 EL Currypulver
1 TL gemahlener Kreuzkümmel
1 TL Kurkumapulver, 4 Knoblauchzehen
1 walnussgroßes Stück Ingwer
1/2 TL grobes Meersalz
1/4 l Fleischbrühe
1 reife Fleischtomate
350 g Süßkartoffeln (Bataten)
Salz, schwarzer Pfeffer
1 EL Zitronensaft, 1 TL Speisestärke
je 1 TL gehackte Rosmarinnadeln,
Thymian- und Oreganoblättchen

Das Fleisch waschen, trockentupfen und in etwa 2 cm große Würfel schneiden. Die Chilischoten längs halbieren, entkernen, waschen und fein hacken. Die Zwiebeln schälen und fein würfeln.

In einem Schmortopf das Öl erhitzen und die Zwiebelwürfel darin andünsten. Das Fleisch dazugeben, Chilis, Currypulver, Kreuzkümmel und Kurkuma hinzufügen, bei mittlerer Hitze etwa 10 Minuten anschmoren, bis die Zwiebeln goldgelb sind. Knoblauch und Ingwer schälen und klein schneiden, mit dem Meersalz im Mörser zu einer Paste zerreiben. Die Paste unter das Fleisch rühren und weitere 5 Minuten schmoren. Etwas Brühe angießen und das Fleisch zugedeckt bei schwacher Hitze gut 1 Stunde schmoren lassen, dabei ab und zu etwas Brühe nachgießen.

Die Tomate überbrühen, häuten, halbieren, entkernen und in Stücke schneiden. Die Süßkartoffeln schälen und in etwa 1 cm große Würfel schneiden. Beides zum Fleisch geben und so viel Wasser angießen, dass alles knapp bedeckt ist. Mit Salz und Pfeffer abschmecken. Alles etwa 30 Minuten garen, bis die Süßkartoffeln weich sind. Wenn die Sauce nicht dick genug ist, die Speisestärke mit kaltem Wasser anrühren und zu dem Curry gießen. Erhitzen, bis die Stärke gebunden ist. Mit Zitronensaft abschmecken und mit den gehackten Kräutern bestreuen. Dazu Reis servieren.

Gefüllte Lammkeule

Zutaten für 6 Personen:
1 Lammkeule (ohne Knochen; ca. 1 kg)
35 g Frühstücksspeck
1 Zwiebel, 1 Tomate
2 Lammnieren (oder 100 g Putenlebern)
1 kleiner säuerlicher Apfel
(Boskop oder Cox Orange)
75 g Semmelbrösel
1 kleines Ei
1 EL gehackte Petersilie
Salz, schwarzer Pfeffer
2 EL zerlassene Butter
1/4 l Fleischbrühe

Die Keule enthäuten und eventuell die Fettschicht bis auf einen ganz dünnen Rest abschneiden. Das Fleisch waschen und trockentupfen.

Für die Füllung den Frühstücksspeck in Würfel schneiden. Zwiebel schälen und fein hacken. Die Tomate überbrühen, häuten, halbieren und entkernen, das Fruchtfleisch würfeln. Die Lammnieren putzen, waschen und in kleine Würfel schneiden. Den Apfel schälen und ohne Kerngehäuse ebenfalls in kleine Würfel schneiden. Die zerkleinerten Zutaten mit den Semmelbröseln und dem Ei in eine Schüssel geben, die Petersilie untermischen, mit Salz und Pfeffer würzen.

Den Backofen auf 200 °C (Umluft 180 °C) vorheizen. Die Lammkeule salzen und pfeffern. Die Füllung hineingeben, das Fleisch aufrollen und mit Küchengarn zu einem Rollbraten binden. In einen Bräter legen, mit der zerlassenen Butter bestreichen und im heißen Ofen etwa 2 Stunden garen, dabei ab und zu mit Fleischbrühe, später dann mit Wasser übergießen. Nach Ende der Garzeit den Ofen abschalten, die Lammkeule auf eine Servierplatte setzen und im Backofen noch 15 Minuten ziehen lassen.

Den Bratfond mit etwas Wasser unter Rühren loskochen, durch ein Sieb passieren, mit Salz und Pfeffer abschmecken. Den gefüllten Braten in Scheiben schneiden, die Sauce extra dazu servieren. Dazu passen sehr gut Süßkartoffeln.

Straußensteaks mit Nusskruste und Grillgemüse

Zutaten für 4 Personen:
Für das Grillgemüse:
50 ml Zitronensaft, 75 ml Olivenöl
je 1 Msp. gemahlener Koriander,
Kardamom und Piment
Salz, schwarzer Pfeffer
2 schlanke Auberginen
4 kleine Zucchini
1 große Fenchelknolle
1 Zweig Minze

Für die Straußensteaks:
600 g Straußensteaks, Öl zum Braten
40 g Macadamianüsse
60 g Butter, 50 g Semmelbrösel

Für das Grillgemüse den Holzkohlengrill anheizen. Den Zitronensaft mit dem Öl und den Gewürzen sowie Salz und Pfeffer verquirlen. Gemüse putzen und waschen. Die Auberginen schräg in fingerdicke Scheiben schneiden, die Zucchini längs halbieren, die Fenchelknolle durch den Strunk in Scheiben schneiden. Gemüsescheiben salzen und mit Zitronenöl bestreichen. Auf dem Holzkohlengrill (oder in einer Grillpfanne) auf beiden Seiten je etwa 10 Minuten braten, bis sie schön gebräunt sind, dabei ab und zu mit Zitronenöl bepinseln. Gemüsescheiben warm stellen. Minze waschen und trockenschütteln, die Blättchen abzupfen und in Streifen schneiden. Unter das restliche Zitronenöl mischen.

KEIN TAG OHNE FLEISCH

Australier sind absolute Fleischliebhaber: Ein großes Stück Fleisch – vom Holzkohlengrill oder aus der Pfanne – zählt »down under« zu den Dingen, auf die man auf keinen Fall verzichten möchte. Fleisch ist in Australien fast immer erstklassig und preiswert. Lamm und Rind stehen in der Gunst ganz oben, auch Geflügel spielt eine immer größere Rolle. Känguruhfleisch, Emufilets und Krokodilsteaks (die ähnlich wie Straußenfleisch schmecken) drohen dagegen ein wenig in Vergessenheit zu geraten – mit der Rückbesinnung auf das Essen der Aborigines kann sich dies jedoch bald wieder ändern.

Straußensteaks waschen und trockentupfen, mit Öl bestreichen und beiseite stellen. Die Macadamianüsse im Blitzhacker nicht zu fein zerkleinern. Die Butter in einer kleinen Pfanne zerlassen und die Semmelbrösel darin goldgelb rösten. Die Macadamianüsse hinzufügen und alles abkühlen lassen.

Den Backofengrill vorheizen. Etwas Öl in einer Pfanne erhitzen. Die Straußensteaks salzen und pfeffern, auf jeder Seite 2 bis 3 Minuten im heißen Öl braten (sie müssen innen rosig bleiben). Die Steaks auf einer Seite mit der Semmelbröselmasse bedecken und unter dem Backofengrill etwa 5 Minuten gratinieren, bis die Oberfläche gebräunt ist. Die Steaks auf vorgewärmten Tellern mit dem Grillgemüse anrichten und mit dem Zitronen-Minz-Öl beträufeln. Nach Belieben mit Brunnenkresse garniert servieren.

BAISERTORTE FÜR EINE BALLERINA

Die Pavlova, eines der Lieblingsdesserts der Australier, wurde 1935 von einem in Perth ansässigen Chefkoch erfunden. Er widmete seine Kreation der berühmten russischen Ballerina Anna Pavlova, die damals Australien besuchte: Der luftige Baiserboden, auf den reichlich süße Schlagsahne getürmt wird, soll an den Rüschenrock der Balletttänzerin erinnern. Garniert wird das klassische Dessert mit Früchten wie Erdbeeren und Maracujas, deren geleeartiges Mark man über die Baisertorte träufelt.

Pavlova

Zutaten für 6 Personen:
4 frische Eiweiß
Salz, 200 g Zucker
1 Päckchen Vanillezucker
200 g gemischte Früchte (z. B. Erdbeeren, Litschis, Mangostane, Rambutans)
2 Maracujas (Passionsfrüchte)
3 EL Puderzucker
350 g eiskalte Sahne

Ein Backblech mit Backpapier auslegen, auf dem Papier einen Kreis von 23 cm Ø anzeichnen. Für die Baisermasse in einer großen trockenen Schüssel Eiweiß mit etwas Salz zu steifem Schnee schlagen, dabei nach und nach den Zucker einrieseln lassen. Wenn der Schnee fest ist und sich der Zucker aufgelöst hat, den Vanillezucker unterschlagen. Die Baisermasse in einen Spritzbeutel füllen, die Hälfte der Baisermasse auf dem angezeichneten Kreis verteilen. Die andere Hälfte als dicke Tupfen am Rand des Kreises entlangspritzen.

Das Backblech in den Backofen schieben, auf 110 °C (Umluft 100 °C) schalten und das Baiser in etwa 2 Stunden fest werden lassen. Das Baiser aus dem Ofen nehmen und abkühlen lassen.

Die Früchte waschen – eventuell schälen und entkernen – und halbieren. Die Maracujas halbieren. Das geleeartige Innere auslöffeln und mit 1 EL Puderzucker verrühren. Die Sahne mit dem restlichen Puderzucker steif schlagen und in die Baisertorte füllen. Die Torte mit den Früchten garnieren und mit dem Maracujagelee beträufeln.

Ananastarte mit Ingwer

Zutaten für 4 Personen:
2 Scheiben Blätterteig (tiefgekühlt)
Fett für die Form, Mehl zum Ausrollen
4 Scheiben Ananas (aus der Dose)
3 Ingwerpflaumen (in Sirup eingelegte Ingwerstücke)
50 g Ananaskonfitüre
2 EL Limettensaft, 200 g Sahne
1 TL Bourbon-Vanillezucker

Blätterteigscheiben 5 Minuten auftauen lassen. Eine Tarteform (26 cm Ø) fetten. Teigplatten etwas überlappend nebeneinander legen, auf wenig Mehl ausrollen, bis der Teig etwas größer als die Form ist. Die Tarteform mit dem Blätterteig auslegen, überstehende Teigreste abschneiden.

Den Backofen auf 200 °C (Umluft 180 °C) vorheizen. Die Ananasscheiben halbieren und kreisförmig auf dem Teigboden auslegen. Die Ingwerpflaumen in Scheiben schneiden und in die Zwischenräume legen. Die Ananaskonfitüre mit dem Limettensaft in einem kleinen Topf verflüssigen und über das Obst streichen. Die Tarte im heißen Ofen 30 bis 40 Minuten backen. Zum Servieren die Sahne mit dem Vanillezucker leicht aufschlagen. Die Tarte lauwarm mit der Sahne servieren.

Tailevu-Schokoküchlein

Zutaten für 4 Personen:
100 g gut gekühlte Zartbitterschokolade
2 Eier, 40 g weiche Butter
3 EL Zucker, 1 EL Akazienhonig
1/2 TL Bourbon-Vanillezucker
2 Eigelb, 2 TL Orangenlikör
50 g geriebene Mandeln
Fett für die Förmchen
200 g kalte Sahne, Kakaopulver

Den Backofen auf 180 °C (Umluft 165 °C) vorheizen. Die gekühlte Schokolade raspeln. Die Eier trennen, Eiweiß steif schlagen. Die Butter mit 2 EL Zucker schaumig rühren. Honig, Vanillezucker, Eigelb und Orangenlikör dazugeben und wieder schaumig schlagen. Den Eischnee, die geraspelte Schokolade und die geriebenen Mandeln locker untermischen.

Vier Förmchen (à 200 ml) gut fetten, den Teig einfüllen, mit Alufolie abdecken und in ein tiefes Backblech stellen. So viel heißes Wasser angießen, dass die Förmchen zur Hälfte darin stehen. Die Küchlein 1 Stunde im Ofen garen. Die Folie abnehmen und die Schokoküchlein etwas abkühlen lassen.

Den Teigrand mit einem Messer lösen, die Küchlein auf Dessertteller stürzen und auskühlen lassen. Zum Servieren die Sahne mit 1 EL Zucker halbsteif schlagen, über die Küchlein gießen und mit Kakaopulver bestäuben.

Tofu, Reis und 1000 Düfte

EINE ENTDECKUNGSREISE DURCH DIE KÜCHEN ASIENS

Hongkong – Stadt der vielen Gesichter

Schon nach dem Verlassen des Hafenterminals wird der Gegensatz im Alltag Hongkongs sichtbar. Hochhäuser, in denen Banken, noble Handelshäuser und exklusive Geschäfte residieren, unterstreichen den bedeutenden Rang der einstigen britischen Kronkolonie für den internationalen Handel. Livrierte Diener in den Luxushotels gehören zu diesem Bild ebenso wie blank polierte Edelkarossen in den Straßen.

Die unzähligen Dschunken auf dem Wasser, Quartier von Hunderttausenden, und die Wohnviertel mit engen Gassen voller schmaler Läden zeigen dann das andere Hongkong. In der Straße der Vogelhändler herrscht Hochbetrieb. Über den Köpfen der Verkäufer hängen die Käfige, Interessenten prüfen und feilschen, Stimmengewirr und Vogelgezwitscher an jeder Ecke. Ein Stück weiter die Straße der Fleischer, auch die Gemüsehändler und die Fischverkäufer haben in eigenen Gassen ihre Läden oder Stände. Das meiste findet unter freiem Himmel statt, sodass die Düfte aus den Kräutersäcken sich mit den Gerüchen der Garküchen vermischen. Ginseng und Ingwer finden sich überall, geheimnisvolle Gerichte werden offeriert. Der Trubel drinnen und draußen ist betäubend und zieht auch Besucher wie ein Strom mit sich.

Eine Dschunke vor Wolkenkratzern: In Hongkong treffen Tradition und Moderne überall aufeinander. In den Straßen der Wohnviertel liegen die Düfte der Garküchen in der Luft, die schon morgens Dim Sum, kleine dampfende Köstlichkeiten, zubereiten.

Da Hongkong auch die Stadt der Fähren ist, mit denen man zum Festland nach Kowloon übersetzen kann oder zur Insel Lantau mit ihren Fischerdörfern, ist der Reisende auch zu Wasser beweglich. So wird er stündlich neue überraschende Eindrücke im Reich des Drachens gewinnen. Tempelpagoden und Gärten werden dazugehören und natürlich die chinesische Küche mit ihren pikanten Suppen und köstlichen Dim Sum.

Ein Abend jedoch soll der Romantik gehören. Bei einer Dschunken-Tour fahren die Traumschiff-Reisenden in den Sonnenuntergang. Langsam versinkt der rote Feuerball zwischen dem Häusermeer Hongkongs.

Vietnam – Land des Lächelns

Reisfelder, Frauen unter großen Strohhüten, Männer mit Wasserbüffeln und das Gewirr tausender Fahrräder auf den Straßen der Städte: Das sind die ersten Eindrücke auf der Fahrt ins Innere Vietnams. Die Schönheit der Landschaft gleicht in der Perfektion zartgrüner Stimmungen einer alten Tempelmalerei. Die kleinen Hütten liegen inmitten der Reisfelder, winzige Dörfer, die

ohne Strom nach Sonnenuntergang in Stille und Dunkelheit versinken, als seien sie mit dem stillen Wasser der Felder eins geworden.

Dagegen ist die Lebendigkeit der Städte Saigon und Hanoi geradezu brodelnd. Rikscha-Fahrer stehen den Touristen zu Diensten, Fahrradgeklingel wie helle Musik auf jeder Kreuzung. Der Kleinhandel blüht wie nirgendwo sonst. Neben der uralten Marktfrau mit ihrer provisorischen Garküche hat der Sohn seinen Stuhl für Zahnbehandlungen auf den Bürgersteig gestellt. Gegenüber ein alter Tempel mit betenden Mönchen, in der Luft der Duft brennender Räucherstäbchen. Saigon wie Hanoi bestechen durch Altstadtviertel mit gut erhaltener Architektur aus der französischen Kolonialzeit, wie überhaupt noch erstaunlich viele Menschen französisch sprechen. Ihre Freundlichkeit ist ein Lächeln im harten Alltag.

Die herrliche Küste Vietnams ist über 3000 Kilometer lang. Ein ganz besonderes Juwel ist die Hafenstadt Nha Trang mit unvergleichlichen Traumstränden. Unter Kokospalmen flanieren Urlauber, kleine Cafés laden an der Promenade zum Verweilen ein, Liegestuhlverleiher, Masseure und fliegende Händler buhlen lautstark um Kundschaft.

Und wer jemals die bizarre Schönheit der Halong-Bucht vor Hanoi erlebt hat, dem wird Vietnam erst recht unvergessen bleiben. Aus dem smaragdgrünen Wasser ragen über dreitausend Felsen aus dem Meer, eine unendliche verzauberte Inselgruppe bis zum Horizont. Wie Traumbilder fahren die Dschunken der Fischer an den bizarren Felsen vorbei und verschwinden in der Ferne. Das Meer ist freundlich und strahlt die gleiche Ruhe aus wie die Reisfelder im Landesinneren. Auch die Natur lächelt in Vietnam.

Bei der Reisernte und unterwegs zum »Schwimmenden Markt« – Bilder aus dem ländlichen Alltag in Vietnam. Von den Glanzzeiten untergegangener Kulturen und Dynastien zeugen imposante Bauten wie die Cham-Türme bei Phan Rang, die aus dem 13. Jahrhundert stammen.

Glücksrollen mit scharfem Dip

Zutaten für 4 Personen:

Für die Beilagen:
1 Salatgurke, Salz
150 g Mungbohnensprossen
16 kleine Salatblätter

Für den Dip:
3 kleine rote Thai-Chilischoten
2 Knoblauchzehen
1 TL Palmzucker (oder Rohrzucker)
3 EL Limettensaft
1 EL Reisessig
4 EL Fischsauce (Nuoc mam)

Für die Glücksrollen:
16 getrocknete runde Reisblätter
50 g Glasnudeln
3 Frühlingszwiebeln
100 g Krebsfleisch (Crabmeat oder Flusskrebsschwänze)
100 g Schweinehackfleisch
1/2 TL weiche Garnelenpaste
1 EL Fischsauce (Nuoc mam)
2 EL fein geschnittenes Koriandergrün
Salz, schwarzer Pfeffer
Öl zum Frittieren

Für die Beilagen die Gurke gut waschen, zum Teil schälen und längs halbieren, die Kerne mit einem Teelöffel entfernen. Die Gurkenhälften quer in Scheiben schneiden. In einer Schüssel kaltes Wasser mit Salz und einigen Eiswürfeln vermischen und die Gurkenscheiben darin 30 Minuten marinieren. Die Mungobohnensprossen und die Salatblätter waschen und abtropfen lassen.

Für den Dip die Chilischoten längs halbieren, entkernen, waschen und in Stücke schneiden. Den Knoblauch schälen und grob hacken. Chilis und Knoblauch mit dem Zucker im Mörser fein zerreiben.

Asiatische Knusperröllchen

In den meisten asiatischen Ländern nimmt man einen Großteil der täglichen Mahlzeiten auf der Straße zu sich. Der Imbiss zwischendurch, den man an einer Straßenecke, auf einem Markt oder in einem Park genießt, unterbricht den Tagesablauf, bietet Freude und Entspannung. Die kleinen Garküchen brutzeln von morgens bis spät in die Nacht und bieten meist nur ein Gericht. Das kann eine Suppe sein, die mit Fleisch, Gemüse oder Nudeln angereichert wird. Oder Fleischspießchen, die über Holzkohle gegrillt werden. Oder gefüllte Teigröllchen, die in China Frühlingsrollen heißen und vor allem zur Zeit des chinesischen Neujahrsfests im Februar gegessen werden. Auf den Philippinen werden sie Lumpia, in Vietnam Glücksrollen genannt und aus hauchdünnen Reisteigblättern gerollt. Auch wenn sich Teig und Füllung unterscheiden, werden die Röllchen doch immer in heißem Öl frittiert. Und sie werden aus der Hand gegessen und vor jedem Biss in eine pikante Sauce gedippt.

Das Püree mit Limettensaft, Essig, Fischsauce und 2 bis 3 EL Wasser verrühren und beiseite stellen.

Für die Glücksrollen die Reisblätter nebeneinander auf ein feuchtes Küchentuch legen, mit Wasser leicht anfeuchten, mit einem zweiten feuchten Tuch bedecken und 15 Minuten weich werden lassen.

Die Glasnudeln in ein Sieb geben, in eine Schüssel mit heißem Wasser hängen und 10 Minuten quellen lassen. Die Frühlingszwiebeln putzen und waschen, das Grün entfernen, den Rest fein hacken und in eine Schüssel geben. Die Glasnudeln aus dem Wasser heben, gut abtropfen lassen und mit einer Schere klein schneiden. Das Krebsfleisch mit Küchenpapier trockentupfen und klein schneiden, mit den Nudeln und dem Schweinehackfleisch zu den gehackten Frühlingszwiebeln geben. Die Garnelenpaste mit der Fischsauce glatt anrühren und mit dem Koriandergrün zu der Hackfleisch-Nudel-Mischung geben. Alles gut durchmischen und je nach Geschmack mit Salz und Pfeffer nachwürzen.

Die eingeweichten Reisblätter abdecken. Jeweils 1 EL der Füllung in die Mitte eines Reisblatts setzen, das untere Ende des Teigblatts über die Füllung legen, dann die seitlichen Ecken einschlagen. Das obere Ende mit etwas Wasser anfeuchten, den Teig aufrollen und gut festdrücken.

Zum Frittieren etwa 5 cm hoch Öl im Wok erhitzen. Das Öl ist heiß genug, wenn an einem hineingetauchten Holzstäbchen kleine Bläschen aufsteigen. Die Glücksrollen portionsweise im heißen Öl bei mittlerer Hitze etwa 4 Minuten rundherum goldgelb ausbacken. Die frittierten Rollen zum Warmhalten auf das Abtropfgitter des Woks legen, bis alle Glücksrollen ausgebacken sind.

Zum Servieren die Glücksrollen mit den abgetropften Gurkenscheiben, Salatblättern und Mungbohnensprossen auf Tellern anrichten, den Dip in einem Schälchen dazu servieren. In Vietnam isst man die Röllchen mit der Hand: jeweils eine Rolle mit ein paar Sprossen und Gurkenscheiben in ein Salatblatt wickeln und vor jedem Biss in den Dip tunken.

Saté mit Schweinefleisch

Zutaten für 4 Personen:
500 g sehr dünn geschnittene Schweineschnitzel
Öl für die Spieße, 2 Knoblauchzehen
1 haselnussgroßes Stück Ingwer
3 cm Zitronengras (nur vom unteren Teil)
je 5 EL helle Sojasauce und Fischsauce
2 TL brauner Zucker
Salz, schwarzer Pfeffer
4 EL Öl, 2 unbehandelte Limetten
3 kleine rote Thai-Chilischoten
1 EL Schnittknoblauch (in Röllchen geschnitten)

Die Schnitzel der Länge nach in etwa 2 cm breite Streifen schneiden, mit der flachen Seite des Fleischklopfers noch dünner klopfen. Die Fleischstreifen der Länge nach wellenartig auf geölte Holzspieße auffädeln und in eine flache Schüssel legen.

Für die Marinade Knoblauch und Ingwer schälen und fein hacken. Das Zitronengras waschen und in hauchdünne Scheibchen schneiden. Alles mit 3 EL Sojasauce, 3 EL Fischsauce, 1 TL Zucker und etwas Öl vermischen, mit Salz und Pfeffer abschmecken. Über die Fleischspieße gießen und zugedeckt etwa 1 Stunde im Kühlschrank marinieren, dabei die Spieße ab und zu wenden.

Für den Chili-Dip die Limetten heiß abwaschen und trockenreiben. Etwa 1 EL Schale abreiben, die Früchte auspressen. Limettensaft und -schale mit jeweils 2 EL Soja- und Fischsauce sowie dem restlichen Zucker vermischen. Chilischoten waschen und ohne Stielansätze in feine Ringe schneiden. Die Chiliringe mit den Schnittknoblauchröllchen unter den Dip mischen.

Den Holzkohlen- oder Elektrogrill anheizen. Die Spieße aus der Marinade nehmen und abtropfen lassen. Auf jeder Seite etwa 3 Minuten grillen, dabei häufiger mit Marinade bestreichen. Die Spieße auf Tellern anrichten, den Dip in Schälchen dazu servieren.

Fisch-Garnelen-Röllchen

Zutaten für 4 Personen:
300 g Fischfilet
(z. B. Seelachs oder Rotbarsch)
150 g geschälte Garnelen
3 kleine grüne Thai-Chilischoten
50 g Kokosraspel
(möglichst frisch gerieben)
1 TL Garnelenpaste
1 TL Salz
1/2 TL weißer Pfeffer
1 TL brauner Zucker
12 Bambusstäbchen
(oder 6 Zitronengrasstängel)
Öl zum Braten

Fischfilet und Garnelen waschen und trockentupfen. In Stücke schneiden und im Blitzhacker oder Mixer fein pürieren. Das Püree in eine Schüssel füllen.

Die Chilischoten waschen und ohne Stielansätze fein hacken. Mit Kokosraspeln, Garnelenpaste, Salz, Pfeffer und Zucker im Mörser zerreiben. Unter das Fischpüree rühren und zu einem glatten Teig vermischen.

Den Teig zu einer dicken Rolle formen, die Rolle in etwa 12 gleich große Scheiben schneiden. Die Scheiben zu Ovalen (etwa 5 x 8 cm) formen. Je ein Bambusstäbchen (etwa 12 cm lang) oder einen längs halbierten Zitronengrasstängel in die Mitte der Scheiben legen und mit dem Teig umhüllen. Auf der Arbeitsfläche mit leicht eingeölten Händen zu einer glatten Rolle rollen.

In eine tiefe Pfanne etwa 1 cm hoch Öl füllen und erhitzen. Die Fisch-Garnelen-Röllchen portionsweise im heißen Öl bei mittlerer Hitze in 7 bis 10 Minuten rundherum knusprig und goldbraun braten. Die Fisch-Garnelen-Röllchen auf einer Platte anrichten und nach Belieben mit einem Dip (z. B. mit süß-scharfer Chilisauce) servieren.

Scharf-saure Hühnersuppe

Zutaten für 4 Personen:
50 g Glasnudeln
4 getrocknete Mu-Err-Pilze
100 g Chinakohl
3 Frühlingszwiebeln, 1 große Möhre
2 kleine rote Thai-Chilischoten
1 l klare Geflügelbrühe, 1 EL Öl
100 g Hähnchenbrustfilet
1–2 EL helle Sojasauce
½ TL gemahlener Koriander
1 EL Reisessig, 1 TL Zucker
Salz, schwarzer Pfeffer

Die Glasnudeln in ein Sieb geben, mit heißem Wasser übergießen und mit einer Schere klein schneiden.

Die Pilze abspülen und in warmem Wasser etwa 15 Minuten einweichen. Den Chinakohl waschen und in feine Streifen schneiden. Die Frühlingszwiebeln putzen und waschen, den weißen Teil schräg in 1 cm breite Stücke, das Grün in feine Streifen schneiden. Die Möhre schälen und in streichholzgroße Stifte schneiden. Die Chilischoten längs halbieren, entkernen, waschen und schräg in feine Streifen schneiden.

In einem Topf das Öl erhitzen. Möhren, weiße Frühlingszwiebelstücke und Chinakohlstreifen darin bei mittlerer Hitze unter Rühren andünsten. Die Brühe angießen. Die Pilze in Streifen schneiden und mit den Chilistreifen unterrühren, alles 10 Minuten köcheln lassen.

Hähnchenbrustfilet waschen, trockentupfen und in Streifen schneiden. Mit den Glasnudeln in die Brühe geben, 5 Minuten ziehen lassen. Die Suppe mit Sojasauce, Koriander, Essig, Zucker, Salz und Pfeffer abschmecken. Auf Suppenschalen verteilen und mit Frühlingszwiebelgrün bestreut sehr heiß servieren.

Würzige Garnelensuppe

Zutaten für 4 Personen:
600 g ungeschälte Garnelen (mit Kopf)
100 g frische Shiitake-Pilze
4 Krachai-Wurzeln (Fingerwurz)
1 walnussgroßes Stück Ingwer
2 Stängel Zitronengras
3 Kaffir-Limettenblätter
4 kleine rote Thai-Chilischoten
2 EL Öl
½ TL schwarze Pfefferkörner
2–3 EL Fischsauce (Nam plaa)
3 EL Limettensaft, Salz

Die Garnelen waschen, die Kopfteile abdrehen und beiseite legen. Die Panzer am Rücken mit einer Schere aufschneiden und das Schwanzfleisch auslösen, den dunklen Darm mit einem spitzen Messer entfernen. Die Panzer ebenfalls beiseite stellen. Das Garnelenfleisch kalt abbrausen, mit Küchenpapier trockentupfen und zugedeckt kühl stellen.

Die Shiitake-Pilze säubern, die Stiele abschneiden und beiseite stellen. Krachai und Ingwer schälen und in feine Scheiben schneiden. Zitronengras waschen und den unteren helleren Teil in kleine Stücke schneiden. Limettenblätter waschen, zwei Blätter in Streifen schneiden. Die Chilischoten längs halbieren, entkernen und waschen.

Das Öl in einem Topf erhitzen. Garnelenköpfe und -schalen darin unter Rühren andünsten, bis sie sich rot verfärben. Shiitake-Stiele, Krachai, Ingwer, Zitronengras, Limettenblätterstreifen und 2 Chilischoten hinzufügen, 1 l Wasser angießen, die Pfefferkörner dazugeben und alles 30 Minuten köcheln lassen. Die Shiitake-Hüte in Streifen schneiden. Vom restlichen Limettenblatt die harte Mittelrippe herausschneiden, die Blatthälften aufrollen und in möglichst feine Streifen schneiden. Die restlichen Chilischoten ebenfalls in feine Streifen schneiden.

Die Garnelenbrühe durch ein feines Sieb gießen und wieder aufkochen. Die Shiitake-Streifen dazugeben und 5 Minuten kochen. Die geschälten Garnelen in die Brühe legen, bei schwacher Hitze 4 Minuten ziehen lassen.

Die Suppe mit Fischsauce, Limettensaft und Salz kräftig abschmecken. Auf Schalen verteilen und mit den Limettenblätter- und Chilistreifen bestreuen. Sehr heiß servieren, nach Belieben mit Blüten oder Korianderblättchen garnieren.

SUPPEN ZU JEDER TAGESZEIT

In China wird ein regelrechter Suppenkult betrieben. Meist gibt es schon zum Frühstück eine sättigende Suppe, auch ein einfaches Menü wird stets von einer Suppe begleitet (die aber nicht wie bei uns zu Beginn, sondern zum Hauptgericht oder zum Schluss serviert wird), und bei einem festlichen Essen werden wahre Kunstwerke in den Suppenschälchen angerichtet. Grundlage ist auf jeden Fall eine selbst gekochte Brühe (meist eine Geflügelbrühe), die sorgfältig entfettet wird und glasklar sein sollte. Darin schwimmen dann Nudeln, zarte Fleischstreifen, Pilze und dekorativ geschnitztes Gemüse. Aber nicht nur das appetitliche Aussehen ist wichtig, auch der Gegensatz von mild und würzig, von scharf und süß, von weich und hart sollte in den Suppen zu schmecken sein.

Tintenfisch mit fünf Kräutern

Zutaten für 4 Personen:
800 g frische Tintenfische (küchenfertig)
Salz, 4 Frühlingszwiebeln
4 Knoblauchzehen
3 rote Chilischoten
1 Bund glatte Petersilie
je 3 Zweige Thai-Basilikum, Basilikum und Koriandergrün
2 Zweige Minze
6 EL Öl
200 ml Fischfond
4 EL Fischsauce (Nuoc mam)
schwarzer Pfeffer

Die Tintenfische waschen. Die Köpfe abtrennen, Augen und Beißwerkzeuge entfernen, die Tentakeln in Stücke schneiden. Die Tintenfischkörper (Tuben) der Länge nach halbieren. Mit der Innenseite nach oben auf ein Schneidbrett legen und mit einem scharfen Messer die Innenseiten im Abstand von 1 cm rautenförmig einkerben, aber das Fleisch nicht durchtrennen. In 2 x 3 cm große Stücke schneiden.

Salzwasser aufkochen und die Tintenfischstücke darin kurz blanchieren. In ein Sieb abgießen und gut abtropfen lassen.

Die Frühlingszwiebeln putzen und waschen, die weißen und die grünen Teile getrennt in kurze Stücke schneiden. Den Knoblauch schälen und in feine Streifen schneiden. Die Chilischoten längs halbieren, entkernen, waschen und ebenfalls in feine Streifen schneiden. Die Kräuter waschen, trockenschütteln und die Blättchen abzupfen, zarte Zweige ganz lassen.

Das Öl im Wok stark erhitzen und die Tintenfischstücke darin unter Rühren kurz anbraten. Die weißen Frühlingszwiebelstücke, Knoblauch- und Chilistreifen hinzufügen und glasig braten.

Den Fischfond dazugießen und aufkochen. Mit Fischsauce, Salz und Pfeffer kräftig abschmecken. Die Kräuter und die grünen Frühlingszwiebelstücke untermischen und sofort servieren.

Fischfilet mit Tomaten

Zutaten für 4 Personen:
800 g weißes Fischfilet (z. B. Zackenbarsch oder Seehecht)
1–2 unbehandelte Limetten
Fett für die Förmchen
500 g kleine Zucchini
4 Kardamomkapseln
je 1 TL Koriander-, Piment- und schwarze Pfefferkörner
2 getrocknete rote Chilischoten
grobes Meersalz
1 walnussgroßes Stück Ingwer
3 Kaffir-Limettenblätter
600 g Fleischtomaten
4 Frühlingszwiebeln, 4 Knoblauchzehen
600 ml Fischfond, 50 g Butter

Die Fischfilets waschen, trockentupfen und in Stücke schneiden. Von den gewaschenen Limetten etwa 1 EL Schale abreiben, die Früchte auspressen. Die Fischfilets mit etwas Limettensaft beträufeln. Vier ofenfeste Portionsförmchen fetten.

Zucchini putzen, waschen und in dünne Scheiben hobeln. In den Förmchen dachziegelartig auslegen und die Fischfilets darauf setzen.

Kardomomsamen auslösen, mit den Gewürzkörnern, den Chilischoten und etwas Meersalz im Mörser zerreiben, mit der Hälfte der Mischung den Fisch würzen. Den Ingwer schälen und in hauchdünne Scheiben schneiden. Die Limettenblätter waschen und in feine Streifen schneiden. Mit dem Ingwer über den Fisch verteilen.

Backofen auf 200 °C (Umluft 180 °C) vorheizen. Die Tomaten überbrühen, häuten und in Scheiben schneiden. Frühlingszwiebeln putzen, waschen und schräg in dünne Scheiben schneiden. Knoblauch schälen und fein hacken. Frühlingszwiebeln, Knoblauch und abgeriebene Limettenschale über die Fischfilets streuen. Mit den Tomatenscheiben bedecken und mit der restlichen Würzmischung bestreuen. Fischfond und restlichen Limettensaft darüber gießen, die Butter in Flöckchen darauf setzen. Den Fisch im heißen Ofen etwa 30 Minuten garen, nach Belieben mit Korianderblättchen garnieren.

Geräucherter Tofu mit Gemüse und Kokosmilch

Zutaten für 4 Personen:
400 g geräucherter Tofu
je 300 g Möhren, Zuckererbsen
und grüne Bohnen
1 walnussgroßes Stück Ingwer
2 Knoblauchzehen
3 kleine rote Chilischoten, 4 EL Öl
400 ml Kokosmilch
1–2 EL Fischsauce (Nam plaa)
Salz, schwarzer Pfeffer
8 Zweige Thai-Basilikum
4 Zweige Japan-Minze

Den Tofu längs in 2 cm dicke Scheiben schneiden. Auf ein mit einem Tuch belegtes Küchenbrett legen, mit einem weiteren Tuch bedecken, ein zweites Brett darauf legen und beschweren (z. B. mit einem mit Wasser gefüllten Topf). Den Tofu mindestens 5 Stunden – am besten über Nacht – pressen, dann in 1 cm breite Streifen schneiden.

Gemüse putzen und waschen bzw. schälen. Möhren in Stifte schneiden, Zuckererbsen entfädeln, Bohnen halbieren. Ingwer und Knoblauch schälen, fein hacken. Die Chilischoten waschen und ohne Stielansätze in feine Ringe schneiden.

Das Öl im Wok erhitzen. Die Tofustreifen darin kurz anbräunen, aus dem Öl heben. Ingwer, Chiliringe und Knoblauch im Öl kurz anbraten, das Gemüse hinzufügen und unter Rühren 3 Minuten anbraten. Die Kokosmilch angießen. Die Tofustreifen wieder dazugeben, einmal aufkochen lassen. Mit Fischsauce, Salz und Pfeffer abschmecken. Die Kräuter waschen und trockenschütteln, die Blätter und Zweigspitzen unter die Sauce mischen, sofort servieren.

Nasi Goreng mit Schweinefilet

Zutaten für 4 Personen:
2 Tassen Langkornreis, Salz
1 Bund Frühlingszwiebeln
350 g Schweinefilet
4 Schalotten
2 Knoblauchzehen
Öl zum Braten
4 Eier
Salz, schwarzer Pfeffer
2 EL Ketjap Benteng
1 TL Sambal Oelek
1 Msp. gemahlener Galgant

Den Reis waschen und abtropfen lassen. Mit 3 1/2 Tassen Wasser und 1 TL Salz aufkochen, zugedeckt bei kleiner Hitze ohne zu rühren und ohne den Deckel abzuheben etwa 20 Minuten garen. Den Reis etwas auflockern und ohne Deckel ausdampfen und abkühlen lassen.

Frühlingszwiebeln putzen und waschen. Die weißen Teile längs vierteln und quer in etwa 4 cm lang Stücke schneiden. Das Schweinefilet mit Küchenpapier trockentupfen und in Scheiben, dann in Streifen schneiden. Die Schalotten schälen und in feine Scheiben schneiden. Den Knoblauch schälen und hacken.

Die Hälfte des Öls im Wok stark erhitzen. Die Hälfte der Schalottenscheiben zu Ringen aufblättern und im heißen Öl unter häufigem Wenden goldbraun und knusprig braten. Die Röstschalotten mit einem Sieblöffel aus dem Öl heben und auf Küchenpapier abtropfen lassen. Etwas frisches Öl in den Wok geben, die Fleischstreifen darin unter ständigem Rühren etwa 5 Minuten braten, bis sie knusprig sind. Die restlichen Schalotten, Knoblauch und Frühlingszwiebeln dazugeben und kurz anbraten. Zuletzt den Reis hinzufügen und bei starker Hitze unter Rühren 3 bis 5 Minuten rösten, bis er goldgelb ist. Währenddessen in einer Pfanne ein wenig Öl erhitzen und die Eier darin als Spiegeleier braten, Eiweiß leicht salzen und pfeffern.

Den gebratenen Reis mit Ketjap Benteng, Sambal Oelek und Galgant rasch vermischen, mit Salz und Pfeffer kräftig abschmecken und auf Tellern anrichten. Auf jede Portion Nasi Goreng ein Spiegelei setzen und mit den Röstschalotten bestreut servieren.

TOFU – EIN KÄSE OHNE KUH

Schon vor mehreren tausend Jahren wurde im Norden Chinas eine unscheinbare Hülsenfrucht angebaut, ohne die es keinen Tofu gäbe: die Sojabohne. Sie gehört zu den vielseitigsten Lebensmitteln Asiens. Sie wird frisch und getrocknet verzehrt, aus ihr werden Sojasauce und Tofu hergestellt. Für Tofu wird das Sojaeiweiß wie bei unserer Käseherstellung ausgefällt und in Formen gepresst. Für diesen pflanzlichen Käse kennt man in Asien vielfältige Verwendungsmöglichkeiten: Er wird geräuchert, gekocht, paniert, püriert, frittiert und eingelegt. Hiesiger Tofu enthält allerdings zu viel Feuchtigkeit und muss daher vor dem Braten gepresst werden.

Kokosflan mit Pistazien

Zutaten für 4 Personen:
1 kleine frische Kokosnuss
200 ml Milch
60 g Palmzucker, 3 Eier
1 Msp. frisch geriebene Muskatnuss
je 1 Msp. gemahlener Piment
und Kardamom
2 EL Pistazienkerne
Öl für die Förmchen
Puderzucker und Zimtpulver
zum Überstäuben

An der Kokosnuss (sie ist frisch, wenn sie noch Flüssigkeit enthält) die drei dunklen Vertiefungen einstechen. Den milchigen Saft in ein Gefäß laufen lassen und beiseite stellen. Mit der Hammerspitze rund um die Mitte der Nuss schlagen, bis die Schale bricht.

Das Fruchtfleisch zerteilen, die braune Haut abschälen. Das Fruchtfleisch raspeln, einige Stücke für die Dekoration mit dem Sparschäler in hauchdünne Scheiben schneiden. Die Kokosraspel mit der Milch langsam erhitzen und etwa 10 Minuten ziehen lassen. Die Milch mit den Kokosraspeln durch ein mit einem Tuch ausgelegtes Sieb gießen und abtropfen lassen. Die Kokosraspel fest ausdrücken, die so entstandene Kokosmilch auffangen.

Den Zucker in einem kleinen Topf in wenig heißem Wasser kochen, bis er sich aufgelöst hat. Die Eier in einer Schüssel verquirlen. Den aufgelösten Zucker unterrühren, dann Kokosmilch, Muskatnuss, Piment und Kardamom hinzufügen. Den beiseite gestellten milchigen Kokossaft dazugießen.

Den Backofen auf 200 °C (Umluft 180 °C) vorheizen. Eine tiefe Backform 3 bis 4 cm hoch mit Wasser füllen und im Ofen erhitzen.

Die Pistazienkerne grob hacken. Vier Flanförmchen oder ofenfeste Tassen mit Öl ausstreichen. Die Pistazienkerne darauf verteilen und mit der Kokos-Eier-Milch auffüllen. Die Förmchen mit Alufolie abdecken, in das heiße Wasserbad stellen und 1 Stunde im Ofen garen.

Die Förmchen aus dem Backofen nehmen, kurz abkühlen lassen und 3 Stunden in den Kühlschrank stellen. Die Flans am Rand mit einem spitzen Messer lösen und auf Dessertteller stürzen. Mit den Kokosnussscheiben garnieren, leicht mit Puderzucker und Zimt überstäuben und servieren.

Lila-Reis-Pudding

Zutaten für 4 Personen:
1 1/2 Tassen Lila-Reis-Mischung
(aus dem Bioladen)
2 Pandanusblätter (oder Rosenwasser)
50 g Palmzucker, 150 ml Kokosmilch
1 EL Zucker, 1/2 TL Speisestärke
1 TL Limettensaft
Karambolescheiben zum Garnieren

Die Lila-Reis-Mischung in einem Sieb waschen, bis das Wasser klar abläuft. In einem Topf mit 3 Tassen Wasser und den Pandanusblättern (Rosenwasser erst später) erhitzen. Sobald das Wasser zu kochen beginnt, die Temperatur zurückschalten und den Reis zugedeckt bei schwacher Hitze 45 Minuten ausquellen lassen. Pandanusblätter entfernen, Palmzucker (und eventuell 1 TL Rosenwasser) unter den Reis rühren. Den Reis abkühlen lassen und 4 Stunden kühl stellen.

Die Kokosmilch mit dem Zucker erhitzen. Die Speisestärke mit etwas kaltem Wasser anrühren und hinzufügen. Die Kokosmilch kurz aufkochen, bis sie gebunden ist. Den Limettensaft unterrühren und die Kokossauce abkühlen lassen.

Den Reispudding auf Schälchen verteilen, mit der Kokossauce übergießen und mit Karambolescheiben garniert servieren.

Obstsalat in der Ananas

Zutaten für 4 Personen:
2 Baby-Ananas
2 reife kleine Bananen
1/2 reife Mango
100 g Rambutans (oder Litschis)
30 g Palmzucker
1 EL Limettensaft, 2 Kiwis
8 Physalis (Kapstachelbeeren)

Die Ananas (samt grünem Schopf) längs halbieren und das Fruchtfleisch aus der Schale lösen. Das Fruchtfleisch in Stücke schneiden und in eine Schüssel geben (die Ananashälften aufheben).

Bananen schälen und in dünne Scheiben schneiden. Mango schälen, das Fruchtfleisch vom Stein schneiden und würfeln. Von den Rambutans die harte Schale entfernen. Das Obst mischen.

Den Zucker in wenig Wasser erhitzen, bis er sich aufgelöst hat. Limettensaft untermischen, etwas abkühlen lassen. Über das Obst gießen und vorsichtig untermischen. Den Obstsalat in die Ananashälften füllen, auf Dessertteller setzen.

Kiwis schälen und in Scheiben schneiden. Die Hülle der Physalis aufblättern, die Früchte waschen. Die Teller mit Kiwischeiben und Physalis garnieren. Den Obstsalat nach Belieben mit Limettenzesten bestreut servieren.

Rezeptregister

Bildnachweis

Rezeptfotos: Susie Eising

Bavaria: 76–77, 78 r.o.,106 u.

Alexander Haselhoff: Umschlagrückseite r.u. (2), 6–17, 151

IFA: 16–17, 19 r.u., 33 r.u., 49 u., 63 r.o., 90–91, 92 l.o. u. l.u., 106 l.M., 107 u., 121 o.; IFA/Aberham: 49 r.o.; IFA/Amadeus: 136 u.; IFA/Bail & Spiegel: 93 r.M; IFA/Gottschalk: 32 o.; IFA/Horizon: 121 M.; IFA/Hunter: 48 l.o.; IFA/Jung: 93 u.; IFA/Peebles: Umschlagvorderseite, 49 r.M.; IFA/E. Pott: 78 l.o.; IFA/Schüller: 33 l.o.; IFA/Ventura 46–47; IFA/Weststock 33 r.o.; IFA/Wolf 32 u.

Image Bank/Gerard Champlong: 93 r.o.; Image Bank/W. Chan: 92 r.o.; Image Bank/ Macduff Everton: 77; Image Bank/Jay Freis: 119, 120 u.; Image Bank/Carlos Navajas: 106 l.o.; Image Bank/Pete Turner: 79 u.

LAIF: 19 o.l.; LAIF/C. Emmler: 79 r.o.; LAIF/Loukas Hapsis: 63 M.; LAIF/ Gernot Huber: 107 o., r.M. (2); LAIF/Krisstensen 31; LAIF/J. M. La Roque: 118–119, 120–121; LAIF/Conrad Piepenburg: 91; LAIF/Sasse: 48 r.M.

LOOK: 18 o.l. u. u., 19 r.o.; LOOK/Hauke Dressler: 63 u.; LOOK/Franz Marc Frei: 48 l.o., 79 M.; LOOK/Max Galli: 62 o.; LOOK/Christian Heeb: 47, 121 u.; LOOK/Katja Kreder: 60–61; LOOK/ Holger Leue: 120 M.; LOOK/B. Limberger: 134–135; LOOK/Kay Maeritz: 104–105; LOOK/Michael Martin: 78 r.M.; LOOK/ Rainer Martini: 62 u.; LOOK/Hellmut Rüffler: 105; LOOK/ Konrad Wothe: 78 u.

Mauritius/Nakamura: Vor- und Nachsatz

Premium/Walter Allgöwer: 137 u.; Premium/Kohlhas: 30–31; Premium/Pecha: 49 l.M.

StockFood/Harry Bischof: 122; StockFood/Gerhard Bumann: 97, 103; StockFood/Walter Cimbal: 142; StockFood/S. & P. Eising: 26, 28, 29, 45, 56, 59, 70, 80, 89, 94, 114, 148; StockFood/Rolf Feuz: 108; StockFood/Molly Hunter: 42; StockFood/Ulrike Köb: 50; StockFood/Ansgar Pudenz: 34; Stock Food/Rosenfeld Images LTD: 100; StockFood/Thom de Santo: 20, 64, 130; StockFood/Maximilian Stock: 38, 44, 58, 86, 138, 146; StockFood/Jan-Peter Westermann: 132; StockFood/Zabert Sandmann Verlag: 19 l.o., 135, 136 o., 137 o.l. u. o.r.

DER WILDE WESTEN
COWBOYS, TRAPPER, PIONIERE

DER WILDE WESTEN COWBOYS, TRAPPER, PIONIERE

RICHARD MANCINI

GONDROM

Aus dem Englischen übersetzt von Miriam Magall, Heidelberg
Titel der englischen Originalausgabe: „American Legends of the Wild West"

Die Originalausgabe wurde entwickelt und realisiert
von Quintet Publishing Limited, 6 Blundell Street, London N7 9BH

ISBN 3-8112-1118-8

Produktion der Originalausgabe

Redaktionsleitung: Richard Dewing
Grafische Gestaltung: Chris Dymond
Projektleitung: Damian Thompson
Redaktion: Joy Wotton
Bilderdienst: Ibid Editorial Services

INHALT

EINLEITUNG

„Der Wilde Westen" – bei diesen Worten steigen Visionen von ungeheuren Weiten mit einer atemberaubenden Landschaft, bewohnt von entschlossenen Pionieren, rauhen Cowboys, gewissenlosen Geächteten, furchtlosen Männern des Gesetzes, stolzen Indianerkriegern und siegreichen Kavalleristen vor dem geistigen Auge auf: mystische Bilder, die zusammen mit den jungen Vereinigten Staaten von Amerika wuchsen, als seine Grenze im Laufe des 19. Jahrhunderts immer weiter nach Westen hinausgeschoben wurde.

Am erstaunlichsten am sagenhaften Westen dürfte aber sein, daß viele seiner Legenden noch immer in der Erinnerung lebendig sind, sogar ein Jahrhundert, nachdem der bekannte Historiker Frederick Jackson Turner die amerikanische Grenze offiziell für „geschlossen" erklärt hatte. Und obwohl sich in diesen 100 Jahren Landschaft, Lebensstil und Technologie der Vereinigten Staaten unglaublich verändert haben, fasziniert und unterhält die Geschichte der Männer und Frauen, die sie aufbauten – oder gelegentlich auch umzustürzen versuchten –, an der Schwelle zum 21. Jahrhundert immer noch.

UNTEN „Zeltstädte" wie diese, ein vergängliches Symbol für die Expansion in den Westen, schossen überall in den westlichen Prärien beim Bau der transkontinentalen Eisenbahn aus dem Boden. Dieses Bild von 1868 zeigt die „Hauptstraße" von Benton, Wyoming, auf der die Arbeiter, die die Union Pacific in den Westen bauten, einkaufen konnten.

UNTEN Viehzüchter bezeichneten die Siedler verächtlich als „nesters" [„Nesthocker"], und versuchten, sie vom Weideland zu verdrängen. Diese „nester"-Familie wurde um 1905 auf dem Freiland der Three Block Ranch bei Richardson, New Mexico, aufgenommen.

Die folgenden Seiten stellen Dutzende von „legendären" Gestalten vor – von ganz berühmten bis zu völlig unbekannten –, die zur Entstehung der Saga vom amerikanischen Westen aktiv beitragen, eine Anekdote oder vielleicht auch nur eine Fußnote beisteuerten. Zwar gelten die Jahre zwischen dem Ende des Bürgerkriegs und dem Anfang des 20. Jahrhunderts gemeinhin als die Zeit des „Wilden Westens", tatsächlich begann der Vorstoß in den Westen aber schon Mitte des 18. Jahrhunderts, also noch vor der Amerikanischen Revolution. Deshalb berichtet dieses Buch auch von Personen und Ereignissen aus dieser Frühzeit, als die amerikanische Grenze noch weit östlich des Mississippi lag und die Nation lediglich aus den ersten 13 Kolonien bestand.

Weil man die Sage des amerikanischen Westens am besten als „weit ausholend" definiert, kann ein Einzelband von der vorliegenden Art nie nur annähernd alle wichtigen und/oder schillernden Personen aufnehmen, die an der Legende des Westens mitgewirkt haben. Ich habe mich deshalb bemüht, dem Leser einen Querschnitt von Persönlichkeiten und Ereignissen, in verschiedenen Kapiteln nach Kategorien wie Forscher, Pfadfinder usw. angeordnet, so chronologisch wie möglich vorzustellen. Und obwohl praktisch jede „Legende" einen wahren Kern hat, der im Laufe der Zeit allerdings mit Folklore und sehr viel Übertreibung „verschönert" wurde, habe ich versucht, historisch genaue Darstellungen der Männer und Frauen des „Wilden Westens" zu geben – mit einem Schuß Volkssage zum Spaß und zum Vergleich.

TEIL 1

DEN WEG BAHNEN

Vor gut fünfhundert Jahren führte der genuesische Entdecker Christoph Kolumbus die spanische Expedition an, die die westliche Halbkugel 1492 europäischer Eroberung „zugänglich" machte. In den 250 Jahren danach drangen Dutzende von Eroberern und Abenteuerern, einige begleitet von einer Armee, im Auftrag mehrerer europäischer Nationen tief in die nordamerikanische Wildnis vor. Um die 1760er Jahre war in mehreren Kriegen zwischen den Kolonialmächten in Nordamerika, im Verein mit amerikanischen Eingeborenenstämmen, entschieden worden, welche europäische Nation den Kontinent östlich des Mississippi beherrschen würde: Großbritannien. Obwohl England mit seiner Proklamation von 1763 die Ausweitung einer Besiedlung auf indianisches Land westlich der Appalachen und östlich des Mississippi offiziell verboten hatte, verloren die Siedler keine Zeit, sondern erhoben ihre Ansprüche auf Gebiete westlich der Berge. Das war das Zeichen für einen ersten Vorstoß von Amerikanern nach Westen, über ein Jahrzehnt vor dem Ausbruch der Revolution.

FORSCHER UND GRENZER

Der vollendete Grenzer: Daniel Boone

Von den Dutzenden von Männern, die im späten 18. und frühen 19. Jahrhundert Expeditionen leiteten und Siedlungen an der amerikanischen Grenze gründeten, erfreut sich vermutlich kein anderer eines Rufes wie Daniel Boone (1734–1820). Heute noch beschwört Boones Name das Bild des vollendeten Grenzers herauf: groß, stark, erfahren im Leben im Wald und absolut furchtlos und erinnert an die zahlreichen Legenden, die sich um den Mann ranken. Viele davon sind ziemlich dumm, aber trotzdem bleibt immer noch genug übrig, um den Schluß zu erlauben, daß Daniel Boone ein wahrhaftig bemerkenswerter Mensch war.

Der als Quäker in Pennsylvania geborene Boone wuchs an der Grenze von North Carolina auf. Er war zwar nicht groß (nur rund 1,75 m), aber doch stark und geschickt, reagierte schnell und konnte mit den Füßen denken, Eigenschaften, die ihm in der südöstlichen Wildnis sehr nützlich waren. Zwar sammelte Boone 1755 im glücklosen englischen Angriff auf Fort Duquesne (heute Pittsburgh) gegen französische und Indianertruppen schon früh Erfahrungen als Soldat – und zwanzig Jahre später würde er sich eines übertriebenen Rufs als „Indianerkämpfer" erfreuen –, aber er verdankt sein Geschick, in der Wildnis zu überleben, zuvorkommenden eingeborenen Amerikanern, deren Lebensart er achtete und verstand.

Boones Legende wuchs und blühte allerdings in Kentucky. Zum ersten Mal erforschte er die Gegend im Winter 1767–68. Kurz darauf, nämlich 1769 und 1771, war er wieder dort unterwegs. Dieses Mal

OBEN Heute erfreuen sich Touristen an diesem Blick auf die Appalachen vom Cumberland Gap aus, fast 250 Jahre, nachdem Daniel Boone und eine Abteilung Holzhacker 1775 die Wilderness Road durch den Paß auf dem Weg zur Besiedlung des neuen Gebiets von Kentucky räumten.

GEGENÜBER Daniel Boone war ein seiner Zeit weit vorausblickender Mann und der Prototyp des Wegbahners an der Westgrenze, der während der Amerikanischen Revolution die wilden Appalachen bezwang. Obwohl Boones legendäre Taten in die Jahre zwischen dem Krieg gegen Franzosen und Indianer und dem Erwerb von Louisiana fielen, nahmen die Bergjäger, die nach Boones Tod 1820 zu den Rockies und noch weiter vorstießen, sich diese zum Vorbild.

durchquerte er das Cumberland Gap. Als der 40jährige Boone 1775 durch Verhandlungen rund 800 000 Hektar Land von den Tscherokesen in Kentucky erwarb, das von weißen Siedlern als 14. Kolonie, Transylvania, erschlossen werden sollte, stellte er sich an die Spitze von 30 Holzhackern, um einen Weg zu bahnen. Sie drangen von Tennessee aus in nördlicher Richtung durch das Cumberland Gap bis zum Kentucky River vor und räumten die berühmte Wilderness Road, die bei einer Siedlung am Kentucky endete, die sie Boonesboro nannten.

Zu Beginn der Amerikanischen Revolution verwandelte sich der „große Grenzer" in einen Befehlshaber von Milizsoldaten, der mit der Verteidigung der Grenzsiedlungen in Kentucky gegen englische und Indianerangriffe beauftragt war. Als Boone 1778 bei der Salzsuche in die Gefangenschaft von Shawnee-Indianern geriet, überredete er seine indianischen Wächter, ihn und seine Männer als Geiseln zu behalten – womit er die Frauen und Kinder, die in Boonsboro ohne jede Verteidigung waren, vor einem Angriff der Shawnee rettete. Boone floh und traf rechtzeitig in Boonsboro ein, um einen Angriff der Engländer und Indianer abzuwehren, wurde aber später wegen seines Umgangs mit Shawnee und Engländern des Verrats angeklagt. Man sprach ihn frei, und nach der Revolution nahm seine Legende epische Ausmaße an.

Noch zu Boones Lebzeiten wuchsen und mehrten sich die Mythen über Boones Können als „Indianerkämpfer". In Wirklichkeit fand Boone nie Geschmack am Töten eingeborener Amerikaner, und vermutlich hat er während seiner ganzen Laufbahn nur einen einzigen Indianer getötet. Tatsächlich war Boone ein sanfter, intelligenter Mann, der seine Familie liebte. Er hatte nur eine rudimentäre Bildung und seine Orthographie war schrecklich, aber immerhin konnte er lesen und schreiben. Und dem Mythos zum Trotz hat er nie eine „Waschbärmütze" getragen.

Daniel Boone hatte sich in seinem langen Leben viele Fertigkeiten angeeignet, aber die für Geschäfte gehörte nicht dazu. Im Laufe der Jahre erwarb er Abertausende von Hektar Land oder erhob Anspruch darauf, den Großteil davon verlor er aber wegen juristischer Finten wieder. Daniel Boone starb im Alter von 85 Jahren in Missouri.

Der Marsch, mit dem alles begann: die Lewis-und-Clark-Expedition

UNTEN Meriwether Lewis, damals Gouverneur im Louisiana Territory, wurde 1809 auf ungeklärte Weise tödlich von Schüssen getroffen, knapp drei Jahre nach der außerordentlichen Expedition, die er zusammen mit William Clark geplant und geleitet hatte. Jefferson meinte, es sei Selbstmord, aber Clark und andere hielten Lewis für das Opfer eines Mordanschlags.

Um 1800 befand sich Louisiana, das vom Westufer des Mississippi bis zum Osthang der Rockies reichte, erneut in der Hand der Franzosen, die es von Anfang an für sich beansprucht hatten. Napoleon Bonaparte konnte es sich kaum leisten, Geld für seine Erschließung abzuzweigen, hingegen erkannte US-Präsident Thomas Jefferson, wie lebenswichtig die Kontrolle über den Mississippi, besonders den Hafen von New Orleans, war. Als sich Jefferson 1803 bemühte, New Orleans zu kaufen, bot Bonaparte ihm im Gegenzug das gesamte Gebiet an – und Jefferson griff zu.

Der Erwerb von Louisiana, das die Fläche der Vereinigten Staaten verdoppelte, fiel mit der Zuweisung von Mitteln für eines von Jeffersons Lieblingsvorhaben durch den Kongreß zusammen, mit dem er schon seit geraumer Zeit liebäugelte: für eine Expedition am Missouri entlang und von dort weiter nach Westen, um zu sehen, ob es eine Verbindung zwischen Mississippi und Pazifik gab. Zur Aufgabe, die sogenannte „Nordwestpassage" zu finden, kam jetzt noch eine zweite hinzu: die Erkundung des riesigen, unbekannten und unerforschten Gebiets von Louisiana.

Für diesen historischen Marsch zum „westlichen Meer" bestimmte Jefferson einen äußerst fähigen jungen Freund und Nachbarn aus seiner Heimat Virginia, Meriwether Lewis (1774–1809), Hauptmann der US-Armee, zum Expeditionsleiter. Lewis, ein Intellektueller mit Erfahrung in der Wildnis, die er sich in seiner Jugend vor allem an der Grenze von Georgia erworben hatte, war eine Zeitlang auch Jeffersons Privatsekretär. Obwohl er knapp 30 war, bewies er bei Planung, Training und Ausrüsten der Expedition, heute vergleichbar mit einer Expedition zu den Sternen, großes Geschick. In „Crash-Kursen" vor der Expedition rundete er sein schon beträchtliches vorhandenes Wissen über Grenzen und Militärwesen in weiteren Gebieten wie Botanik und Indianerbräuche ab.

Lewis ernannte einen weiteren Mann aus Virginia, William Clark (1770–1838), einen Waffenbruder, zum Mitbefehlshaber seines „Entdeckerkorps", und räumte ihm für die Expedition die gleiche Autorität ein. Der dynamische Clark, ein Leutnant in der Armee, der seine Erfahrungen im Grenzland in der Wildnis von Kentucky gesammelt hatte, stellte die perfekte Ergänzung zum introspektiven Lewis dar und setzte sich genauso begeistert wie dieser für die gefährliche geplante Mission ein. Die beiden suchten sorgfältig 30 zähe erfahrene Soldaten und Grenzer mit verschiedenen Fertigkeiten als Jäger, Fallensteller, Bootsbauer, Tischler und Schmied aus; Clarks hünenhafter, kräftiger schwarzer Sklave begleitete ihn auf der Expedition und machte sich sehr nützlich. (Nach der Heimkehr schenkte Clark ihm die Freiheit.) Am 14. Mai 1804 verließ das Entdeckerkorps seinen Stützpunkt bei St. Louis, ausgerüstet mit einem 18 Meter langen Kielboot, mehreren kleineren Fahrzeugen, modernster Ausrüstung (einiges speziell für die Mission entwickelt), Geschenken und Handelsware für die eingeborenen Amerikaner, denen sie sicher begegnen würden, sowie Vorräten für zwei Jahre.

Auf der beschwerlichen Fahrt oblag Clark die Verantwortung für Navigation, Kartographieren des

Gebiets, Disziplin und die Verhandlungen mit den Indianern. Oft blieb er bei den Booten, die langsam den Missouri hinauffuhren, während Lewis am Ufer zu Fuß vordrang, jagte, Proben sammelte und von den beobachteten Pflanzen, Tieren und der Natur Skizzen anfertigte. Die Gruppe erreichte die Mündung des Platte River und hielt im Juli 1804 im heutigen Council Bluffs, Iowa, zum ersten Mal Rat mit Indianern, Vertretern der Omaha-, Missouri- und Oto-Stämme. Sie überreichten den Häuptlingen Orden, auf denen Jefferson, der „Große Vater" in Washington, abgebildet war.

Nachdem sich Lewis und Clark im September 1804 erfolgreich gegen eine Herausforderung des gefährlichen Häuptlings der Teton-Sioux, Black Buffalo, behaupteten, ohne einen Schuß abzugeben, erwarben sie sich die Hochachtung vieler Stämme, denen sie später begegneten. Als sie ihr Winterlager bei den freundlichen Mandan-Indianern im heutigen North Dakota aufschlugen, nahmen sie einen französisch-kanadischen Pelzjäger, Toussaint Charbonneau, und seine 16jährige Frau Sacajawea, eine Shoshoni, bei sich auf. Der Ehemann erwies sich für die Expedition als wenig nützlich, aber seine mutige junge amerikanische Eingeborenenfrau wurde durchaus zu Recht als eines ihrer wertvollsten Mitglieder anerkannt; mehr als einmal bewahrte sie die Gruppe als Dolmetscherin und Kundschafterin vor Unglück.

Im April 1805 löste das Entdeckerkorps sein Lager auf, danach ging es den Missouri hinauf bis man im Juni die Great Falls (im heutigen Montana) erreichte. Man umging sie auf einem 25tägigen Transport über Land beinahe 32 km mit gefährlichen Stromschnellen. Aber der strapaziöseste Teil der Reise stand ihnen noch bevor: die Überwindung einer der gewaltigsten natürlichen Schranken des Kontinents, der Rocky Mountains. Als sich die Expedition dem Gebirge näherte, streifte Lewis mit einer Patrouille durch

OBEN William Clarks vorbildlicher Einsatz als Mitbefehlshaber des „Entdeckerkorps" war lediglich der Auftakt für eine lange, herausragende Laufbahn; hier auf einem Gemälde von Charles Willson Peale, der auch das Porträt von Lewis malte. Clark verdankt es seinem diplomatischen Geschick im Umgang mit amerikanischen Eingeborenenführern, die ihn „red-haired chief" [Rothaariger Häuptling] nannten, daß die US-Regierung ihn später zum Superintendenten für Indianerfragen ernannte.

LINKS Die junge Shoshoni-Frau Sacajawea, hier watet sie an der Pazifikküste im Wasser, war für Meriwether Lewis und William Clark auf ihrer langen Forschungsreise durch den Westen 1804–06 von unschätzbarem Wert.

IM SCHATTEN VON LEWIS UND CLARK: ZEBULON PIKES REISEN

OBEN Der Berg, den Zebulon Pike für unüberwindbar erklärt hatte, als er 1806 die Rockies erreichte, wurde 1819, sieben Jahre nach seinem Tod, bestiegen. Als erstes fiel der Blick der neuen Siedler auf ihrem Weg durch die Prärie im allgemeinen auf Pike's Peak, wie er später genannt wurde, und die Parole der Goldsucher von Colorado hieß: „Pike's Peak oder Pleite!"

Noch als Lewis und Clark für Präsident Jefferson unterwegs waren, schickte General James Wilkinson, der verschlagene, skrupellose Gouverneur des Louisiana Territory – zusammen mit Aaron Burr plante er Verrat –, zwischen 1805 und 1807 seinerseits zwei Expeditionen aus, beide unter der Leitung von Leutnant Zebulon Montgomery Pike (1779–1813), einem Offizier aus New Jersey, der Wilkinsons Befehl unterstand; auf der ersten sollte er den Oberlauf des Mississippi erkunden, auf der zweiten den Südwesten des Territoriums, das an Spaniens nordamerikanische Gebiete grenzte.

Pikes erste Expedition verließ am 9. August 1805 St. Louis und fuhr in einem Kielboot auf dem Mississippi in den Norden. Unter anderem sollte sie dafür sorgen, daß kanadische Pelztierjäger, die für englische Gesellschaften arbeiteten, US-Gebiet fernblieben. Pike drang flußaufwärts vor und hielt im September Rat mit den Minnesota-Sioux, danach schlug er sein Winterlager in Little Falls auf. Auf einem Ausflug im Dezember 1805, auf dem er die Quelle des „Vaters der Flüsse" suchte (später machte er fälschlicherweise Leech Lake in Minnesota anstelle von Lake Itasca dazu), erfroren Pike und seine Männer beinahe. Sie überlebten nur, weil sie in kanadischen Handelsposten Unterschlupf fanden – „zum Dank" forderten sie anschließend von den Kanadiern Bezahlung für deren Geschäfte auf amerikanischem Boden. Im Frühjahr, im April 1806, kehrte die Expedition nach St. Louis zurück, und bald darauf erhielt Pike von Wilkinson die Order, sich für eine weitere Reise im Sommer, diesmal an der südwestlichen Grenze des Territoriums entlang, vorzubereiten.

Pikes Marsch in den Südwesten erwies sich als weitaus wertvoller, aber nicht ungefährlicher als sein Mississippi-Abenteuer. Die Expedition brach am 15. Juli 1806 von St. Louis auf, zog auf dem Osage River nach Westen, dann über Land am Arkansas entlang durch Kansas. Als Pike im November die südlichen Rockies im heutigen Colorado erreichte, ver-

suchten er und einige seiner Männer, das rund 4000 m hohe Gebirge zu besteigen, gaben es aber als unüberwindbar auf. Da die Gruppe im Südwesten ziemlich unvorbereitet von einem bitteren Winter überrascht wurde, mußte sie auf spanischem Gebiet Zuflucht suchen. Dort wurden Pike und seine Männer von den spanischen Behörden verhaftet, erst nach Santa Fé und danach durch das spätere Texas in die USA zurückgeschickt, von dort kehrten sie 1807 nach St. Louis zurück.

Zebulon Pikes Bericht darüber vertrat die irrige Ansicht, die südwestlichen Prärien seien nichts als eine verlassene Einöde. Deshalb blieben Siedler jahrelang der Region fern. Brigadegeneral Pike wurde im Krieg von 1812 in Ontario getötet. Sieben Jahre nach Pikes Tod wurde das Colorado-Gebirge, das er für unüberwindbar gehalten hatte, doch bestiegen und sogar nach ihm benannt: Pike's Peak.

die Rocky Mountains und lief einer Gruppe Shoshoni-Indianer in die Arme. Sacajawea, die als Kind von ihrer Shoshoni-Familie entführt worden war, fand heraus, daß ihr Bruder der Häuptling der Gruppe war. Dank dieses Glücksfalls halfen die Shoshoni der Expedition, die für ein Überschreiten des Gebirges notwendigen Packpferde aufzutreiben, was im September unter großer Mühe auch gelang.

An diesem Punkt ihrer Reise erkannten Lewis und Clark, daß es keine Verbindung zwischen dem Missouri und einem Fluß, der in den Pazifik floß, gab. Aber sie drangen weiter vor und kamen im Oktober 1805 an den Snake River, dem sie bis zum Columbia folgten, auf dem das Entdeckerkorps Mitte November endlich den Pazifischen Ozean erreichte. An der heutigen Grenze zwischen den Staaten Washington und Oregon bauten sie Fort Clatsop, verbrachten den Winter 1805–06 dort und machten sich im Frühjahr auf den Heimweg. Lewis ging am Missouri entlang zurück, Clark erforschte dagegen mit einer Gruppe den Yellowstone River; beide Gruppen trafen sich für eine triumphale Heimkehr nach St. Louis am 23. September 1806.

Nach ihrer Rückkehr – und anschließenden Erhöhung in den Stand einer lebenden Legende – hielt das Los für Meriwether Lewis und William Clark eine sehr unterschiedliche Zukunft bereit. 1806 starb Lewis unterwegs nach Washington, wo er die Tagebücher der knapp drei Jahre vorher vollendeten historischen Reise herausgeben wollte, an Pistolenschüssen, von denen er auf ungeklärte Art in einer Hütte in Natchez Trace in Tennessee getroffen worden war. Der nur 35jährige großartige Forscher kämpfte tagelang mit dem Tod; es konnte nie mit Be-

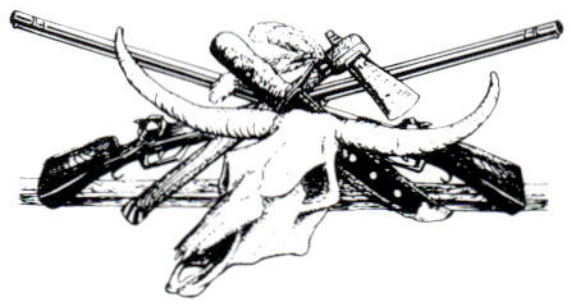

UNTEN Als Lewis und Clark das Hauptziel ihrer Expedition, den Pazifischen Ozean, erreicht hatten, bauten sie Fort Clatsop nahe der Mündung des Columbia River in Oregon und überwinterten dort 1805–06. Fast 200 Jahre später steht der Vorposten noch immer.

Kartenschlüssel

- ■ Fort
- ● Siedlung
- M. Lewis und W. Clark (1804–06)
- Zebulon Pike (1805–06)
- Zebulon Pike (1806–07)
- Joseph R. Walker (1833–34)
- John C. Frémont (1842)
- John C. Frémont (1843–44)

stimmtheit gesagt werden, ob er ermordet wurde oder Selbstmord begangen hatte. Clark erfreute sich dagegen einer herausragenden Laufbahn im Dienst der Regierung. Dank seines bemerkenswerten Geschicks im Umgang mit eingeborenen Amerikanern, die ihn voller Achtung „red-haired chief" [Rothaariger Häuptling] nannten, war er 30 Jahre lang der erste US-Superintendent für Indianerfragen, ein Amt, das er bis zu seinem Tod 1838 bekleidete.

Zwar fanden Lewis und Clark mit ihrem Entdeckerkorps nicht die legendäre „Nordwestpassage", die ohnehin nicht existiert, aber wie sie ihre Aufgabe erfüllten, ging selbst über die höchsten Erwartungen Jeffersons hinaus. Die Expedition zog durch rund 13 000 km^2 zuvor unbekanntes Gelände und kartographierte es. Die Expedition begegnete etwa 50 amerikanischen Indianerstämmen, stellte Beziehungen zu vielen davon her und sammelte eindrucksvolle Proben ihrer Kultur; weiter identifizierte sie Hunderte neuer Pflanzen-, Vogel- und Tierarten, bereicherte das vorhandene wissenschaftliche Wissen der Nation um mehrere Bände und berichtete von Wild, das sie beobachtet hatte, vor allem Biber. Daraufhin zogen in einer ersten Wanderwelle Pelztierjäger in das Gebiet ein und „erschlossen" damit die westliche Hälfte des Kontinents.

Jetzt gehörte die wichtigste Expedition in den amerikanischen Westen der Geschichte an – aber Amerikas Experiment im Westen fing erst an.

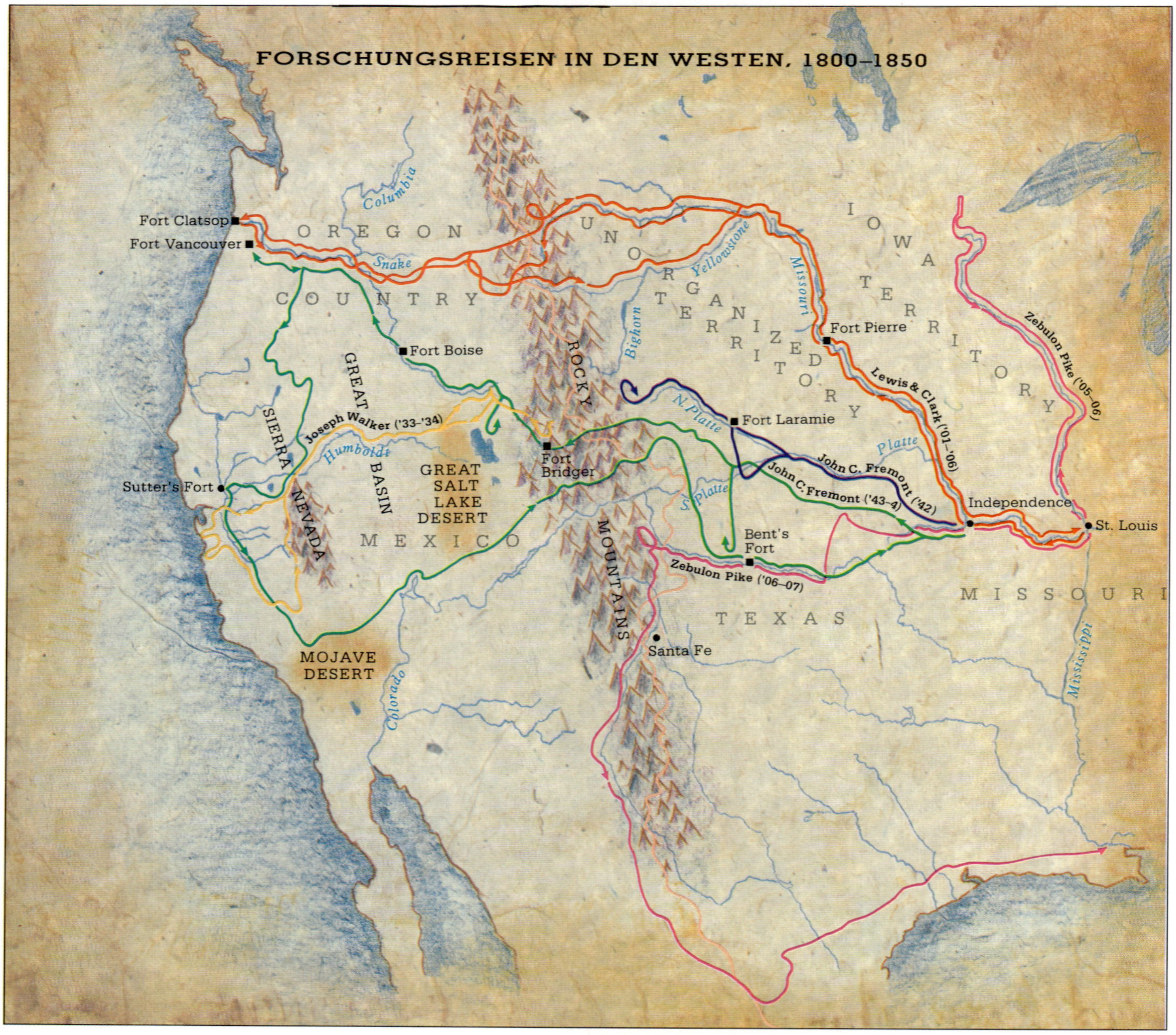

POWELL ERFORSCHT DEN COLORADO

Um 1870 stand der amerikanische Westen, jene ungeheure Weite, die sechzig Jahre zuvor zum ersten Mal von Lewis und Clark erforscht und knapp dreißig Jahre früher von Frémont durchkämmt wurde, kurz davor, „erobert" zu werden. Der größte Teil des Lands zwischen Mississippi und Pazifik war bereits vermessen und weitgehend besiedelt, und eine transkontinentale Eisenbahn durchschnitt es. Aber einige der großartigen Gebiete im Westen trotzten der Erforschung, da sie für zu phantastisch, als daß sie wahr wären, für zu gefährlich oder als der Mühe nicht wert erachtet wurden. Zu diesen noch unerschlossenen Regionen zählten heute so vertraute Wahrzeichen wie Yellowstone, Yosemite und der Grand Canyon des Colorado.

John Wesley Powell (1834–?), ein Unionsoffizier und Geologieprofessor aus Illinois, verlor im Bürgerkrieg durch eine konföderierte Kugel einen Arm. Aber seine Verletzung hinderte ihn nicht, nach dem Krieg mit seinen Studenten Studienausflüge in die Rockies zu machen. Einer regte ihn 1869 zu einem Unternehmen an, an das sich bis dahin noch niemand gewagt hatte: den gesamten tosenden Colorado River vom Green River in Wyoming bis zum Virgin River in Nevada mit einem Boot zu befahren.

Am 27. Mai 1869 brachen Powell und neun Begleiter in drei mit seinem eigenen Geld gebauten Eichenbooten und ausgerüstet mit Armeerestbeständen den Colorado hinunter auf. Die Expedition ließ für rund drei Monate die Zivilistation hinter sich, in denen sie eine Batterie tödlicher Stromschnellen nach der anderen in einer der tiefsten und schönsten Schluchten der Welt, einschließlich des unglaublichen Grand Canyon selbst, überlebten. Drei von Powells Begleitern verließen ihn, um zu Fuß zurückzukehren (sie wurden auf dem Heimweg von Indianern getötet), aber er vollendete die Reise am 30. August und kehrte unter großem Beifall zurück. 1871 wiederholte er das Wagnis, von verschiedenen Seiten diesmal unterstützt. Später wurde John Wesley Powell zum Leiter des US Geological Survey ernannt, aber man wird sich an ihn vor allem als jenen Forscher erinnern, der es wagte, den Grand Canyon und den gewaltigen Colorado herauszufordern.

LINKS 1869 führte John Wesley Powell, ein Bürgerkriegsheld, der in Shiloh einen Arm verlorenen hatte, eine Expedition von neun Männern in drei kleinen Booten auf dem mit Stromschnellen gespickten Colorado und Green River an.

UNTEN 1871 kehrte John Wesley Powell zum Colorado River und Grand Canyon zurück, um seine Erkundung fortzusetzen, diesmal mit einer mehrere hundert Pfund schweren, sperrigen Fotoausrüstung. Diese Aufnahme vom Expeditionslager stammt vom Ruderer John K. Hillers.

BERGJÄGER UND PFADFINDER

Nach Lewis und Clark wurde der Westen zwischen 1810 und 1840 vorwiegend auf seinen geschäftlichen Nutzen hin erkundet: von Pelztierjägern auf der Suche nach „Biberwasser". Diese Fallensteller oder „Bergjäger", wie sie genannt wurden, durchkämmten die Gebirge im Westen nach Flüssen und Strömen voller Biber, deren Pelze für Hüte und anderes Modisches damals heiß begehrt waren. Während der 1830er verdienten sich diese kühnen Grenzer ihren unsicheren Lebensunterhalt, indem sie den Elementen und feindlichen Indianern trotzten, Biber aufstöberten, Handel trieben und dabei neue Wege bahnten.

Als Seide in Mode kam und der Pelzhandel in den 1840ern zurückging, sattelten die meisten Bergjäger um und wurden „Pfadfinder", Kundschafter für Gruppen von Auswanderern, Forschern oder Militärexpeditionen, die in den Westen gingen und nur dank des Geschicks und der Kenntnis von Gelände und Indianern der Männer überlebten, die lange Jahre in der Wildnis zugebracht hatten.

OBEN So unglaublich es klingen mag, aber ein Großteil der Riesengebiete westlich des Mississippi und der Rocky Mountains wurde zwischen 1820 und 1840 auf der Suche nach diesem kleinen Wesen erforscht: dem fleißigen Biber, dessen Fell als wichtigster Teil des Huts, den der modische Mann damals trug, heiß begehrt war.

Der vorbildliche Bergjäger: John Colter

Einer der frühesten Trapper, die im Westen arbeiteten und ihn erforschten, hatte noch dem Entdeckerkorps von Lewis und Clark angehört: ein einfacher Soldat aus Virginia namens John Colter (ca. 1755–1813), dem die Hauptleute erlaubten, 1806 die Expedition auf dem Heimweg zu verlassen, um zwei Fallensteller, Forrest Hancock und Joseph Dickson, als Kundschafter zu begleiten. Hancock und Dickson zogen sich zwar schon bald von dem anstrengenden Leben in den Bergen zurück, aber Colter blieb noch drei Jahre lang in der westlichen Wildnis, oft als Kundschafter und Fallensteller im Dienst eines eher skrupellosen Pelzhändlers und Ausrüsters namens Manuel Lisa.

Colter überlebte zwischen 1807 und 1810 dank seiner Geistesgegenwart und der außerordentlichen, in der Wildnis erworbenen Fähigkeiten und erkundete viele Gebiete in den Rockies, in die vor ihm kein Weißer vorgedrungen war, im allgemeinen allein und zu Fuß. Auf einem bemerkenswerten Alleinmarsch zum Zusammenfluß des Bighorn und Yellowstone River im Winter 1807–08 entdeckte Colter einen beträchtlichen Teil des heutigen Montana, Wyoming und Idaho. Er überquerte die kontinentale Wasserscheide [d.h. die Rocky Mountains], den Snake River und das Teton-Gebirge und berichtete von erstaunlichen Geysiren, kochendheißen Quellen und Schlammlöchern, die er in der nordwestlichen Ecke des heutigen Wyoming entdeckt hatte. Aber praktisch niemand schenkte ihm Glauben, und Skeptiker nannten das Gebiet zweifelnd „Colter's Hell". Colter hatte, wie später natürlich Reisende bestätigen würden, als erster Weißer diese Naturwunder im späteren Yellowstone National Park gesehen.

Gleich zweimal entkam der mutige, findige Colter in der Wildnis dem Tod durch Blackfoot-Indianer. Beim ersten Mal wurde er 1808 gefangengenommen und auf dem Jefferson River gefoltert, er entfloh, indem er nackt viele Kilometer durch dornige Canyons lief, verfolgt von Blackfeet, die seiner Behauptung glaubten, er laufe nur langsam. Nachdem Colter 1810 aber einen weiteren Angriff der Blackfeet überlebte, bei dem fünf Begleiter getötet wurden, gab er auf und paddelte mit einem Kanu rund 3000 km den Missouri bis St. Louis hinunter, wo er heiratete und Landwirt wurde – allerdings starb er schon knapp drei Jahre später an Gelbsucht. Weil Colter über seine Fahrten kein genaues Tagebuch geführt, noch Karten angefertigt hatte, fanden seine Entdeckungen nicht die ihnen gebührende Anerkennung; aber seine legendären Fähigkeiten und Abenteuer nahm sich eine ganze Generation von Bergjägern später zum Vorbild.

UNTEN Wenn Bergjäger wie John Colter und Jim Bridger die erstaunlichen Naturerscheinungen beschrieben, die sie in der Yellowstone-Region gesehen hatten, wie den berühmten Old Faithful Geysir, hier in einer modernen Aufnahme im Yellowstone National Park, wurden ihre Berichte meistens als Trapper-„Märchen" abgetan.

Mr. Ashleys Männer in den Rocky Mountains

Mit einer Anzeige, die 1822 in einer Ausgabe der *Missouri Gazette and Public Advertiser* in St. Louis erschien, begann für eine Reihe von Bergjägern eine Laufbahn, der sie ihren legendären Ruf als Abenteurer in der Wildnis verdankten. Aufgegeben hatte sie William Ashley, der erste Leutnant-Gouverneur des neuen Staates Missouri: Er suchte „unternehmungslustige junge Männer", die in der westlichen Wildnis als freie Pelzjäger arbeiten wollten. Einige der Männer, die sich auf diese Anzeige (und ähnliche) meldeten, entpuppten sich später als die zähesten, fähigsten Fallensteller und Wegbereiter, die je in die Berge gegangen waren.

Sie alle führten das für einen Bergjäger typische Leben: monatelang mutterseelenallein unterwegs als Fallensteller im zerklüfteten Gelände, ständig auf der Hut vor Überfällen feindlicher Indianer, gelegentlich getröstet von einer Indianerfrau und Entspannung auf dem Jahrestreffen: dem traditionellen Saisonende-Fest, 1825 von Ashley eingeführt, zu dem alle Trapper aus den ganzen Rockies kamen, um ihre Felle zu verkaufen, ihre Vorräte zu erneuern, zu trinken, auch gelegentlich zu streiten, sich der Gunst der ansässigen Indianermädchen zu erfreuen und ganz allgemein zu zechen, bevor sie wieder ins einsame Gebirge zurückkehrten. Im folgenden wird die Laufbahn einiger dieser Pelzjäger beschrieben, die mit Ashleys erster Jagdexpedition in das Yellowstone-Gebiet im Frühjahr 1823 begann.

Der Bibermann: Jed Smith

Jedediah Strong Smith (1799–1831), bibelfester Sohn einer Methodistenfamilie aus New Hampshire, war 23, als Ashley ihn für seine erste Jagdexpedition wählte. In vieler Hinsicht unterschied er sich von den meisten seiner Mitjäger: Er hatte keinen Bart und keine Untugenden (er trank nicht, noch genoß er beim Jahrestreffen die Gesellschaft von Frauen), und er war fromm. Aber als Smith 30 wurde, zeichnete er sich dort aus, worauf es ankam: In einem Jahr stellte er einen einmaligen Rekord in erbeuteten Biberfellen auf (1825 waren es 668) und bahnte von den Rockies Wege durch die Sierras in den Westen. Viele folgten seinen Pfaden, vor allem kalifornische Sied-

UNTEN Jed Smith bezwang als erster die Sierra Nevada von Osten nach Westen. Die Ostfront der Gebirgskette, von der diese Aufnahme des Rock Creek Canyon stammt, steigt aus dem Großen Becken steil in die Höhe, dagegen fällt sie im Westen allmählich zum Vorgebirge ab, das an das Mitteltal von Kalifornien grenzt.

ler, deshalb gilt er als einer der großen, wenn auch vom Glück begünstigten Pfadfinder des Westens.

Smith fielen seine Leistungen nicht mühelos zu: Er wurde von einem Grislybären übel zugerichtet, überlebte einen tödlichen Hinterhalt der Arikara-Indianer ebenso wie mehrmalige mühsame Durchquerungen der Mojave-Wüste, bei denen seine Gruppe fast umkam, und er wurde von den spanischen Behörden ins Gefängnis geworfen, weil er ihr Gebiet illegal betreten hatte. Aber ihm gelangen als erstem Weißen eine Reihe wichtiger Durchbrüche: quer durch die Rockies nach Kalifornien, über die Sierra Nevada von Osten nach Westen, durch die Große Salzwüste von Utah und von Südkalifornien in den Norden nach Oregon. Nachdem Smith acht Jahre lang durch den Westen gewandert war, versuchte er 1830, in St. Louis seßhaft zu werden. Im Jahr darauf trieb ihn die Rastlosigkeit zurück in die Wildnis, diesmal auf den Santa-Fé-Trail. Dort verließ das Glück Jed Smith schließlich: Auf der Wassersuche geriet er in einen Hinterhalt und wurde im Alter von 32 Jahren von Komantschen getötet.

LINKS Während der 1820er durchstreifte Jedediah Strong Smith als ein äußerst erfolgreicher, wenn auch atypischer Bergjäger den Westen: ein frommer Fallensteller und Wegbereiter, der nie gezecht hat. Nach der Saison von 1825, als Smith seinen Rekord aufstellte, kaufte er einen Anteil der Pelzgesellschaft, für die er arbeitete, und 1826 brach er auf der Suche nach Biberwasser in den Südwesten auf. Dabei geriet er mit seiner Gruppe in die Mojave-Wüste und kam auf ihrer historischen Durchquerung nach Kalifornien gerade noch mit dem Leben davon.

OBEN Jim Bridger (1804–1881), für seine Freunde „Old Gabe", Bergjäger, Kundschafter und Pfadfinder, konnte auf eine lange, erfolgreiche Laufbahn in der Wildnis zurückblicken. Obwohl Bridger nicht an allen Märchen über sich unschuldig war, waren gerade seine unglaublichsten Geschichten wahr: unter anderem jene, wie er den Großen Salzsee „entdeckte", nachdem er die Stromschnellen des Bear River überwunden hatte, und seine Begegnung mit den Wundern von Yellowstone.

Fallensteller, Händler und Wegbereiter: Jim Bridger

Jim Bridger (1804–81) war erst 19, als er sich 1823 Ashleys erster Fallenstellergruppe in die Rockies anschloß, aber 40 Jahre später zog er noch immer durch das Gebirge. Als sie 1825 nahe der heutigen Grenze zwischen Wyoming und Utah lagerten, befuhr Bridger, der eine Wette über den Verlauf des Flusses abgeschlossen hatte, in einem Kanu den tosenden Bear River; er landete in einem großen Salzsee. Damals meinte er zwar, er habe einen Ausläufer des Pazifik erreicht, aber heute hält man Bridger allgemein für den ersten Weißen, der den Großen Salzsee entdeckte.

Bridgers Gespür für die Wildnis und seine Beziehungen zu den Indianern (er heiratete nacheinander drei Indianerfrauen und überlebte alle) sowie sein kartographisches Talent und seine Sprachkenntnisse, Spanisch, Französisch und mehrere Eingeborenensprachen, kamen ihm im Westen als Armeepfadfinder, „Indianerkämpfer", Expeditionskundschafter und Zulieferer wie auch als Fallensteller zugute. 1843 gründete er am Oregon Trail ein Fort und einen Handelsposten. Als der ein Jahrzehnt später von angreifenden Mormonen zerstört wurde, trat Bridger, jetzt schon um die 50, im „Mormonenkrieg" 1857 als Pfadfinder in den Dienst der Armee. Fast 10 Jahre später war er immer noch dabei und bahnte den Bozeman Trail zwischen Nebraska und Montana, bevor ihn nachlassende Gesundheit und Augenlicht in den Ruhestand zwangen. Dieser legendäre Bergjäger starb friedlich im Alter von 77, zurück ließ er viele Pfade – und ebenso viele Märchen.

„Broken Hand" [Gebrochene Hand]: Thomas Fitzpatrick

Leiter von Ashleys erster Fallenstellerexpedition 1823 war ein schneidiger, gebildeter junger Mann namens Thomas Fitzpatrick (1799–1854), dessen Indianerspitzname „Broken Hand" auf die drei Finger anspielte, die er verlor, als ihm ein Gewehr in der Hand explodierte. Wie viele an der Spitze seines Berufs überstand Fitzpatrick ein langes und teilweise gefahrvolles Leben in der Wildnis, weil er sich viel Wissen über die eingeborenen Amerikaner und ihre Bräuche aneignete und ihnen höchste Achtung entgegenbrachte. Nachdem Fitzpatrick für Ashley als Fallensteller gearbeitet hatte, wobei er Schrecken wie 1832 die Schlacht bei Pierre's Hole gegen die Gros-Ventre-Indianer überstand, die sein Haar vorzeitig ergrauen ließ, deshalb sein zweiter Indianerspitzname „White Hair" [Grauhaar], gründete er zusammen mit Jim Bridger und Bill Sublette in den 1830ern die Rocky Mountain Fur Company.

In den 1840ern wurde „Broken Hand" einer der führenden Kundschafter in der westlichen Wildnis und begleitete mehrere Auswanderertrecks, ebenso wie John C. Frémonts zweite Expedition 1844 und 1846 im Mexikanischen Krieg General Kearnys Marsch nach Neu-Mexiko. Im gleichen Jahr wurde Fitzpatrick zum US Indian Agent für das Gebiet zwischen Arkansas und Platte River ernannt, und eine Reihe führender eingeborener Amerikaner betrachtete ihn als „einen ihrer fairen Vertreter". Anfang der 1850er handelte Tom Fitzpatrick mehrere wichtige Verträge mit den Indianern aus. Die inhaltliche Gestaltung dieser Verträge ebnete den Weg für das spätere Reservationssystem.

1854 starb Thomas Fitzpatrick an Lungenentzündung.

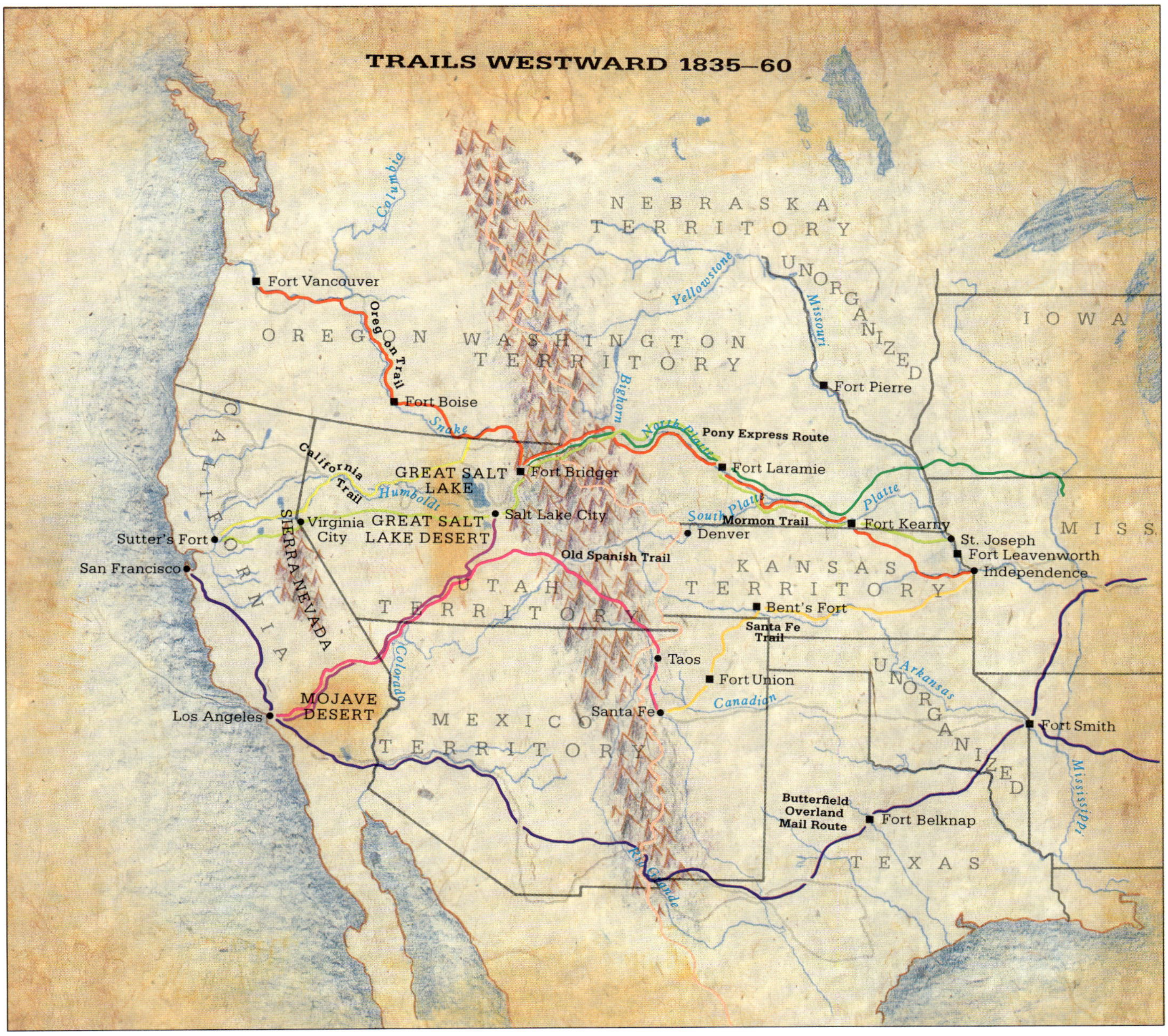

Mit den Bergjägern in den Westen

Mehrere andere Mitglieder von William Ashleys ursprünglicher Rocky-Mountain-Mannschaft wurden später auch bekannte Fallensteller und Pfadfinder. William Sublette, ein ehemaliger Mann des Gesetzes in St. Charles, Missouri, ließ sich zusammen mit seinem jüngeren Bruder Milton anheuern. Beide wurden fähige Grenzer und entkamen bei ihrer Arbeit mehr als einem Indianerhinterhalt. Die Sublette-Brüder waren Partner in Fitzpatricks und Bridgers Rocky Mountain Fur Company; aber Billy trennte sich später von ihnen, um sich als Händler und Zulieferer für Fallensteller und andere Reisende in den Westen selbständig zu machen.

1832 führte Billy eine vom Geschäftsmann Nathaniel Wyeth zusammengestellte Gruppe von Siedlern, die nach Oregon wollten, von Independence zum Jahrestreffen, das in jenem Jahr bei Pierre's Hole stattfand. Milton geleitete die Expedition danach in den Westen – während Billy blieb und an einer Schlacht teilnahm, in der Gros-Ventres-Indianer die Fallensteller blufften und entkamen. Unter der Führung von Milton traf Wyeth's Gruppe im Oktober in Fort Vancouver ein; beide Sublette-Brüder hatten also am Geleit der ersten amerikanischen Gruppe auf dem später sogenannten Oregon Trail teil.

Die großen Gefahren und Abenteuer, die Ashleys Bergjäger erlebten, ließen natürlich viele Legenden entstehen. In einer seltsamen, aber wahren Geschichte geht es um Trapper Hugh Glass, der bei der Rückkehr zum Lager der Expedition 1823 von einem Grislybären übel zugerichtet wurde. Jim Bridger und ein anderer Fallensteller erlegten den Bären, aber Glass schien tödlich verletzt zu sein, deshalb warteten seine beiden Begleiter, daß er starb, um ihn zu

Kartenschlüssel

- ■ Fort
- ● Siedlung
- alter spanischer Pfad
- Sante-Fé-Trail
- Oregon Trail
- California Trail
- Mormon Trail

STAATLICHE POST-STRASSEN

- Butterfield Overland Mail [Überlandpost]
- Pony Express

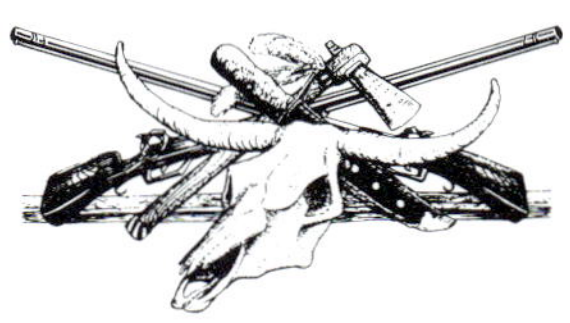

RECHTS Sue Beckwourth war eine der vielen amerikanischen Eingeborenenfrauen des Fallenstellers Jim Beckwourth. Der rauhe Mulatten-Bergjäger, der sich unter Indianern besonders wohl fühlte und sein ganzes Leben lang bei ihnen lebte, nahm sich angeblich so viele amerikanischen Eingeborenenfrauen, daß in seinem Haushalt oft zwei oder mehr gleichzeitig lebten.

UNTEN Obwohl der „Mulatten"-Bergjäger und Pfadfinder Jim Beckwourth sich in einem von Weißen beherrschten Beruf auszeichnete, fühlte er sich bei eingeborenen Amerikanern wohler. Beckwourth, Sohn eines weißen Pflanzers im Süden und einer schwarzen Sklavin, verbrachte einen großen Teil seines Lebens als Crow-Indianer – er behauptete, man habe ihn sogar zum Häuptling dieses Stammes gemacht.

beerdigen. Aber Glass hielt sich so lange, daß Bridger und der andere Mann einfach fortgingen und den „Leichnam" auf dem Boden ließen – woraufhin Glass in ein sicheres Sioux-Lager kroch und sich langsam erholte!

James P. Beckwourth (1798–1867), ein Mulatte aus Virginia, der wegen seiner dunklen Hautfarbe oft für einen Indianer gehalten wurde, begann seine Laufbahn in der Wildnis als Pferdeknecht in Ashleys erster Gruppe, aber nach mehreren Jahren bei den Fallenstellern ging er zu jenen, unter denen er sich wirklich zu Hause fühlte, den eingeborenen Amerikanern. Zwischen 1826 und 1833 lebte Beckwourth bei den Crow-Indianern, nahm mehrere Häuptlingstöchter zur Frau und wurde schließlich selbst Häuptling. Später kehrte er in die Gesellschaft der Weißen zurück, diente General Kearny im Mexikanischen Krieg 1846 als Pfadfinder und suchte 1859 im Goldrausch von Colorado Gold; 1867 starb er in Denver.

Seine 1856 veröffentlichten Memoiren sind der größte Unsinn und die unverfrorenste Aufschneiderei, die der Westen je erlebt hat. So erzählt Beckwourth unter anderem, wie er seine ungehorsame Frau, eine Häuptlingstochter, mit dem Knüppel schlug, bis sie anscheinend tot dalag. Der Häuptling, der Beckwourth recht gab, schenkte ihm seine jüngere, schönere Tochter – aber die erste Frau genas und lebte zusammen mit ihrer Schwester im Haushalt des Bergjägers.

Auf Ashleys erster Expedition von 1823 hatte es James Clyman (1791–1881) besonders schwer; in den 1820ern und 30ern stand er gerade am Anfang einer langen Laufbahn als Fallensteller, in den 1840ern geleitete er Planwagentrecks an die Pazifikküste, und nach 1849 lebte er als Viehzüchter und wurde 90! Aber während dieser ersten Expedition wurde der junge Fallensteller nahe beim Sweetwater River von seinem Partner Tom Fitzpatrick getrennt; Clyman verhungerte beinahe auf seinem rund 1000 km langen Marsch bis Fort Atkinson, wo er Zuflucht fand. Aber solche Zwischenfälle waren im Leben der Bergjäger, die in der ersten Hälfte des 19. Jahrhunderts einen großen Beitrag zum Vorstoß in den amerikanischen Westen leisteten, fast normal.

Die Pfade des Bergkönigs: Joe Walker

OBEN Seit den 1850ern suchten Reisende auf dem Santa-Fé-Trail vor feindlichen Indianern Schutz in Fort Union im heutigen Neu-Mexiko, hier aus der Luft gezeigt.

Legendäre Namen des Westens wie Daniel Boone, Davy Crockett, Jed Smith, Kit Carson und andere mögen heute zwar allgemein vertrauter sein, aber von vielen wurde ein anderer Mann als der womöglich weiseste, größte – und romantischste – Wegbereiter des amerikanischen Westens anerkannt: Joseph Reddeford Walker (1798–1876). Joe Walker, aus einer Familie früher Siedler in den Appalachen an der Grenze von Tennessee, brach im Alter von 20 zum Missouri Territory auf; damit folgte er einigen älteren Brüdern, die bereits in den Westen gegangen waren. Nach seiner heimlichen – und illegalen – Teilnahme an einer Fallensteller- und Handelsexpedition nach Santa Fé auf spanischem Gebiet nahm Walker das äußere Erscheinungsbild des Bergjägers schlechthin an. Sogar der eigene Bruder, der ihm unterwegs zufällig begegnete, hielt ihn mit seinem langen Haar, Vollbart und dem perlengeschmückten Wildleder-Jagdanzug anfangs irrtümlich für einen Indianer.

1825 gehörte Walker zu einem Vermessungsteam der US-Regierung, das den später berühmten Santa-Fé-Trail festlegte. Nach zwei Amtsperioden als Sheriff von Jackson County, Missouri, in denen sich Walker als kühler Kopf und ausgezeichneter Schütze Achtung verschafft hatte, leitete er 1832 die Pelzjägerexpedition eines beurlaubten Armeehauptmanns, Benjamin Bonneville. Der wahre Zweck der Bonneville-Expedition, die es in zweijährigem Fallenstellen beim Salmon und Snake River nur auf wenig Felle brachte, ist immer noch ein Rätsel; nach Ansicht einiger Historiker war Bonneville nicht privat unterwegs, sondern sollte englische und spanische Besitzungen auskundschaften.

ANDERE BERGE, ANDERE MÄNNER

Zwar fing für viele legendäre Bergjäger und Pfadfinder des Westens in den 1820ern eine abwechslungsreiche Laufbahn mit William Ashley in den Rockies an, aber für eine Reihe bekannter Abenteurer der Wildnis nahm sie andernorts ihren Anfang, für einige auch erst eine Generation später.

Der 21jährige William Cody, nach dem Bürgerkrieg von der Kansas Pacific Railroad mit der Streckeneinteilung beschäftigt, soll seinen Spitznamen „Buffalo Bill" dank einer Büffeljagd erhalten haben, auf der er 11 Tiere mit 12 Schüssen erlegte.

William F. („Buffalo Bill") Cody (1846–1917)

In den 72 Jahren, die Bill Cody lebte, baute er sich eine der großartigsten Laufbahnen in der Geschichte des Westens auf. Er begann früh: Mit 14 hatte er schon als Goldsucher, Viehtreiber, Fallensteller und Pony-Express-Reiter gearbeitet. Wie sein Freund „Wild Bill" Hickok, den er im Bürgerkrieg kennenlernte, stand Cody auf dem Feldzug gegen die Prärie-Stämme im Dienst der Union und kämpfte nach dem Krieg unter General Sheridan, anderen Befehlshabern und unter General Carrs 5. Kavallerie gegen die Indianer.

Schon die damaligen Groschenromane und andere beliebte Darbietungen waren voll mit eher phantasievollen Berichten über Codys Taten. 1869 hatte Cody eine Auseinandersetzung mit den Cheyenne-Indianern, die bei Summit Springs in Kansas mit einem überraschenden Sieg über die Cheyenne „Dog Soldiers" endete. Allerdings verlor Cody bei diesem Kampf neben seinem Hut auch einen Teil seiner Kopfhaut.

Kurz danach zog der berühmte Pfadfinder nach Fort McPherson, Nebraska; dort inspirierte er Ned Buntline, einen Verfasser von Groschenromanen, zu einer Serie über ihn. Er betreute Jagdgruppen wohlhabender Männer, die mit der gerade vollendeten transkontinentalen Eisenbahn in den Westen kamen. Cody begleitete und bewirtete Regierungsbeamte, Könige und Staatsoberhäupter u. ä., bis er 1872 wieder in den Dienst zurückgerufen wurde. Cody, dem später im gleichen Jahr vom Kongreß eine Ehrenmedaille für Tapferkeit verliehen wurde, gab die Pfadfinderei auf und ging in den Osten, um eine neue Laufbahn, diesmal am Theater, zu beginnen.

1875–76 war er noch einmal kurz als Pfadfinder in den Sioux-Kriegen tätig, dabei zeichnete er sich erneut aus. Danach widmete sich „Buffalo Bill" bis zu seinem Tod 1917 der Viehzucht und der Produktion von Shows über den Wilden Westen, die ihn wohlhabend machten und ihm dauerhaften Ruhm eintrugen.

James Butler („Wild Bill") Hickok (1837–76)

Der schneidige, stramme Hickok verließ seine Heimat Illinois mit 19 und begann in den späten 1850ern seine legendäre Laufbahn im Westen als Mann des Gesetzes im Johnson County, Kansas. Im Bürgerkrieg diente „Wild Bill" (woher der Spitzname stammt, ist unklar) im Unionsheer zunächst als Fuhrmann, danach als Spion, und bald machten Geschichten über seine mutigen Taten die Runde. Hickok, der sich nach dem Krieg als Pfadfinder für die Armee gegen die Indianer verdingte, festigte seinen Ruf als Indianerkämpfer und furchtloser Pistolenheld unzähliger Groschenromane. Nach

OBEN Der verwegene Mann des Gesetzes, Pfadfinder und Indianerkämpfer James Butler Hickok mit dem Spitznamen „Wild Bill" begann seine Laufbahn als Spion für die Union. Sie endete rund 15 Jahre später, als er in einem Saloon in Deadwood von einer Kugel tödlich getroffen wurde.

einer fast tödlichen Wunde, die ihm ein Cheyenne mit dem Speer beibrachte, wurde Hickok 1871 erneut ein Mann des Gesetzes und mehrte seinen Ruf als schießfreudiger US-Polizeichef, der in der rauhen Cowboystadt Abilene, Kansas, „aufräumte". Aber Anfang der 70er ging der Viehhandel an Abilene vorbei, und Wild Bill zog eine Zeitlang umher, um sich dann in Deadwood niederzulassen, einer rauhen Bergarbeiterstadt in den Black Hills von Dakota – in der er, noch nicht 40, am 2. August 1876 beim Poker erschossen wurde. Mit seinem Ruf als Held des Westens steht „Wild Bill" Hickok vermutlich nur seinem Freund „Buffalo Bill" Cody nach.

Zenas Leonard (1809–1857)

Leonard, ein Landarbeiter aus Pennsylvania, ging mit 21 nach St. Louis, um Fallensteller zu werden. Zuerst begleitete er 1831 eine Fallenstellerexpedition in die Rockies als Angestellter, die nächsten 25 Jahre verbrachte er als Fallensteller und Händler in der Wildnis. Leonard hielt seine Erlebnisse auf Papier fest, darunter auch die Schlacht bei Pierre's Hole 1832 und 1833 Joe Walkers historischen Treck nach Kalifornien bis zum Pazifik, auf dem er dabei war. 1839 erschien sein denkwürdiges *Narrative*.

Antoine Leroux (1801–61)

Der in St. Louis geborene Leroux arbeitete 1822 kurz als Fallensteller für Ashley, machte dann aber bald den spanischen Südwesten zu seiner Heimat und war bis in die 1840er in ganz Arizona, New Mexico, Colorado und Utah als Fallensteller anzutreffen. Leroux leistete nach dem Mexikanischen Krieg seinen größten Beitrag als Pfadfinder für das US-Armeekorps topographischer Ingenieure. 1846–47 bahnte er einen Pfad von Santa Fé nach San Diego, 1851 vom Zuni-Gebiet nach Camp Yuma, 1853 von Missouri nach Utah und 1853–54 von Fort Smith, Arkansas, nach Los Angeles, Kalifornien. Dieser große Pfadfinder starb 1861 an Asthma, zu dem auch eine alte Pfeilwunde beigetragen haben dürfte.

Joe Meek (1810–1875)

Meek, der stets für Aufregung sorgte, ausgelassen war und viel Humor besaß, fing mit 18 als Fallensteller an und war bis 1840 als Bergjäger tätig. Dann zog er mit seiner Indianerfamilie im ersten Planwagentreck auf dem Oregon Trail nach Oregon. Meek war ein guter Freund von Kit Carson und Jim Bridger und trug entscheidend zur Erschließung und Besiedlung von Oregon bei. Dort war er nacheinander Sheriff, Vertreter der Legislative, US-Bezirkspolizeichef und Befehlshaber in den Indianerkriegen, bevor er sich auf seine Farm zurückzog, auf der er mit 65 starb.

James Ohio Pattie (1804 – ca. 1850)

Pattie, ein Grenzabenteurer der dritten Generation, begleitete seinen Vater Sylvester, einen Hansdampf in allen Gassen, schon als Teenager auf dessen Exkursionen vom Missouri in die Wildnis des spanischen Südwestens. Die beiden versuchten sich im ganzen Südwesten als Fallensteller, Bergarbeiter und Wegbereiter, bis sie 1827 von den Mexikanern beim Versuch, die kalifornische Wüste zu durchqueren, gefaßt und ins Gefängnis gesteckt wurden. James wurde nach Sylvesters Tod in der Haft auf freien Fuß gesetzt. Er veröffentlichte 1831 einen Bericht über seine Abenteuer und machte 1849 beim Goldrausch mit. Im Jahr darauf dürfte er bei einem Blizzard in der Sierra umgekommen sein.

RECHTS Die Mitglieder der Gruppe, die mit dem erstklassigen Bergjäger Joseph Reddeford Walker als Begleiter nach Kalifornien die Sierra Nevada überschritt, sahen 1833 als erste englische Amerikaner das Yosemite Valley. Hier eine der atemberaubenden Sehenswürdigkeiten, die sich ihnen darbot: die großartigen Yosemite Falls, die von einer Gesamthöhe von 740 m in drei „Sprüngen" herabfallen.

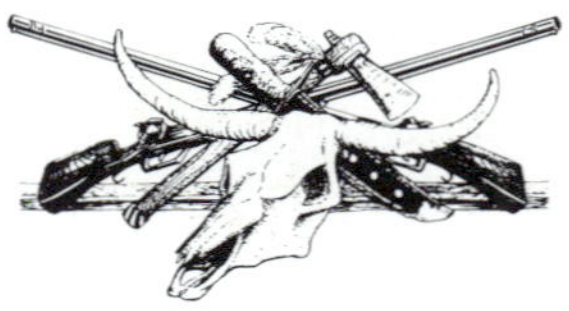

1833 stellte Walker eine zweite von Bonneville gesponserte Expedition für einen scheinbar ausgesprochen waghalsigen Treck durch das Große Becken und die Sierras nach Kalifornien zusammen. Aber mit seinem Talent als intuitiver Pfadfinder, Bergjäger und Menschenführer war Joe Walker, wie Zenas Leonard, einer seiner jungen Rekruten und Chronisten der Bergjäger, ihn beschrieb, „jemand, der sich für diese Art von Unternehmen durchaus eignete".

Walker schlug mit seiner Gruppe nicht den gefährlichen, weitschweifigen Weg von Jedediah Smith durch die Mojave-Wüste zum Pazifik ein, sondern folgte einem sorgfältig geplanten und viel weniger gefährlichen Pfad in den Westen.

Im Sommer brachen Walkers Männer, gut ausgerüstet und mit Extrarationen versehen, mit Pferden durch das Große Becken auf einem Pfad auf, den Walker auf Grund von Information ansässiger Indianer und der eigenen Intuition gewählt hatte. Die Gruppe, die nördlich des Großen Salzsees blieb und sich der Salzwüste im Westen fernhielt, durchquerte die Nevada Plains und folgte dem Humboldt River, beim Humboldt Sink wehrte sie Digger-Indianer ab. Nachdem Walkers Männer drei Wochen lang durch schwieriges Gelände in den verschneiten Sierras gezogen waren, erblickten sie etwas Unglaubliches, das ein Weißer nie zuvor gesehen hatte: das majestätische Yosemite Valley. Zum Schluß traf die Gruppe in Kalifornien ein; dort gewährten ihr die spanischen Behörden Ruhe, Erholung und einen Paß für den Winter: Man schlug ihr vor, zu bleiben und sich anzusiedeln, aber Walker lehnte dieses großzügige Angebot ab und brach im Frühjahr 1834 zurück in Richtung Osten auf.

Für den Rückweg in den Osten suchte Walkers Expedition einen ungefährlicheren Übergang über die Sierras und fand ihn; auf diesem später sogenannten Walkerpaß zogen die Auswanderer am liebsten nach Kalifornien. Die Gruppe traf im Juli 1834, fast ein Jahr nach ihrem Aufbruch, wieder beim Treffpunkt am Bear River ein. Der Pfad aber, den Joe Walker durch eine der gefährlichsten Gegenden des Kontinents gebahnt hatte – zum Pazifik und wieder zurück, ohne auch nur einen Mann zu verlieren –, hieß danach California Trail. Er wurde von Tausenden benutzt: Erst kamen die Auswanderer, danach die Goldsucher und 35 Jahre später die Arbeiter der transkontinentalen Eisenbahn. Die Expedition, die diesen Weg bahnte, weckte immerhin genug Interesse an Kalifornien, so daß jahrelang Siedler, sogar vor dem Goldrausch, dorthin zogen.

Walkers Laufbahn machte Riesenfortschritte. Bis in die 1840er arbeitete er als Fallensteller und Bahnbrecher (gelegentlich zechte er und trieb sich mit Frauen herum) und begleitete 1845 unter anderem John C. Frémont auf seiner Expedition nach Kalifornien. Walker, noch mehr Expansionist als Frémont, trennte sich von dem „großen Pfadfinder", als dieser 1845 nach Oregon floh; später verurteilte er Frémont als „den moralisch und körperlich vollkommensten Feigling, den ich je gekannt habe". Noch bis in die 1860er hinein war Walker abwechselnd als Pfadfinder in der Wildnis und als Pferdehändler tätig, erkundete 1850 das Gebiet um den Colorado River, begleitete 1859 Kit Carson als Pfadfinder der Armee und geleitete 1862 Goldsucher nach Colorado und 1863 nach Arizona. Als Joe Walkers Augenlicht nachließ, zog er sich 1867 auf die Ranch seines Neffen in Kalifornien zurück, auf der er 1876 friedlich starb, im Jahr der Jahrhundertfeier – der vielleicht großartigste aller Bergjäger und Pfadfinder.

UNTEN Zwar fehlt der Name von Joseph Reddeford Walker unerklärlicherweise oft in den Geschichtsbüchern, aber dieser Bergjäger, hier 1837 in einem Gemälde von Alfred Jacob Miller dargestellt, war ein wahrhaft bemerkenswerter Erforscher des Westens. Der gutaussehende, über 1,80 m große Mann konnte besser als jeder andere einen Pfad oder Wasser finden oder eine Expedition leiten.

KIT CARSON: UNÜBERTREFFLICHER GRENZER UND PFADFINDER

RECHTS Christopher „Kit" Carson errang landesweit Ruhm, nachdem er in den 1840ern John C. Frémonts Vorstoß in den Westen, der große Beachtung fand, als Kundschafter begleitet hatte.

UNTEN Die majestätischen, abweisenden Klippen des Canyon de Chelly im Arizona Territory hinderten Kit Carson nicht, 1864 einen entscheidenden Sieg über die Navajo-Indianer zu erringen.

Zahllose Bände füllen Berichte von den Taten des legendären Abenteurers im Westen, Christopher „Kit" Carson (1809–68). Seinen ersten Ruhm verdankt er den glühenden Berichten des Forschers John C. Frémont über seinen mutigen Einsatz als Kundschafter auf dessen Expeditionen in den 1840ern. Carson begann seine später aufsehenerregende Laufbahn in aller Stille mit 16 auf einer Handelsexpedition nach Neu-Mexiko. 1829 sammelte er als Koch einer Fallenstellerexpedition durch das zerklüftete Gebirge und die Wüsten im Südwesten jene Erfahrungen, die ihm – und seinen Begleitern – in der Wildnis unzählige Male das Leben retten sollten.

In den 1830ern arbeitete er als Fallensteller, und in den 40ern schoß er sich als freier Pfadfinder und Indianerkämpfer den verschiedensten Expeditionen in jeden Winkel des Westens an. Als Carsons Legende mit den Jahren dank wahrer Berichte und der Groschenromane wuchs, entstand auch sein Ruf als großer, schneidiger, strammer Bergjäger – obwohl er in Wirklichkeit leichtgebaut, sanft und beinahe schüchtern war. Carson, ein Analphabet, der aber Spanisch, Französisch und Indianersprachen beherrschte, besaß eine wache Intelligenz, dank der er seine gefährliche Arbeit sehr professionell anging und nichts dem Zufall überließ.

Nach seiner Tätigkeit als Pfadfinder für die Armee im Mexikanischen Krieg und einem Zwischenspiel in den 1850ern als Landwirt und Indianerbeauftragter trat er in den Dienst der Armee, als 1861 der Bürgerkrieg ausbrach. Während die Kämpfe zwischen den Staaten im Osten die Föderationstruppen banden, die früher die Indianer in Schach gehalten hatten, war Carson im Westen tätig. Der erfahrene Pfadfinder erhielt den Befehl über ein Freiwilligenheer, das die Banden von Navajo-, Apachen-, Kiowa- und Komantschen-Indianern unterwerfen sollte, die seit Kriegsbeginn den Südwesten unsicher machten. Carsons Ansehen als Indianerkämpfer nahm stetig zu, als er 1863 zunächst die Navajo in ihren Festen in Neu-Mexiko aushungerte und sie dann im Canyon de Chelly in Arizona und bei den Adobe Walls in Texas im Jahr darauf besiegte – mit nur 400 Soldaten schlug er rund 3000 Indianer in die Flucht. Bei Kriegsende war Carson zum Rang eines Brigadegenerals befördert worden – als einziger Analphabet der US-Armee. Nachdem er sich fast 45 Jahre im Wilden Westen behauptet hatte, ereilte Kit Carson im Alter von 59 ein untypischer Tod: Er starb in Fort Lyon, Neu-Mexiko, an Verletzungen, die er sich bei einem Jagdunfall zugezogen hatte.

TEIL II

WESTWÄRTS, HO!

Nachdem Forscher und Bergjäger in den ersten vier Jahrzehnten des 19. Jahrhunderts Wege durch die Wildnis des Westens gebahnt hatten, begann in den 1840ern ein ständiger Strom von Auswanderern in den Westen zu fließen. So unglaublich es sich anhört, aber innerhalb der nächsten 50 Jahre würde auf den Großteil des „freien Lands" westlich vom Mississippi Anspruch erhoben und die Westgrenze Amerikas offiziell für „geschlossen" erklärt werden. Der „Drang" in den Westen zwischen den 1840ern und dem Bürgerkrieg brachte viele Geschichten und Legenden hervor, die es verdienen, erzählt zu werden.

„SODBUSTERS", TEXANER UND 49ER

UNTEN Auf dieser zeitgenössischen Ansicht von Salt Lake City von 1853 liegt die Mormonengemeinde in der Wüste sechs Jahre nach ihrer Gründung fest im Schatten der Wasatch Mountains. Brigham Young hatte sich Salt Lake City einst als Hauptstadt eines unabhängigen Mormonenstaates namens Deseret vorgestellt; dieser Traum erfüllte sich nicht, aber trotzdem wurde die Stadt die Hauptstadt des Staates Utah, in dem Mormonen die Mehrheit bilden.

Tausende von Siedlern, angespornt von den glühenden Berichten von Forschern wie J. C. Frémont über die Fülle im Westen, trotzten in den 1840ern und 50ern den Gefahren, um in den gewaltigen Prärien westlich vom Mississippi als Farmer, die „sodbusters", die auf der Grassode der Prärie Farmen anlegten, ein neues Leben zu beginnen. Schon davor – bereits seit den 1820ern – hatten sich Amerikaner in Texas niedergelassen. In den 1830ern erhoben sie sich gegen die mexikanische Herrschaft und gründeten eine Republik, die 1845 in die Vereinigten Staaten aufgenommen wurde.

Nach dem Mexikanischen Krieg von 1846 wurden die ehemals mexikanischen Gebiete Neu-Mexiko und Kalifornien – 1849 brach hier der Goldrausch aus – ebenfalls amerikanisches Territorium. Die USA, wie man sie heute kennt, hatten bis 1850 weitestgehend schon ihre jetzige Ausdehnung erreicht, aber die Besiedlung dieses weiten neuen Landes würde ein Abenteuer für das ganze Jahrhundert werden.

Die Odyssee der Mormonen

UNTEN Virginia City, Nevada, war der Inbegriff einer schmutzigen Slumstadt, die sich praktisch über Nacht zu einer blühenden Bergbau-„Stadt" mauserte. Sie schoß aus dem Boden, als 1859 ungewöhnlich reiche Gold- und Silbererzvorkommen in Comstock Lode entdeckt wurden. Die Stadt, hier auf einer Aufnahme von Tim O'Sullivan, ist nach einem der glücklichen Goldsucher benannt, James „Old Virginny" Finney, einem von Henry Comstocks ursprünglichen Partnern, der seinen Anteil an der Comstock-Mine für ein blindes Pferd und eine Flasche Whiskey verkaufte.

Seit ihrer Gründung 1830 im Staat New York befand sich die Kirche Jesu Christi der Heiligen der Letzten Tage – die Mormonenkirche – auf der Suche nach ihrem Gelobten Land, ihrem „Zion". Joseph Smith (1805–44), Prophet und Begründer der Kirche, führte seine Mormonenanhänger nacheinander an mehrere Orte, in denen sie erfolgreich Siedlungen gründeten, nur um dann von feindseligen Nichtmormonen, oder auf englisch „Gentiles", wie die „Heiligen" sie nannten, vertrieben zu werden: aus Kirtland, Ohio (1831–33); aus Independence, Missouri (1833–38), und 1838 aus der Stadt, die sie selbst am Mississippi gebaut hatten, Nauvoo.

In Nauvoo brachte der Reichtum, den die fromme, bienenfleißige blühende Mormonentheokratie – sowie die weitverbreiteten Gerüchte über Joseph Smiths inoffizielle Polygamie – erarbeitete, den Heiligen Anfang der 1840er den wachsenden Groll ihrer Nachbarn ein. Smith, empört über die in einer von Mormonenabtrünnigen innerhalb seiner eigenen Gemeinde veröffentlichte Zeitungskritik, verhängte sein eigenes Kriegsrecht über Nauvoo und zerstörte die Zeitungsdruckerei. Zusammen mit mehreren seiner Gemeindeältesten wurde Smith des Verstoßes gegen die Verfassung angeklagt und im Juni 1844 in Carthage, Illinois, ins Gefängnis gesteckt.

RECHTS Brigham Young, der nach der Ermordung des Gründers Joseph Smith 1844 die Führung der Mormonenkirche übernahm, überwand unglaubliche Hindernisse, als er seine Heiligen der Letzten Tage auf einem mörderischen, zweijährigen Treck zusammenhielt, der 1847 am Ufer des Großen Salzsees zu Ende ging.

UNTEN Die Mormonensiedler von Utah hielten in einer öden Wüstenlandschaft wie dieser hier, in der nichts außer Kakteen zu gedeihen scheint, durch, bewässerten das Land und brachten die Wüste schließlich zum Blühen.

Am 27. wurden Joseph Smith und sein Bruder Hyrum von Milizsoldaten aus Illinois, die als lynchende Horde verkleidet waren, im Carthage-Gefängnis ermordet.

Ein 43jähriger Mormonenältester namens Brigham Young (1801–77) führte die Heiligen nach Smiths Tod aus Illinois fort. Young, ein pragmatischer Mann aus Vermont mit einem Gespür für das Organisatorische, beschloß Mitte 1845, seine Schar, die nunmehr fast 20 000 Seelen zählte, durch die Prärie und über die Rockies in ein Gelobtes Land zu führen, in dem die Heiligen ungestört und frei von Verfolgung leben konnten. Young war sich nicht sicher, wo genau dieses Zion lag, aber er faßte das Tal des Großen Salzsees als Möglichkeit ins Auge, nachdem er J. C. Frémonts Bericht über die Gegend gelesen hatte. Wie dem auch sei, er erklärte, er werde es erkennen, wenn er es sehe.

Anfang Februar 1846 verließen die Mormonen Nauvoo und zogen über den Mississippi nach Iowa. Fast 16 000 Heilige – sie reisten in kleinen Planwagentrecks, die hielten, um zu ernten, was ihre Vorgänger gesät hatten, und um ihrerseits erneut zu säen – brachen zu einem Ort beim heutigen Omaha, Nebraska, auf. Dort ließ Young sie ihr Winterquartier aufschlagen, damit sie den kalten Winter von 1846–47 überstehen konnten, trotzdem erfroren rund 700 Mormonen oder starben an anderen Krankheiten. Zu Beginn des Frühjahrs 1847 zogen die Gläubigen am North Platte entlang durch Nebraska weiter, stets auf der Hut vor Indianerangriffen. In Fort Laramie und Fort Bridger machten sie halt, und Young wurde – vom legendären Bergjäger Jim Bridger persönlich – gewarnt, es sei nicht klug, sich im Bereich des Großen Salzsees niederzulassen. Trotzdem drangen Tausende von Heiligen den ganzen Frühling über weiter vor und überschritten den Südpass – und die kontinentale Wasserscheide – am 27. Juni 1847, auf den Tag genau drei Jahre nach der Ermordung ihres Gründers Joseph Smith. Am 24. August erblickte der schwer von Fieber geschüttelte Brigham Young das Tal des Großen Salzsees zum ersten Mal und erklärte, seine Leute seien angekommen: der „Mormonen-Trail" habe sie an ihr Ziel geführt.

Die Mormonenauswanderer pflanzten in der ausgedörrten Erde praktisch sofort ihre nächste Ernte an, aber es dauerte lange, bis die Pflanzen Wurzeln schlugen. Die Vegetation war spärlich, und viele Heilige fragten sich angesichts der Öde des Ortes, ob sie wirklich ihr Zion gefunden hatten. Schließlich schlugen aber die Pflanzen – genau wie die Siedlung selbst – Wurzeln. Grillen und Grashüpfer zerstörten die erste Ernte beinahe völlig, aber im letzten Augenblick wurden sie von Scharen von Seemöwen aufgefressen.

Nach der ersten Ernte in jenem Sommer 1847 ging Young wieder in den Osten, um die Zuwanderung weiterer Mormonen zu organisieren, später kehrte er in die Siedlung zurück, um sein Zion, Salt Lake City, zu planen und zu bauen. Diese Grenzmetropole sollte die Hauptstadt eines, wie Brigham Young hoffte, unabhängigen Mormonenstaates namens Deseret werden, der im Norden bis Oregon und Washington, im Osten bis nach Kansas, im Süden bis nach Neu-Mexiko reichen und im Westen sogar einen Teil von Südkalifornien umfassen würde. In jenen ersten Jahren litt die Siedlung unter den harten Wintern, aber die fleißigen Mormonen blieben hartnäckig, bewässerten den fruchtbaren, aber trockenen Boden und machten ihn ertragreich. Schließlich blühte ihr Zion. Im Goldrausch von 1849 wurden die Heiligen dank der Horden von Goldsuchern, die bei ihnen haltmachten und mit ihnen Handel trieben, wohlhabend. Aber es sollte keinen Mormonenstaat Deseret geben. Das Gebiet wurde 1850 zu einem US Territorium und trat später als Utah der Union bei, dessen Territorial-Gouverneur Young wurde.

Als in den 1850ern immer mehr Nichtmormonen durch Utah kamen, gewahrte Young, daß seine Heiligen erneut bedroht wurden, darunter auch durch einen Zusammenstoß mit der US-Regierung 1857. Er wurde als Territorial-Gouverneur abgesetzt, und US-Präsident James Buchanan schickte Truppen, die im sogenannten „Mormonenkrieg" nach Salt Lake City marschierten. Young und seine Anhänger evakuierten die Stadt und schickten sich an, sie niederzubrennen, falls die Truppen anhielten, um dort ihr Lager aufzuschlagen; sie taten es nicht, und eine Fortsetzung des „Krieges" war damit vermieden. Obwohl Brigham Young nicht mehr Gouverneur des Territoriums war, das er gegründet und aufgebaut hatte, blieb er in seinem Zion noch 20 Jahre lang bis zu seinem Tod 1877 einflußreich. Salt Lake City ist heute eine moderne Metropole, die mit einem unglaublichen Treck bemerkenswerter Menschen auf dem „Mormonen-Trail" in den Westen begann.

LINKS Auf der langen Suche nach ihrem „Zion" oder „Gelobten Land" drangen die Mormonen – die Kirche Jesu Christi der Heiligen der Letzten Tage – zwischen 1830 und 1847 in einer stetigen Wanderung in den Westen vor; unter der Führung von Brigham Young ließen sich die „Heiligen" dann in dem ungastlichen Gebiet um den Großen Salzsee in Utah nieder. In den Jahrzehnten danach strömten Heilige in ihr Zion in der Wüste, wie diese Aufnahme eines Mormonen-Planwagentrecks bezeugt, der 1879 in den Westen zog.

UNTEN Am 6. April 1892, fast 40 Jahre nach Baubeginn und 15 Jahre nach Brigham Youngs Tod, kam der Schlußstein auf den Mormonentempel aus Granit mit den sechs Türmen, den die Kirche Jesu Christi der Heiligen der Letzten Tage in Salt Lake City in Utah errichtete.

Die Auswanderer

Noch bevor 1848 in Kalifornien Gold entdeckt wurde, waren Hunderte von Pionieren aufgebrochen, um über den ganzen Kontinent an die pazifische Küste zu ziehen und dort ein neues Leben zu beginnen. Die Geschichten zweier solcher Auswanderergruppen nach Kalifornien, eine brach 1841 auf, die zweite fünf Jahre später, illustrierten Triumph und Tragödie des großen Trecks in den Westen.

Kalifornien, hier kommen wir!

Zwar besaß keiner der beiden jungen Anführer irgendwelche Erfahrung, einen Planwagentreck durch die westliche Wildnis zu leiten, trotzdem brach die Gruppe von John Bidwell und John Bartleson im Frühjahr 1841 auf dem Oregon Trail nach Kalifornien auf. Schon bald hatten die 69 Männer, Frauen und Kinder das Glück, sich einer Gruppe von Jesuiten anschließen zu können, die vom legendären Bergjäger und Pfadfinder Tom „Broken Hand" Fitzpatrick angeführt wurde. Sie legten unter Broken Hands Führung über 1600 km zurück, bis sie in Soda Springs im Oregon Country eintrafen, dort beschloß die Hälfte der Gruppe, nach Oregon zu gehen. Aber die übrigen 34 zogen ohne Fitzpatrick nach Kalifornien weiter, trotz des Rats von Fallenstellern, nicht zu versuchen, mit Planwagen über die Sierras zu gehen.

Die Gruppe brach auf. Als das Gelände unzugänglicher wurde, sah sie sich gezwungen, einen Wagen nach dem anderen aufzugeben. Sie stolperte durch die Wüste um den Großen Salzsee und stieß auf Mary's River, den J. C. Frémont später in Humboldt River umbenennen sollte. Die Bidwell-Bartleson-Gruppe folgte dem Fluß bis zum Endsee, dann ging es bis zum Vorgebirge der Sierra Nevada am später als Walker River bekannten Fluß entlang – und dabei benutzte die Gruppe ungefähr den gleichen Pfad, den Joe Walker rund ein Jahrzehnt davor gefunden hatte. Die Auswanderer kämpften sich über die Sierras; ihre Ochsen mußten sie, wollten sie nicht verhungern, töten und essen. Ende Oktober, etwa sechs Monate, nachdem sie aufgebrochen waren, trafen sie im San-Joaquin-Tal ein. Dort begaben sie sich auf die Ranch von Bidwells Freund John Marsh, jenes kalifornischen Siedlers, dessen glühende Beschreibungen des Landes Bidwell überhaupt erst zu seiner Reise angeregt hatten. Sie waren angekommen – und ihre erfolgreiche Wanderung inspirierte viele Hunderte, auf dem gleichen Weg nach Kalifornien zu ziehen. Aber nicht alle, die es Bartleson und Bidwell später nachmachten, hatten soviel Glück wie sie.

RECHTS Diese Einschnitte von Wagenrädern, die stumm Zeugnis für die Hunderte von zähen Auswanderern in den Westen ablegen, sind noch immer auf einem Teil des Oregon Trail in Wyoming zu sehen, 150 Jahre nachdem die Bidwell-Bartleson-Gruppe auf diesem Pfad als erste erfolgreich mit dem Planwagen nach Kalifornien gezogen war.

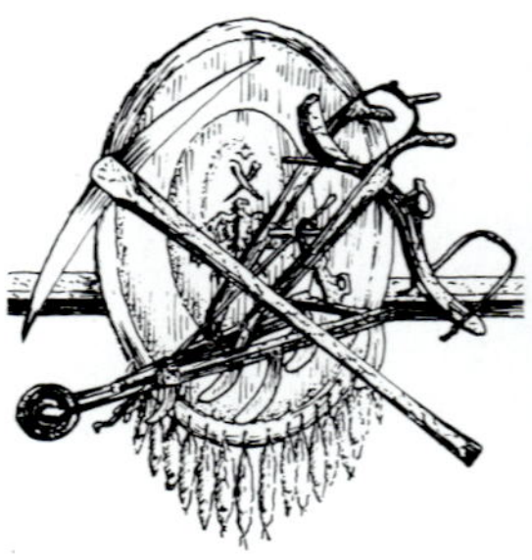

Eine Tragödie: Die Donner-Gruppe

1844–45, fast vier Jahre, nachdem die Bidwell-Bartleson-Gruppe nach Kalifornien gestolpert war, führte ein Schmied namens Elisha Stephens erfolgreich den ersten Planwagentreck über die Sierras. Seine Gruppe wurde von Bergjäger Caleb Greenwood geleitet, der danach mehrere andere Wagentrecks auf den von der Stephens-Gruppe hinterlassenen Spuren nach Kalifornien brachte. Solche Erfolge machten viele potentielle Auswanderer weniger mißtrauisch gegenüber den Gefahren, die beladenen Planwagen beim Überqueren des Gebirges drohten; ein solches Unglück traf die Donner-Gruppe.

Die Familien der wohlhabenden Farmer George und Jacob Donner, des Möbelfabrikanten James Reed und anderer formierten sich in Independence, Missouri, zu einer großen Gruppe, die im Mai 1846 in den Westen nach Kalifornien aufbrach. Ihre Planwagen waren groß und mit allerlei Luxus beladen – der von Reed hatte sogar eine mit alkoholischen Getränken ausgerüstete Bar –, und sie reisten mühelos bis Wyoming. Die Donner-Gruppe glich bei ihrem Zug durch die Prärie durchaus typischen „Sodbusters". In ihrem Tagebuch beschreibt George Donners Tochter Eliza, wie die Pionierfrauen Wattierungen anfertigten, während die Planwagen dahinrollten, und ihre Kinder auf der Fahrt vom „wilden, freien Geist der Prärie" erfüllt waren.

Aber schon bald erwarteten diese Auswanderer Schwierigkeiten. Bei der Ankunft in Fort Bridger teilte sich die riesige Gruppe auf, und die Donners beschlossen, mit ihrem 87 Mann starken Trupp durch das Hastings Cutoff, eine „Abkürzung", die südlich

OBEN Seitdem Bergjäger Jim Bridger aus Versehen auf das Salzwasser des Großen Salzsees trieb, spielten dieser See und seine Umgebung in Utah eine Rolle bei der „Zähmung" des Westens. In den 1820ern starb Jed Smith fast, als er versuchte, die Wüste südlich davon zu durchqueren; 1846 starb ein Großteil der Donner-Auswanderergruppe (in den Sierras), nachdem sie eine „Abkürzung" um den See genommen hatte; im Jahr darauf fanden Brigham Youngs Mormonen ihr Gelobtes Land an seinem Ufer, und 1869 wurde die transkontinentale Eisenbahn am Promontory Point vollendet, von dem aus diese Aufnahme gemacht wurde.

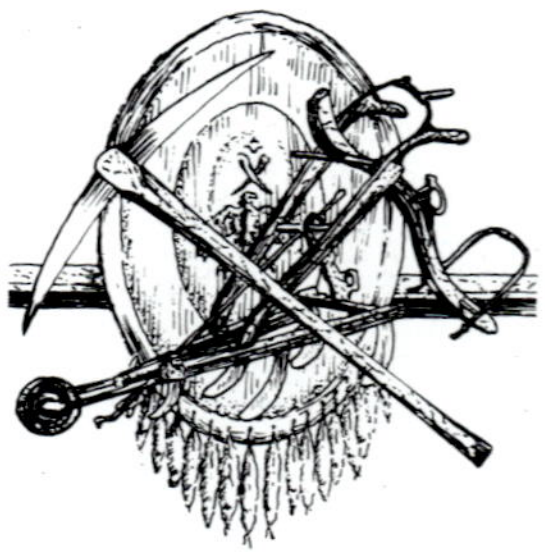

des Großen Salzsees verlief, statt im Norden nach Fort Hall zu ziehen und den schon vorhandenen California Trail zu nehmen. Dieser Weg erwies sich als so mühselig, daß die Gruppe sehr viel langsamer vorankam, so daß sie erst im Oktober, als sich schon der Winter näherte, die Sierras erreicht hatte.

Östlich vom Truckeepaß in den Sierras mußte sich die Donner-Gruppe für den Winter eingraben, und schreckliche Schneestürme schlossen sie ein. Schließlich gingen ihr die Vorräte aus, und obwohl es Reed und anderen gelang, zurück in die Zivilisation zu gelangen und mit Rettern zurückzukehren, war es zu spät. Viele Auswanderer waren schon verhungert; die Überlebenden ernährten sich vom Fleisch ihrer gestorbenen Gefährten. Ein Überlebender, ein deutscher Einwanderer namens Lewis Keseberg, aß auch dann noch Menschenfleisch, als Rindfleisch aus dem Schnee gegraben wurde. Jahre später wies Keseberg Anschuldigungen, er habe George Donners Frau Tamsen getötet, mit der Erwiderung zurück: „Überall lagen genug Leichname herum."

Die Katastrophe der Donner-Gruppe bewies auf tragische Weise, daß der Treck durch die westliche Wildnis noch immer gefährlich war. Nur 47 der 81 Auswanderer, die sich für den Winter beim Truckeepaß, später zum Gedenken an die Opfer in Donnerpaß umbenannt, eingegraben hatten, überlebten und erreichten Kalifornien. Sobald sich die Überlebenden von ihrer Tortur erholt hatten, ermutigten übrigens viele von ihnen Freunde und Verwandte zu Hause, in den Westen zu ziehen – allerdings sollten sie den Rat von John Reeds Tochter Virginia an eine Cousine im Osten befolgen: „Nehmt nie eine Abkürzung, und beeilt euch, so sehr ihr könnt!"

UNTEN Auswandererfamilien in Planwagen ziehen durch die Prärie und erreichen die Rocky Mountains. Der Bericht vom tragischen Scheitern der Donner-Gruppe in diesem Gebiet steht im scharfen Widerspruch zu dieser idealisierten Darstellung des Trecks nach Westen, die 1866 von Currier und Ives veröffentlicht wurde.

MACHER UND FÖRDERER DER WANDERUNG IN DEN WESTEN

Als die „Prärieschoner" Mitte des 19. Jh. durch die nordamerikanischen Prärien rollten und „Sodbusters" auf ihre neue Ranch im weiten Westen brachten, spielte eine Reihe von Männern, von Händlern bis Missionaren, von Politikern zu Pflugherstellern, eine wichtige Rolle bei der „großen Wanderung". Es folgt ein kurzer Blick auf einige von ihnen.

Thomas Hart Benton (1782–1858)

Als Vertreter des Staates Missouri im US-Senat diente Benton drei Jahrzehnte lang der Sache, die als Amerikas „Manifest Destiny" bezeichnet wurde. Zwar hat Benton den Begriff nicht geprägt, aber zweifellos setzte er sich für das ein, was dahinterstand: das Recht der Vereinigten Staaten auf eine Expansion ihres Gebietes nach Westen. Zu diesem Zweck befürwortete Benton anfangs als Journalist in St. Louis und später (1820–50) als Senator verschiedene politische Maßnahmen, die diese Expansion fördern sollten (obwohl er die Rockies anfänglich als natürliche US-Grenze betrachtet hatte): einen Weg über Land an die Küste von Kalifornien und Oregon; die frühe US-Annexion von Texas; Chancen für arme Farmer im Osten, im Westen aufzublühen, und die Erkundung der unerforschten westlichen Wildnis (durch seinen Schwiegersohn John C. Frémont). Aber er war gegen den Mexikanischen Krieg und die Ausdehnung der Sklaverei auf die neuen Gebiete, und das kostete ihn 1850 seinen Sitz im Senat.

John Deere (1804–86)

Der Mann, der „den Pflug" erfand, „der die Prärie wendete", war ein Landarbeiter aus Vermont, der sich in den 1830ern in Grand Detour, Illinois, als Schmied selbständig machte. Weil der damals übliche gußeiserne Pflug auf der zähen, klebrigen Grassode der Prärie nichts ausrichten konnte, erfanden Deere und sein Partner Leonard Andrus 1838 einen Pflug mit einer selbstschleifenden Stahlpflugschar. Der „Grand Detour Plow" erhielt den Spitznamen „singender Pflug", weil er so mühelos pflügte. Deere bewies damit nicht nur, daß man die Prärie landwirtschaftlich nutzen konnte, sondern ermöglichte die Erschließung der riesigen Ebenen. 1846 gründete Deere in Moline, Illinois, eine Fabrik für Landwirtschaftsmaschinen, und das erfolgreiche Unternehmen, das daraus hervorging, trägt bis heute seinen Namen.

LINKS AUSSEN Bevor Thomas Hart Benton aus Missouri 1850 seinen Sitz im Senat verlor, galt er in der US-Regierung als einer der nachdrücklichsten Befürworter einer Expansion.

LINKS Landwirtschaftsmaschinen überall in den Vereinigten Staaten tragen den Namen von John Deere, einem Schmied aus Illinois, dessen revolutionärer Stahlpflug „die Prärien" des Westens „wendete".

OBEN Aaron Montgomery Ward, Urheber des Versandhauskatalogs und Zulieferer der „Sodbusters".

Aaron Montgomery Ward (?–1913)

Ward, der noch ein Kind war, als die ersten großen Trecks in den Westen zogen, übte auf das Leben der nächsten „Sodbuster"-Generation entscheidenden Einfluß aus. 1871 war er Angestellter in einem Kurzwarenladen in Chicago, aber bald machte er sich selbständig, indem er Farmern und anderen Bewohnern ländlicher Gegenden Waren „per Versand" zu Skontopreisen anbot. Obwohl er noch im gleichen Jahr sein erstes Inventar im „großen Feuer" von Chicago verlor, erneuerte er sein Geschäft als Montgomery Ward & Co. und gab 1872 seinen ersten Katalog heraus. Da Wards Unternehmen für viele Farmerfamilien überall in der Prärie die einzige Bezugsquelle für Waren war, wuchs es auch dann noch, als der amerikanische Westen 1890 „geschlossen" wurde.

Dr. John McLoughlin

Dieser ehrfurchtgebietende, grauhaarige Pelzhändler, aus Quebec gebürtig, wurde 1824 zum Hauptkommissionär der englischen Hudson Bay Company für die Columbia-Wasserscheide ernannt. In dieser Position hatte McLoughlin zwischen 1824 und 1846 von seinem Hauptsitz in Fort Vancouver aus einen Großteil von Oregon Country fest in der Hand. Obwohl McLoughlin kompetent die Interessen seines Unternehmens vertrat, half er Auswanderern ins Oregon Country, einschließlich Amerikanern – selbst wenn ihre Absichten verdächtig waren. 1834 half er Hall Jackson Kelley, einem Vertreter der Expansion aus Boston, sich von der Malaria zu erholen, und lieh ihm Geld, damit er in den Osten zurückkehren konnte, und er unterstützte einige Missionare.

Dr. Marcus Whitman (1800–47)

Whitman, ein frommer Kongregationalist und Arzt aus dem Norden des Staates New York, führte eine Gruppe von Männern und Frauen an – die ersten weißen Frauen, die über den Kontinent zogen, einschließlich seiner Frau Narcissa, die er unterwegs heiratete –, um 1836 in Oregon eine Mission zu gründen. Auf dem mühsamen Treck versuchte Whitman erfolglos zu beweisen, daß der Oregon Trail mit Planwagen zu bewältigen war. Die Auswanderer dagegen schafften es und gründeten tief in der Wildnis von Oregon (nahe dem heutigen Walla Walla, WA) mit Hilfe von John McLoughlin von der Hudson Bay Company eine Mission.

Die Siedlung wuchs im nächsten Jahrzehnt, und Whitman trat hörbar für die Auswanderung nach Oregon Country ein. Nach einer Fahrt zurück in den Osten begleitete er 1843 den ersten Planwagentreck an den Pazifik. Allerdings brachten die Siedler Krankheiten wie die Masern mit, an denen in den späten 1840ern Hunderte ansässiger Cayuse-Indianer starben. Weil die Cayuse Whitman verdächtigten, nur seine eigenen Leute zu retten, griffen mehrere aufgebrachte Indianer am 29. November 1847 die Mission an, töteten den Arzt, seine Frau und 11 weitere Personen. Der Überfall war Anlaß für einen Hilferuf an die US-Regierung.

UNTEN 1843 führte der Missionar Dr. Marcus Whitman den ersten Auswanderertreck zu seiner Mission in Oregon an; dort wurde er 1847 ermordet.

Die Texaner

Der „Vater" des Lone Star State: Stephen F. Austin

Zwischen 1800 und 1820 unternahmen amerikanische Abenteurer, die sich in einem neuen Gebiet niederlassen wollten, nicht weniger als drei Expeditionen nach dem von Spanien beherrschten Texas; jede war ein Mißerfolg. Aber 1820 bat ein Händler und Minenbesitzer namens Moses Austin (?–1821) die spanischen Behörden um Genehmigung, mit rund 300 amerikanischen (und römisch-katholischen) Familien eine Kolonie gründen zu dürfen. Die Spanier erteilten ihm die Erlaubnis, und Austin kehrte 1821 nach Missouri zurück, um für sein Unternehmen Auswanderer zu suchen. Leider erkrankte er an Lungenentzündung und starb, bevor er den Aufbruch nach Texas bewerkstelligen konnte.

Als letzten Wunsch hoffte Moses Austin, daß sein ältester Sohn seinen Traum verwirklichen würde. Stephen F. Austin (1793–1836), ein gebildeter, findiger junger Mann, wuchs im damaligen spanischen Missouri unter französischen und spanischen Siedlern auf und hatte die Schule in Connecticut sowie die Universität in Kentucky besucht. Er hatte schon als Verwalter im Bergwerk seines Vaters und im Bankwesen gearbeitet und war sogar als Gesetzgeber und Richter an einem Bezirksgericht tätig gewesen. Jetzt, mit 28, verzichtete Stephen auf ein weiteres Jurastudium und ging nach Texas, um die Kolonie mit den „alten 300" Familien zu gründen, wie von seinem Vater geplant.

Austins erste „Texianer" gründeten im fruchtbaren Tal zwischen Colorado und Brazos River eine Siedlung, das Land eignete sich gleichermaßen gut zum Anbau von Baumwolle, Mais oder Getreide und auch zur Viehzucht. Die Kolonie, die wiederholt indianische Übergriffe abwehrte, sah sich 1822 ihrer ersten richtigen Herausforderung gegenüber, als die neue mexikanische Regierung, die im Jahr davor un-

UNTEN Stephen Fuller Austin, Rechtsanwalt und Gesetzgeber, sorgte dafür, daß sich die kleine amerikanische Kolonie in Texas zwischen 1821 und 1836 zu einem unabhängigen Staat auswuchs.

LINKS In dieser idealisierten Szene greift Stephen F. Austin, der Gründer von Texas, als Antwort auf Berichte von einem Überfall durch feindliche Indianer nach seinem Gewehr.

abhängig von Spanien geworden war, zögerte, die Landschenkung an die Texaner zu bestätigen. Austin ging nach Mexico City und mußte dort über ein Jahr warten, bis die politischen Unruhen, die die mexikanische Unabhängigkeit begleiteten, aufhörten. Erst 1823 wurde die Schenkung bestätigt. Später im gleichen Jahr planten und bauten die Texaner ihre Hauptstadt San Felipe de Austin nur aus Blockhäusern am Brazos-Ufer.

Texas wuchs und blühte unter Austins Führung, und die zufriedene mexikanische Regierung förderte aktiv die Einwanderung aus den Staaten nach Texas. 1827 war die amerikanische Bevölkerung, die mit den „alten 300" angefangen hatte, auf 10 000, 1830 auf 20 000 Menschen angeschwollen. Obwohl Austin sich um die Treue von Texas zur mexikanischen Regierung bemühte, empfand die stetig wachsende amerikanische Bevölkerung die mexikanische Herrschaft als störend – und auch die Mexikaner selbst befürchteten eine amerikanische Machtübernahme. Das Angebot von US-Präsident Andrew Jackson, Texas für $ 5 Million zu erwerben, lehnte die mexikanische Regierung ab, statt dessen sandte sie Truppen in das Gebiet, um die Siedler in Schach zu halten.

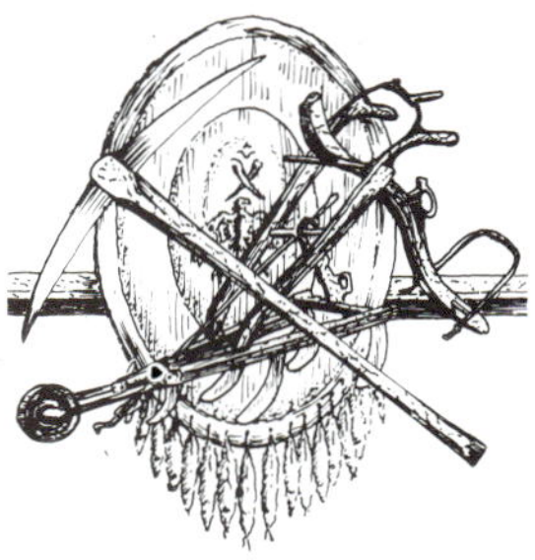

RECHTS General D. Antonio Lopez de Santa Ana aus Mexiko, der selbsternannte „Napoleon des Westens", herrschte bei seinem rücksichtslosen Sieg in Alamo 1835 als Diktator über die Republik Mexiko.

Die Texanische Revolution

Zwischen 1830 und 1835 schwoll die englisch-amerikanische Bevölkerung von Texas auf 30 000 Menschen an, und im Gebiet brodelte es. Mexikos Texas-Politik schien 1832 nachgiebiger, als General Antonio Lopez de Santa Ana (1794–1876) das Regierungsamt antrat, aber als er sich im Anschluß daran zum Diktator machte, kam es zur direkten Konfrontation mit den Texanern. Austin, der im November 1833 in Mexico City mit Santa Ana gesprochen hatte, wurde bei seiner Rückkehr nach Texas verhaftet. Als er 1835 endlich auf freien Fuß gesetzt wurde, waren die Beziehungen zum Zerreißen gespannt. Am 2. Oktober 1835 begann die Texanische Revolution.

Houston zeigt den Weg

Unter den Tausenden von Siedlern, die zwischen 1830 und 1835 nach Texas kamen, befand sich ein Mann mitten in einer herausragenden Laufbahn: Sam Houston (1793–1863), bereits ehemaliger Gouverneur eines Staates. Houston, Sohn eines Soldaten und sein Leben lang ein Abenteurer, hatte seine hervorragende Militärlaufbahn in der Infanterie unter

RECHTS Sam Houston, der geborene Soldat und ein fähiger Staatsmann, stand an der Spitze des Kampfes um die Unabhängigkeit von Texas 1835–36 und leitete die Geschicke der neuen Republik in den neun Jahren ihres Bestehens als souveräner Staat fast durchgehend als Präsident. 1845 fielen Präsident Tyler und der US-Kongreß auf einen von Houston schlau geplanten Trick herein, wonach England an der Republik sehr interessiert sei, und sie beeilten sich, den „Lone Star State" zu gründen.

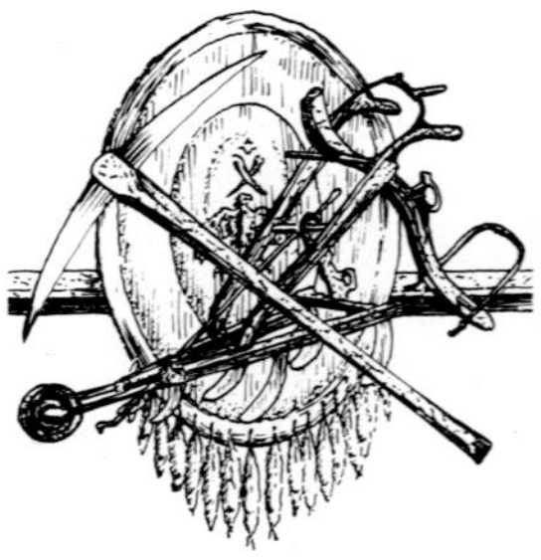

Andrew Jackson gegen die Creeks in der Schlacht am Horseshoe Bend 1814 begonnen und jahrelang unter den Tscherokesen in Tennessee gelebt. Nach Horseshoe Bend arbeitete er kurz im Indian Bureau (aber er kündigte nach einer Rüge wegen seines indianischen Wildlederanzugs, den er in Washington getragen hatte), studierte Jura in Nashville und nutzte die Schirmherrschaft seines alten Befehlshabers Andrew Jackson, um in der Politik Fuß zu fassen. 1823 wurde er in den Kongreß gewählt und 1827 Gouverneur von Tennessee – mußte dann aber wegen eines Skandals zurücktreten, als seine junge Frau ihn verließ, vermutlich weil er trank und ihr untreu war.

Houston kehrte zu den Tscherokesen zurück und wurde Sprecher der Tscherokesen-Nation und anderer Stämme, und in dieser Funktion ging er 1832 nach Texas. Als die Auseinandersetzung mit Mexiko begann, war es logisch, daß die Wahl für die militärische Organisation der Texaner auf Houston fiel, und er wurde im November 1835 von Austin und anderen Mitgliedern eines Regierungsausschusses zum Oberbefehlshaber ernannt. Zwar befehligte Houston im Kampf um die Unabhängigkeit stets geringe Streitkräfte, aber er war beweglich und nutzte angesichts von Santa Anas großer Übermacht jede Gelegenheit.

Am 2. März 1836 traten Austin, Houston und 57 andere führende Männer zusammen, um die Unabhängigkeitserklärung von Texas zu unterschreiben. Knapp vier Tage später ging die 13tägige Belagerung der Alama-Mission bei San Antonio zu Ende, als alle 182 Verteidiger bei Santa Anas Sturmangriff mit rund 6 000 Mexikanern umkamen. Houston zog sich mit seinen Truppen in den Osten zurück, und die texanische Regierung floh nach Galveston Island. Am 20. jenes Monats wurden 350 texanische Soldaten bei Goliad gefangengenommen. Eine Woche später befahl Santa Ana, alle Gefangenen zu erschießen. Diese Rückschläge und Houstons ständiges Zurückweichen – sowie Gerüchte über seine Trunksucht – ließen eine Niederlage der Texaner sicher erscheinen.

UNTEN Blick auf die zerstörte Alamo-Mission in San Antonio, Texas, 1845, fast ein Jahrzehnt nach dem tödlichen Angriff, bei dem 182 Verteidiger umkamen und der die texanische Armee zu ihrem Sieg am San Jacinto einen Monat später ansporrnte – und Texas schließlich auch die Unabhängigkeit brachte.

OBEN Dieser unbekannte texanische Ranger, beritten und bereit zum Einsatz, war typisch für den Mann des Gesetzes, der zwischen den 1860ern und 1900 zahllose Viehdiebe und Pistolenhelden im ganzen Westen zur Strecke brachte.

RECHTS Mirabeau Buonaparte Lamar, Sam Houstons politischer Rivale und Nachfolger als Präsident der Republik Texas, trat für die Beibehaltung der Unabhängigkeit von Texas ein und widersetzte sich einer US-Annexion. Bei dem Versuch, den Handel zu fördern und das Gebiet von Texas sowie seine Vorkommen zu stärken, unternahm Lamar 1841 einen unklugen Einfall nach Neu-Mexiko. Er mißlang, gefährdete die junge Republik und beendete Lamars Laufbahn.

Aber „Old Sam" wartete auf den rechten Augenblick und verlegte seine Streitkräfte hinter Santa Anas übertrieben selbstsichere Truppen, die ihr Lager im April beim San Jacinto River aufgeschlagen hatten. Am 21. April 1836 fand ein erwarteter texanischer Angriff im Morgengrauen nicht statt, und Santa Ana verordnete seinen Truppen Ruhe. Erst dann schlug Houston zu, dabei schrien seine Freiwilligen: „Denkt an Alamo!" Um den Preis von nur 9 Toten und 34 Verwundeten vernichteten Houstons Texaner Santa Anas fast 1400 Mann starkes Heer, d.h. sie töteten 630 und nahmen über 700 Mann gefangen. Der Krieg um Texas' Unabhängigkeit wurde innerhalb von 18 Minuten beim San Jacinto gewonnen.

Nur wenige Monate nach dem Sieg am San Jacinto, der Texas zu einer Republik machte, starb der Gründer dieser Republik. Nach dem Kampf der letzten 15 Jahre hatte es Stephen F. Austin schließlich ereilt: Er starb am 27. Dezember 1836 im Alter von 43 Jahren. Unterdessen wurde Sam Houston als erster Präsident der Republik von Texas im Oktober vereidigt. Dieses Amt bekleidete er bis 1838 und noch einmal von 1841 bis 1844.

In dieser Zeit erstanden Houston zwei wichtige politische Widersacher: Mirabeau B. Lamar, ein Dichter und Musiker, der für ein unabhängiges Texas eintrat, und David G. Burnet, der im Krieg provisorischer Präsident war. Lamar löste Houston zwischen

1838 und 1841 als Präsident ab und verlegte die Hauptstadt nach Austin, aber seine Laufbahn endete 1841, als die Mexikaner eine schlecht vorbereitete texanische Invasionsstreitmacht in Neu-Mexiko gefangennahmen. Houston, der dann im selben Jahr wieder Präsident wurde, blieb bis 1844 im Amt. Er setzte sich für den Beitritt zu den USA ein, und 1845 wurde Texas als Sklavenstaat aufgenommen. Als die „Lone Star Republic" der Union beitrat, war „Old Sam" noch 13 Jahre (1846–59) US-Senator, danach bis 1861 Gouverneur. Da Houston Sklaverei und Sezession ablehnte, verweigerte er seinen Eid auf die Konföderation, als das texanische Parlament für die Sezession stimmte, und mußte sein Amt niederlegen. Daraufhin zog sich der legendäre Mann zu seiner Frau und den acht Kindern auf seine Farm in Alabama zurück. Dort starb er am 26. Juli 1863 an Lungenentzündung – dabei soll er den Namen jener gerufen haben, die ihm im Leben am meisten bedeutet hatten: Margaret, seine Frau, und Texas.

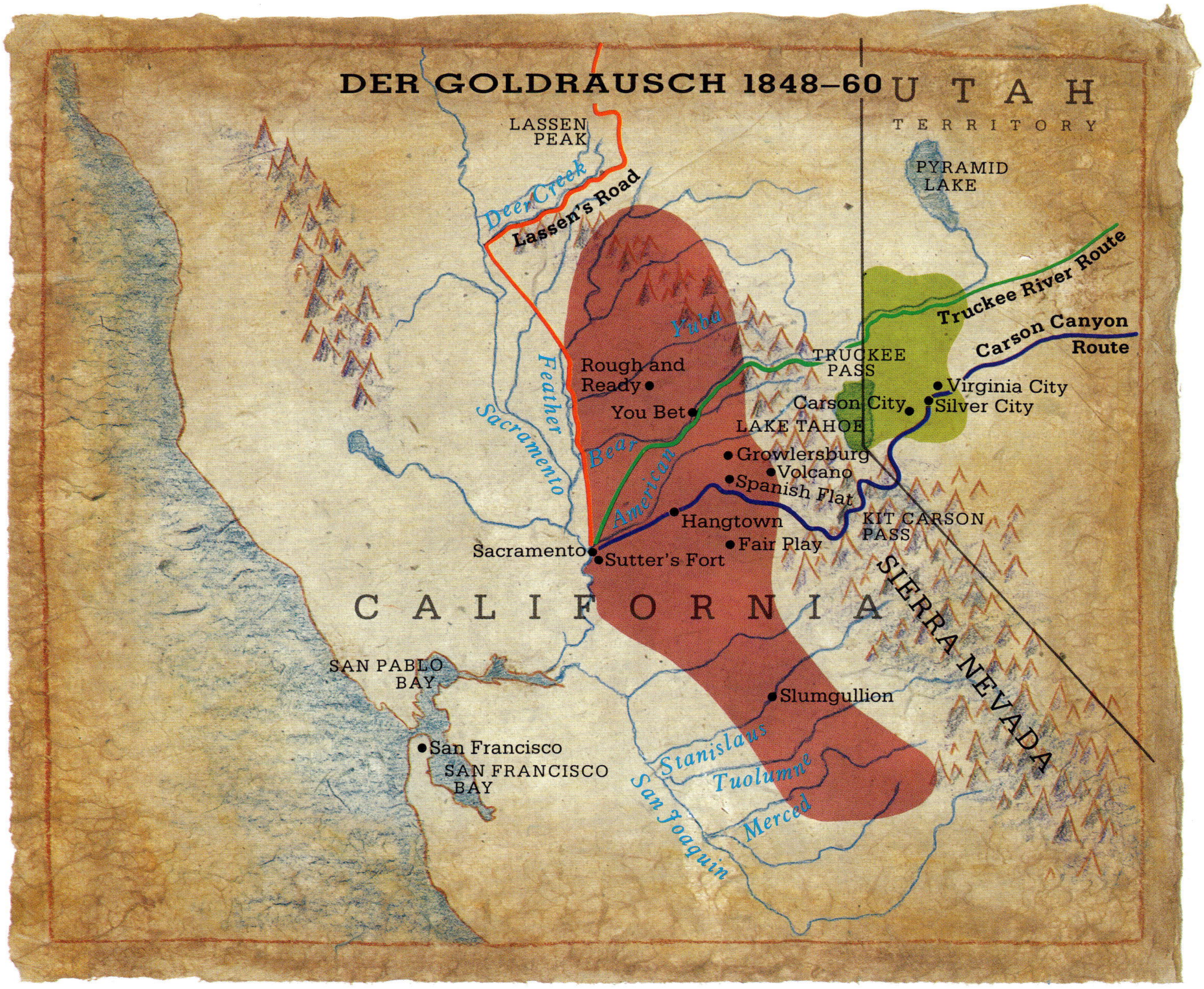

KARTENSCHLÜSSEL

- Siedlung
- Goldabbaugebiet 1849
- Abbaugebiet von Comstock Lode 1859
- Carson Canyon Route
- Lassen's Road
- Truckee River Route

DENKT AN ALAMO!

Die tapfere, aber tragische Verteidigung der Alamo-Mission am 6. März 1836 ist eine der am häufigsten erzählten Sagas der amerikanischen Geschichte – allerdings hat die historische Forschung einige Tatsachen über Alamo offenbart, die meistens nicht erwähnt werden. Zum Beispiel war Sam Houston, der Oberbefehlshaber der texanischen Streitkräfte, von vorneherein davon überzeugt, daß die baufällige Mission keiner Belagerung standhalten konnte, und befahl Grenzer Jim Bowie (1769–1836), sie im Januar zu zerstören. Aber dieser führte den Befehl nicht aus, und der provisorische Gouverneur Henry Smith widerrief prompt Houstons Befehl und schickte William B. Travis (?–1836), Rechtsanwalt und Oberst, sie zu verteidigen. Die Streitkräfte, die sich am 23. Februar, als die Belagerung begann, in der Mission befanden, werden auf etwa 182 bis 188 Männer geschätzt. Davon waren weniger als 20 echte Texaner; der Rest, darunter Bowie und eine andere Grenzlegende, Davy Crocket (1786–1836), waren Freiwillige. Fast alle rechneten mit Verstärkung in kürzester Zeit.

Dreizehn Tage später griff Santa Ana im Morgengrauen an. Unter den Klängen des *Deguello*, einem Kampflied, in dem es hieß, es werde keine Schonung gewährt, noch würden Gefangene gemacht, stürmten rund 1800 mexikanische Soldaten die Mission. Sie wurden von Gewehren und Kanonen der Verteidiger zurückgeworfen; sie stürmten noch einmal vor und wurden ein zweites Mal abgewehrt. Schließlich griff Santa Ana in einer dritten Welle an, seine Soldaten durchbrachen die äußere Verteidigung und zwangen die Texaner im Nahkampf, sich in die Mission zurückzuziehen.

RECHTS Jim Bowie, der berühmte Grenzer aus Georgia, dem die Erfindung des langen, einschneidigen Bowie-Messers, auch „Arkansas-Zahnstocher" genannt, zugeschrieben wird, nahm an der Schlacht von Alamo teil, obwohl er damals schwer krank war.

Als die Kämpfe endeten, hatte keiner der Verteidiger überlebt. Der Mythos, die Garnison habe „bis zum letzten Mann" gekämpft, ist aber nicht ganz korrekt, denn Hinweise lassen darauf schließen, daß Davy Crockett und mehrere andere gefangengenommen, möglicherweise gefoltert und dann erst hingerichtet wurden. Nie wurde angezweifelt, daß sie tapfer starben. William Travis, der der Legende zufolge alle, die bei ihm bleiben und mit ihm sterben wollten, aufforderte, über eine in den Staub gezogene Linie zu treten, fiel nahe einer Kanone an der Nordmauer. Und Jim Bowie, bereits von einer Erkrankung gezeichnet, an der erst kurz zuvor Frau und Kinder gestorben waren, kämpfte von seinem Krankenbett beim Haupttor aus. Wie viele andere der Verteidiger war Bowie mit dem gefährlichen Jagdmesser bewaffnet, das seinen Namen trägt.

Die legendäre Verteidigung von Alamo war ein Signal für die belagerten Texaner, wieder Mut zu schöpfen. Zwar bezeichnete Santa Ana, der von rund 3000 Soldaten mindestens 600 Männer durch weniger als 200 Verteidiger verloren hatte, die Schlacht als „eine kleine Sache", aber der Mut der Verteidiger gab den überlebenden texanischen Soldaten etwas, an das sie sich erinnern konnten – und genau das taten sie sechs Wochen später am San Jacinto.

LINKS Davy Crockett, Milizsoldat und Kongreßabgeordneter aus Tennessee, kämpfte mit seinen Freiwilligen aus Tennessee und starb 1836 mutig neben Jim Bowie und William Travis in Alamo in Texas.

OBEN Am 6. März 1836, dem 13. und letzten Tag der Belagerung von Alamo, stürmten die mexikanischen Truppen von General Santa Ana im Morgengrauen unter Schlachtenlärm und Trompetenstößen die belagerte Mission. Wenige Stunden später war es ruhig; alle texanischen Verteidiger waren tot. Aber ein neuer Schlachtruf war in die Annalen der amerikanischen Geschichte eingegangen: „Denkt an Alamo!"

LINKS Gemäß der Legende forderte Oberst Travis jeden Mann unter seinem Befehl auf, eine von ihm in den Staub gezogene Linie zu überschreiten, wenn er mit ihm Alamo bis zuletzt verteidigen wollte. Nur zwei Männer, Lewis Rose, dem die Flucht gelang, so daß er von den Ereignissen berichten konnte, und Jim Bowie, der krank im Bett lag, traten nicht über die Linie, bis Bowie vier Soldaten überredete, ihn hinüberzutragen.

Die 1849er

Die Entdeckung

Es wurde im Ablaufstollen eines im Bau befindlichen Sägewerks am American River in Mittelkalifornien am Morgen des 24. Januar 1848 gefunden. Der Besitz gehörte dem Geschäftsmann John Augustus Sutter (1803–80), einem gebürtigen Schweizer, der mit einem Zuschuß der mexikanischen Behörden von Kalifornien seit seiner Ankunft an der Pazifikküste 1839 ein rund 20 000 ha großes Gut aufgebaut hatte. Der Mann, der es entdeckte, James W. Marshall, war Sutters Zimmermann, verantwortlich für den Bau des Sägewerks rund 64 km von Sutters Fort, dem Hauptsitz des Unternehmens. Das hatte jahrelang vielen Auswanderern, die über Land nach Kalifornien kamen, als Anlaufstelle gedient. Die Entdeckung sollte das Leben Tausender verändern, die es entweder finden oder in ganz Kalifornien und anderen Gebieten des Westens vergeblich danach suchen würden. Was war es? Gold.

Der Rausch

Als Marshall seine Entdeckung bestätigte und seinem Arbeitgeber mitteilte, daß auf seinem Besitz wirklich Gold gefunden worden sei, bemühte sich Sutter nach Kräften, die Nachricht geheimzuhalten. Zwar war Sutter im Grunde genommen großzügig, aber er ahnte, daß die Tausende von Goldsuchern, die über seinen Besitz herfallen würden, sobald ein Wort von der Entdeckung laut wurde, seinen Besitz, darunter Farmen, Ranches und Handelsposten, gefährden könnten.

John Sutter hatte natürlich mehr als Recht. Zwar dauerte es mehrere Monate, aber schließlich verbreitete sich die Nachricht von Marshalls Entdeckung – und daraufhin schien es, als werde Sutters Gut von Goldsuchern aus dem ganzen Land heimgesucht. Sie waren Teil der vielleicht größten kurzfristigen Wanderung, die Amerika oder jede andere Nation je erlebt haben: des kalifornischen Goldrausches.

UNTEN Die 49er in Kalifornien suchten das kostbare Gold ähnlich wie die Goldwäscher in Montana auf diesen beiden Bildern, die der bekannte Fotograf W. H. Jackson 1871 machte: Sie „wuschen" das Gold in einem Bach mit einer „rocker" genannten Vorrichtung.

OBEN Was in Kalifornien mit den 49ern begann, den ersten Goldwäschern und -suchern, die 1849 in den Westen eilten, ging in den zwei Jahrzehnten danach im Osten weiter, als in den Gebieten von Colorado, Nevada und Arizona Gold und Silber gefunden wurden. Wie anstrengend die Arbeit war, kann man am Gesicht dieser Bergleute in San Miguel County, Colorado ablesen.

Im Hafen von San Francisco, rund 160 km westlich von Sutters Sägewerk, hörte man als erste „Stadt" (damals hatte sie etwa 800 Einwohner) von dem Goldfund. Anfangs war alles skeptisch, aber ein Mann, ein Mormonenhändler und Verleger namens Sam Brannan, nahm die Nachricht ernst und erwog die Möglichkeiten, die die Entdeckung von Gold ihm als Geschäftsmann bot. Brannan überprüfte die Gerüchte eigenhändig, indem er persönlich Sutters Sägewerk besichtigte, und kehrte im Mai 1848 mit einer Flasche Goldstaub in der Hand und dem Wort „Gold" auf den Lippen zurück, das er jedem, der ihn hören konnte, zurief. Die Nachricht verbreitete sich schnell, und innerhalb von Wochen waren die meisten Männer aus den umliegenden Gebieten mit der Goldsuche beschäftigt. Auch Sam Brannan war dabei – aber als Händler, bereit, den Scharen von Goldsuchern die Geräte, Nahrungsmittel und andere Waren, die sie bei ihrer Arbeit brauchten, zu einem guten Preis zu verkaufen.

Mitte des Sommers schien es, als seien alle Männer in Kalifornien in den Bergen verschwunden. Soldaten und Matrosen verließen ihren Posten, Zivilisten ließen fallen, was sie gerade taten, um Gold zu suchen. Bis in den Osten waren die ersten Berichte über den Fund vorgedrungen – über Land von niemandem anders als Kit Carson verbreitet. Militärs, darunter ein junger Leutnant, William Tecumseh Sherman, hatten die Minen vermessen und Präsi-

RECHTS Um ihre oft fruchtlose und frustrierende Suche nach den Bodenschätzen des Westens durchzuhalten, brauchten die Goldsucher „Fressalien", und zwar viele, wovon die leeren Dosen zeugen, die in diesem typischen Goldwäscherlager in Colorado um 1860 zu sehen sind.

UNTEN Zwar betrug der Anteil von Frauen an der Gesamtbevölkerung zu Beginn des Goldrausches in der ganzen Gegend weniger als 10 Prozent, aber später waren sie ein fester Bestandteil dieser Gesellschaft, wenn auch nicht in den Lagern, wie auf dieser Aufnahme von 1884 zu sehen, die weibliche und männliche Gäste vor Hovey's Dance Hall in Clifton, Arizona, zeigt.

dent Polk Bericht erstattet – der die Entdeckung in seiner jährlichen Ansprache am 5. Dezember zum ersten Mal offiziell zum Gegenstand einer US-Regierungserklärung machte. Von diesem Datum an hieß es: „Kalifornien, ich komme."

Das Goldfieber griff um sich, und Männer machten sich praktisch von überall her auf den Weg zu den Goldfeldern, nahmen jedes Verkehrsmittel und jeden Weg, den sie sich leisten konnten: mit dem Schiff um das Kap Hoorn oder bis nach Panama und von dort aus weiter über Land mit Pferden, Wagen oder zu Fuß auf einem der vorhandenen Pfade (Mormonen-, Oregon- oder Kalifornia-Trail). Die „Argonauten", oder 49er, wie sie später hießen, strömten herbei.

Der Boom

Im Jahr 1849 verfünffachte sich die Bevölkerung des California Territory wegen des Goldrausches von 20 000 auf 100 000 Einwohner. Im Abbaugebiet, ungefähr von der Sierra Nevada im Osten bis zu einer von Feather, Sacramento und San Joaquin River gebildeten Linie im Westen sowie vom Mariposa River im Süden bis zur Nordgabelung des Feather im Norden, schossen über Nacht Goldwäscherlager und Städte aus dem Boden. Sie trugen beredte Namen: Rough and Ready, You Bet, Fair Play, Hangtown, Liar's Flat, Volcano, Slumgullion und Growlersburg, um nur einige zu nennen. Neben den Arbeitern wohnten auch Händler, Schmiede, Barkeeper, Prediger, Spieler und natürlich auch Prostituierte in den Lagern, die die 49er mit den benötigten Waren und Dienstleistungen versorgten.

LINKS Die Hauptstraße von Creede, Colorado, am 1. Juni 1892. Vier Tage später brannten die hastig errichteten Holzhäuser in einem Feuer, das auf die ganze Stadt übergriff, nieder.

UNTEN Vom Beginn des Goldrausches in Kalifornien in den späten 1840ern bis zum „Schließen" der Grenze vier Jahrzehnte später boten Saloons wie dieser so manchem durstigen, einsamen Goldsucher, Cowboy oder Fährtensucher, der sich nach einem Drink und Gesellschaft sehnte, im ganzen Westen Zuflucht.

Gold aus den Minen brachte beispiellosen Reichtum in die Region – und wieder hinaus. Allein in einem Jahr (1852) erwirtschafteten kalifornische Minen 81 Millionen US-Dollar. Zwischen 1848 und 1855 wurde in San Francisco, das sich im Rausch zu einer richtigen Stadt auswuchs, Gold im unglaublichen Wert von 345 Millionen US-Dollar umgesetzt. Die Bevölkerung schwoll von 800 Seelen 1848 auf fast 55 000 Einwohner 1855 an.

Durch diesen hohen Geldumlauf wurde die Gesetzlosigkeit in Lagern und Städten endemisch. Je größer und geschäftiger die Stadt, desto gefährlicher wurden ihre Straßen. Das galt ganz besonders für San Francisco, dessen Bevölkerung sprunghaft anwuchs. Einige sahen den Erhalt der Ordnung nur durch

OBEN Wo alles anfing: An diesem Punkt der Südgabelung des American River in Coloma, Kalifornien, stand Sutters Sägewerk. Hier fielen James Marshall am 24. Januar 1848 morgens die winzigen gelben Goldflecken auf, die die Geschicke von Kalifornien, ja, der gesamten westlichen USA für immer verändern würden.

die Gründung eines „Selbstschutzkomitees" gewährleistet, von denen sich der Begriff Selbstschutz herleitet. 1851 wurde in San Francisco eine erste derartige Bürgerwehr gebildet.

Ein berüchtigter Zwischenfall, an dem ein Selbstschutzkomitee beteiligt war, betraf einen missionierenden Zeitungsherausgeber, James King (aus William). Dieser wurde aufgrund seiner veröffentlichten Kritik an dem korrupten Politiker James P. Casey im Mai 1856 erschossen. Caseys Freunde versuchten, ihn im Gefängnis zu schützen, aber das Komitee, und eine zu diesem Zweck gebildete kleine Armee, bemächtigte sich Caseys und eines anderen Mannes und hängte beide am 22. Mai. So drehten sich die Räder der Justiz im Chaos des Goldrausches.

Und die Justiz übersah anscheinend auch die beiden Männer, die am engsten mit dem Goldrausch verknüpft waren: John Sutter und James Marshall. In Sutters Riesenreich drangen Goldsucher in Scharen ein, verwüsteten und zerstörten es beinahe, während er jahrelang um eine Entschädigung von der Regierung für seine Verluste kämpfte. James Marshall fand dagegen nie selbst Gold; aber andere Goldsucher, denen er Glück bringen sollte, jagten ihm nach, so daß er in den meisten Lagern bald nicht mehr gern gesehen war.

LINKS Wie alles anfing: eine Rekonstruktion von John Augustus Sutters kalifornischem Sägewerk, bei dem der Zimmermann James W. Marshall Gold fand, als er den Mühlgraben überprüfte.

GEGENÜBER, UNTEN LINKS Ein unentbehrliches Kennzeichen jeder westlichen Goldwäscherstadt ... Hier steht ein Bürger von Hazen, Nevada, 1905 vor dem Shamrock Saloon.

UNTEN Auf dieser Aufnahme von 1895 stehen eine Lehrerin und ihre Schüler in Oklahoma steif vor ihrer Schule, wie sie für die Prärie typisch war.

FLUSSLEUTE, REITER UND EISENBAHNER

Zwar gingen die frühesten Wegbereiter oft zu Fuß oder ritten, aber wer als Pionier in den Westen zog, mußte einen Weg und ein „Beförderungmittel" für Vorräte, die Familie und seinen weltlichen Besitz finden. Zu Beginn des Vorstoßes in den Westen dienten die Flüsse, durch Kanäle verbunden, als Weg und das Flachkielboot (und später der Dampfer) als Beförderungsmittel; bald bahnten sich von Pferden gezogene Planwagen einen Weg durch die Wildnis; schließlich durchliefen Eisenbahnen das Land und verbanden sogar den Osten mit dem Westen. Jedes dieser Transportmittel hat seinen Beitrag zu den Legenden des Westens geliefert.

Die Wasser verbinden: DeWitt Clinton

Der Begriff „Flußmann" paßt eigentlich nicht zu dem New Yorker Politiker DeWitt Clinton (1769–1828), aber er war größtenteils für den Bau der ersten großen Wasserstraße verantwortlich, die die östlichen USA auf dem damals direktesten Weg mit dem Inneren des Kontinents verband: des Eriekanals, der den Atlantischen Ozean über den Hudson River mit den Großen Seen verband. Der große, 1825 eröffnete Kanal war vom Hudson bei Albany bis zum Hafen Buffalo am Eriesee fast 600 km lang. Er besaß 83 Schleusen, die einen Höhenunterschied von rund 17 m ausglichen. Die Bauzeit, Erde mußte gesprengt, ausgegraben, -gekratzt und forttransportiert werden, belief sich auf beinahe acht Jahre. Clinton, langjähriger Bürgermeister von New York City, setzte sich nachdrücklich für den Bau des Kanals ein, der insgesamt 7 Millionen US-Dollar kostete.

Auf dem Eriekanal konnten Passagiere und Lasten auf Frachtkähnen befördert werden, die von Pferden oder Maultieren auf Pfaden neben der Wasserstraße getreidelt wurden. Das ging langsam, war aber beträchtlich schneller – und viel billiger – als der Transport über Land; dank des Kanals verringerte sich die Reisezeit von New York nach Buffalo um zwei Wochen. Die Wasserstraße war die Krönung von DeWitt Clintons herausragender Laufbahn. Am 4. November 1825 wurde der Kanal offiziell eröffnet und eine neue Ära in der Beförderung zwischen Ost und West eingeleitet.

KLEINES BILD Der Pony Express verkehrte nur zwischen St. Joseph, Missouri, und Orten im Westen. Briefe nach und von Orten weiter östlich gingen mit der US-Post. Die Auslieferung eines vom Pony Express beförderten Briefs dauerte zehn Tage.

Die Reiter

Jahre nachdem die Flußleute beim Erschließen der Gebiete jenseits der Appalachen und des „Alten Nordwestens" einschließlich des Gebiets um die Großen Seen für Siedler geholfen hatten, standen die Amerikaner vor einer neuen Herausforderung: Briefe von den soeben erschlossenen Gebieten westlich der Rockies und umgekehrt zu befördern. Um 1850 durchkreuzten Eisenbahnen und Telegrafenlinien den Osten, deshalb waren Fernreisen und -kommunikation dort kein Problem mehr. Aber die Verbindung zwischen atlantischer und pazifischer Küste lag noch Jahre ungeheurer Anstrengungen in der Zukunft, ebensowenig gab es einen transkontinentalen Telegrafendienst – und weil der jüngste Goldrausch täglich neue Auswanderer in Scharen nach Kalifornien, Oregon und andere westliche Gebiete lockte, wurden andere Lösungen dringend benötigt.

Zu diesen Lösungen zählten zwei kurzlebige Unternehmen, die aber trotzdem in die westliche Folklore eingingen: der Butterfield Overland Mail Service und der Pony Express.

UNTEN Ein Reiter für den Pony Express winkt in ironischer Anerkennung der Tatsache, daß die Zukunft der transkontinentalen Kommunikation gehört, Arbeitern zu, die Masten für die Telegrafenlinie von einer Küste zur anderen aufstellen, während er selbst behende seine Post befördert. Nach ihrer Fertigstellung im Oktober 1861 machte sie die Leute vom Pony Express arbeitslos.

ND PONY EXPRESS.—[PHOTOGRAPHED BY SAVAGE, SALT LAKE CITY, FROM A PAINTING BY GEORGE M. OTTINGER.]

RECHTS Das US-Eisenbahnnetz erwies sich im Bürgerkrieg als lebenswichtig, deshalb wurde es in solchem Umfang zerstört. Diese Schienen bei Atlanta sind ein Beispiel für die anschließende Verwüstung.

Der Butterfield Overland Mail Service

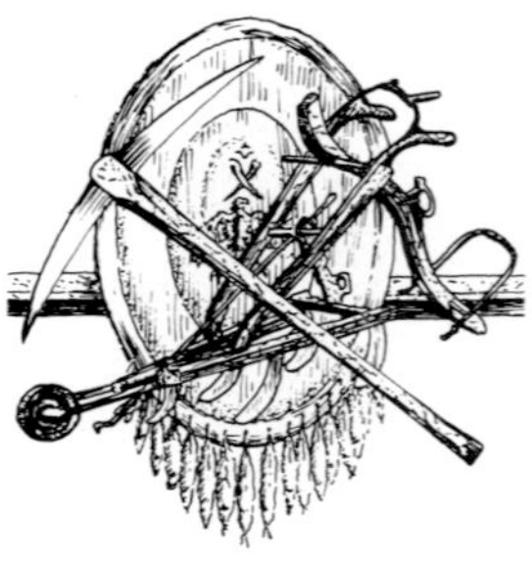

Die Butterfield Linie, deren Urheber der Unternehmer John Butterfield 1858 war, erstreckte sich jochbogenförmig über 4500 km von Tipton, Missouri (westlich von St. Louis), bis San Francisco, dabei berührte sie die Grenze zwischen den südwestlichen Territorien und Mexiko. Die Linie beförderte Passagiere und Post in „Schnellwagen", leichten Kutschen, die zwar schnell fuhren, aber unbequem waren. Diese Vierspänner fuhren in Etappen, von hier rührt ihr englischer Name „stagecoach" her, Tag und Nacht auf einer Straße mit 165 Haltestellen, in denen Männer und Pferde ausgewechselt wurden.

Für die gesamte Strecke brauchte man rund 24 Tage – d.h., die geschickten Butterfield-Kutscher fuhren mit ihren Kutschen in einem für die damalige Zeit halsbrecherischen Tempo im Schnitt 190 km täglich durch zerklüftetes Gelände, oft mußten sie Angriffe von Straßenräubern oder feindlichen Indianern abwehren. Der Dienst wurde 1861 eingestellt, als eine transkontinentale Telegrafenlinie vollendet wurde.

LINKS Seit 1858 beförderte der neue Butterfield Overland Mail Service in 24 Tagen US-Post und Passagiere in Postkutschen zwischen Missouri und San Francisco an der US-Südgrenze entlang. Als der BOMS 1861 wegen der transkontinentalen Telegrafenlinie eingestellt wurde, verkaufte der Vorsitzende John Butterfield (1801–69) die Linie an Wells Fargo, mit dem er als Partner ein anderes Unternehmen, American Express, betrieb.

UNTEN Diese Concord-Postkutsche, 1869 aufgenommen, die größer und schwerer als die flinken „Schnellwagen" des Butterfield Overland Mail Service, der ersten echten „Postkutschenlinie" des Westens, war, ist typisch für die Kutschen, die seit den 1850ern Passagiere und Lieferungen durch den ganzen Westen beförderten.

RECHTS Die legendären Reiter des Pony Express konnten „ihre vorgeschriebene Runde schnell vollenden", weil sie äußerst leicht ausgerüstet ritten, oft nur mit Messer und Pistole bewaffnet und ihr Pferd (alle 24 km) in knapp zwei Minuten wechselten.

UNTEN Alexander Majors (hier im Bild), Partner im Pony Express, hatte letztlich doch recht, das Frachtunternehmen sei unrentabel: Die Gesellschaft verlor damit 200 000 US-Dollar.

Der Pony Express

Besser bekannt, aber noch kurzlebiger als die Butterfield Linie war der berühmte Pony Express, eine Einrichtung, die einsame Reiter über 3200 km durch Prärien, Gebirge und Wüsten schickte, um US-Post von St. Joseph, Missouri, nach Sacramento, Kalifornien (ehemaliger Sitz von Sutters Fort), zu befördern. Der Pony Express, eine Erfindung von William H. Russell, einem Mitinhaber am Speditionsunternehmen Russell, Majors & Waddell, nahm im April 1860 seine Tätigkeit für die US-Regierung auf.

Die Pony-Express-Linie bestand aus 25 „Heimatposten", in denen sich die Reiter ablösten (rund alle 120 km), und aus 165 „Schwenkposten", in denen die Reiter ungefähr alle 24 km das Pferd wechselten. Die Reiter brauchten etwa 10 Tage, um die ganze Strecke von 3200 km zurückzulegen, dabei folgten sie dem Platte River durch die Rockies über den Südpaß, durch die Utah-Wüste und über die Sierras nach Sacramento – zum Teil das gefährlichste und mühseligste Gelände des Kontinents überhaupt. Die

Die Arbeit an der Eisenbahn

Der Bau einer Eisenbahnlinie hat zweifellos das Aussehen der amerikanischen Nation im Osten wie im Westen völlig verändert. Seit der Versuchsfahrt von Amerikas erster Dampflokomotive 1830 hat die Eisenbahn allmählich Gemeinden und Regionen einander näher gebracht, denn immer mehr Kilometer Trassen wurden verlegt und zunehmend mehr Linien an beiden Küsten in Betrieb genommen. Als in den 1840ern die große Wanderung in den Westen einsetzte, wurde die Idee einer transkontinentalen Eisenbahn erst richtig aktuell. Weitblickende Männer wie der New Yorker Händler Asa Whitney schlugen vor, Unternehmen Land zur Verfügung zu stellen, auf dem sie nicht nur Trassen durch das Gelände legen, sondern auch die Besiedlung fördern konnten, indem sie Land an Auswanderer verkauften. Schon am Ende jenes Jahrzehnts machten sich Landvermesser und Forscher, darunter John C. Frémont auf seiner unglücklichen Expedition von 1848, auf die Suche nach Wegen für das großartige Unternehmen.

Nachdem man jahrelang über den Bau einer transkontinentalen Eisenbahn debattiert hatte, veröffentlichte 1857 ein junger Eisenbahningenieur namens Theodore Dehone Judah (1826–63) „Einen praktischen Plan für den Bau der Pazifischen Eisenbahn". Judah verbesserte seinen Plan in den nächsten Jah-

GEGENÜBER, RECHTS AUSSEN Ein historischer Augenblick: Hunderte von Zuschauern bevölkern die Schienen in Promontory, Utah, am 10. Mai 1869, als sich Mannschaften und Honoratioren der Central Pacific und der Union Pacific Railroads anschicken, die transkontinentale Eisenbahnlinie zu vollenden, indem sie den letzten Nagel aus 18karätigem Gold einschlagen. Übrigens haben sowohl Leland Stanford von der CP wie auch Thomas Durant von der UP daneben geschlagen.

RECHTS Geschichte nachgestellt. An der Golden Spike National Historical Site in Promontory, Utah, berühren sich die Kopien der beiden legendären Dampflokomotiven, die Jupiter der Central Pacific und die *Nr. 119* der Union Pacific, mit den Schienenräumern, um jenen Augenblick von 1869 zu wiederholen, der für die Verbindung der Küsten Amerikas steht: die Vollendung der transkontinentalen Eisenbahn.

ren und sicherte sich die finanzielle Unterstützung kalifornischer Geschäftsleute, von denen vier, der Gouverneur von Kalifornien, Leland Stanford (1824–?), Charles Crocker (1822–?), Mark Hopkins (1813–78) und Collis P. Huntington (1821–1900), später als die „Großen Vier" bekannt, 1861 die Central Pacific Railroad gründeten, deren erster Ingenieur Judah war. Als die CP bekannt wurde, erhielt sie von der US-Regierung die Genehmigung, einen Teil der transkontinentalen Eisenbahn von Sacramento aus in den Osten und, wie von Judah vorgeschlagen, über den berüchtigten Donnerpaß durch die Sierras zu bauen.

Zwar wurde am 8. Januar 1863 in Sacramento der erste Spatenstich gemacht, aber Geldmanipulationen der Großen Vier verärgerten Judah; bevor sie bereinigt werden konnten, starb der Ingenieur an Gelbfieber, das er sich Jahre vorher in Panama zugezogen hatte. Charles Crocker übernahm persönlich die Aufsicht über die Bauarbeiten, und die Arbeit an der CP-Trasse ging weiter, obwohl der Bürgerkrieg und Probleme mit den Arbeitern den Bau erheblich verzögerten.

Gleichzeitig wurde die Union Pacific Railroad gegründet, die den Ostteil der Linie von Nebraska aus bauen sollte. Der UP-Vorsitzende Thomas Durant war ein schlauer Intrigant, der beim Bau der Eisenbahn dank dunkler Machenschaften Millionen verdiente. Ihm konnten nie Veruntreuungen nachgewiesen werden, aber viele seiner Partner wurden ruiniert. Die Bauarbeiten an der Eisenbahn selbst begannen allerdings erst richtig nach dem Ende des Bürgerkriegs.

Zwischen 1865 und 1869 vollbrachten die Bauarbeiter sowohl der CP wie der UP reinste Wunder. Von Charles Crocker angeheuerte chinesische Kulis verlegten die Schienen der Central Pacific von Sacramento aus, gleichzeitig bauten UP-Mannschaften, bestehend vor allem aus irischen Einwanderern und Veteranen des Bürgerkriegs, den Ostteil der Eisenbahn. Die UP-Mannschaften wurden von den Brüdern Jack und Dan Casement angespornt, die ihre Männer anfeuerten, die Schienen in einem rasanten Tempo zu verlegen, was Jack den Titel „Meister-Schienenverleger des Kontinents" eintrug.

Die Mannschaften beider Eisenbahnen arbeiteten ohne Bulldozer, Löffelbagger oder andere „schwere Ausrüstung", sondern mit Spitzhacke, Schaufel, Schubkarre und Hammer. In fünfjähriger härtester Arbeit in zerklüftetem Gelände, in dem es immer noch zu Indianerangriffen kam, verlegten die UP- und CP-Mannschaften zusammen insgesamt fast 3000 km Schienen durch die Vereinigten Staaten. Zwar konkurrierten die beiden Mannschaften miteinander, denn die erste, die ihren Abschnitt vollendete, würde staatliche Zuschüsse und Anteile erhalten, aber sie trafen schließlich am vereinbarten Punkt aufeinander: in Promontory, Utah, nördlich vom Großen Salzsee. Am 10. Mai 1869 wurde der letzte Nagel, aus Gold, von Leland Stanford eingeschlagen, und die Nation jubelte: Endlich verband eine Eisenbahn die Ostküste der USA mit dem Westen.

OBEN In Zeltlagern wie diesem hier beim Humboldt River Canyon in Nevada hausten Tausende von chinesischen Arbeitern, die den Abschnitt der transkontinentalen Linie für die Central Pacific Railroad durch das westliche Gebirge gruben, das hinter dem Arbeitswaggon auf dieser Aufnahme von 1868 zu sehen ist.

LINKS Jack Casement, hier auf einer Aufnahme von 1869 an der Linie mit einer Peitsche in der Hand, war zusammen mit seinem Bruder Dan mit der Aufsicht über die gesamte Schienenverlegung für die transkontinentale Eisenbahn der Union Pacific beauftragt. Er trieb seine vorwiegend irischen Mannschaften streng aber gerecht an. Casement, der für Ordnung unter seinen Männern sorgte, Indianer abwehrte und ein Auge für die Nachkömmlinge hatte, brachte die Aufgabe zu Ende und verdiente sich den Titel „Meister-Schienenverleger des Kontinents".

DIE FRAUEN IM WESTEN

RECHTS Die frühen Vertreter der Wahlrechtsbewegung in den USA traten im allgemeinen auch für Mäßigung und Abschaffung der Sklaverei ein. Als das Fünfzehnte Gesetz (1870) den gerade emanzipierten schwarzen Männern das Stimmrecht gab, nicht jedoch den Frauen, die ihnen dabei geholfen hatten, konzentrierten die Suffragetten ihre Anstrengungen vor allem auf den Kampf um das Stimmrecht. Als erster Staat bezog Wyoming auch Frauen in die Demokratie ein, wie auf diesem Bild von Mrs. D. S. Sonneburger von 1870 bezeugt wird, die im Johnson County als erste Frau ihre Stimme abgibt.

Zwar hat die – größtenteils von Männern geschriebene – Geschichte die Frauen oft übersehen, aber viele haben sich eigenhändig einen Platz in der Geschichte des amerikanischen Westens erobert. Diese Frauen, einige kämpften mit dem Gewehr, andere waren Prostituierte und Spielerinnen ebenso wie Landvermesserinnen, Missionarinnen und Kundschafterinnen in der Wildnis, haben genau wie die Männer ihren Teil zur Gestaltung des Westens beigetragen, und einige übertrafen sie sogar noch.

Sacajawea rettet das Entdeckerkorps

Ein besonders interessantes Beispiel für den Beitrag einer Frau zum Aufbau des Westens dürfte die chronologisch an erster Stelle stehende sein, die aus geschichtlicher Sicht vermutlich auch die wichtigste ist. Denn hätte die Lewis-und-Clark-Expedition von 1804–06 nicht das erreicht, was sie erreichte, die Geschichte der Expansion der Vereinigten Staaten nach Westen wäre vielleicht ganz anders abgelaufen. Einer Frau, der Shoshoni Sacajawea, steht ein großer Anteil des Verdienstes für Erfolg und Überleben des Entdeckerkorps zu.

Sowohl Lewis wie auch Clark erkennen Sacajawea, die blutjunge Frau des anscheinend widerlichen französischkanadischen Fallenstellers Toussaint Charbonneau, als diejenige an, die das Entdeckerkorps mehr als einmal vor Übergriffen oder auch direkten Angriffen amerikanischer Eingeborenenstämme gerettet hat. Sie war ihre Dolmetscherin und Kundschafterin, und ihre Anwesenheit überzeugte anscheinend sonst skeptische Indianer von den friedlichen Absichten des Korps. Sacajawea, eine geborene Shoshoni, die aber als Kind von einem anderen Stamm entführt wurde, fand ihren vor langer Zeit verlorenen Bruder, einen Shoshoni-Häuptling, wieder und sorgte im Anschluß dafür, daß die Expedition Hilfe und Pferde bekam. Sacajawea war übrigens knapp 16 Jahre alt und bereits einige Monate schwanger, als sie zur Expedition stieß; sie brachte unterwegs einen Sohn, Baptiste (die Hauptleute gaben ihm den Spitznamen „Pomp"), auf die Welt.

Das große, vom Entdeckerkorps gesammelte geographische, wissenschaftliche und kulturelle Wissen ist u. a. Sacajawea zu verdanken.

„Mein äußerst glückliches Lebenswerk": Jessie Benton Frémont

LINKS Als sich Senator Thomas Hart Benton aus Missouri über die heimliche Heirat seiner Tochter Jessie Benton mit dem zukünftigen Forscher John Charles Frémont empörte, stand sie fest neben ihrem ehrgeizigen Mann und erklärte: „Wohin du gehst, da gehe auch ich hin." Und genau das hat Jessie getan, und die blendenden Berichte von Johns Expeditionen, die das Interesse der Öffentlichkeit am Westen weckten, sind größtenteils das Ergebnis ihres schriftstellerischen Talents.

Rund 40 Jahre später brachte eine Frau das auf einer anderen Expedition in den Westen gesammelte Wissen in einem Dokument zu Papier, das die Phantasie von Menschen und Regierung der Vereinigten Staaten entzündete. Das war Jessie Benton Frémont, die schöne, talentierte Tochter von Senator Thomas Hart Benton und Frau des Armeeforschers John Charles Frémont.

Jessie, die kurz zuvor ihre erste Tochter geboren hatte, schrieb nach der Rückkehr ihres Mannes von seiner ersten Expedition in die Rockies in den späten 1842ern einen 207 Seiten langen Bericht über die Expedition, den ihr John diktierte, und damit begann, wie sie selbst sagte, „ihr äußerst glückliches Lebenswerk". Sie besaß wirklich Talent: Der Bericht, der im März 1843 dem Kongreß vorgelegt und danach veröffentlicht wurde, weckte das Interesse der amerikanischen Öffentlichkeit für den großartigen Westen und förderte nachdrücklich die Sache des „Manifest Destiny". Gleichzeitig brachte er John Unterstützung für weitere Expeditionen ein. Als Frémont rund 30 Jahre später das Glück verließ, verdiente Jessie mit ihrem Talent zum Schreiben den Lebensunterhalt für John und ihre Kinder.

RECHTS AUSSEN Im 19. Jahrhundert wurde Bühnenstar Adah Isaacs Menken aus New Orleans in ihrem kurzen Leben, sie starb mit 33 an den Folgen eines Bühnenunfalls, sowohl wegen ihres Liebeslebens wie auch dank ihrer Bühnenauftritte in London, Paris, New York und im amerikanischen Westen sehr berühmt. Menkens legendäre Auftritte in *Mazeppa*, an ein Pferd gebunden und scheinbar nackt, elektrisierten die Zuschauer von Wien bis Virginia

GANZ RECHTS Marie Gilbert, bekannter als Lola Montez, tanzte von Irland über die Hauptstädte von Europa bis in die Goldwäscherregion in Kalifornien und machte Schlagzeilen wegen ihres heftigen Temperaments und ihrer noch glühenderen Liebesaffären. Montez war nie eine besonders gute Tänzerin, und oft brachte sie Kritiker mit ihrer stets bereiten Peitsche zum Schweigen; aber ihre Abenteuer hinter den Kulissen begeisterten die Einwohner der Bergarbeiterstädte.

Von Stars und Spionen

Um Talente ganz anderer Art geht es in einigen amüsanten Legenden über Frauen, die sich zunächst als Schaustellerinnen in den Westen wagten.

Die liebliche Lola Montez

Lola Montez (1818–61), als Marie Gilbert in Irland geboren, begann ihre Laufbahn als „spanische Tänzerin" 1843 in London. In den 40er Jahren trat sie in ganz Europa auf, und eine Reihe viel diskutierter Heiraten und Verbindungen, darunter eine mit dem König von Bayern, brachte der blendenden Schönheit einen notorischen Ruf ein, der ihr 1851 nach New York, dann nach New Orleans und schließlich im Herbst 1853 nach San Francisco folgte.

Auf dem Höhepunkt des Goldrausches trat Lola im ganzen Abbaugebiet auf. Schnell galt sie als leicht erregbar und flink mit der Peitsche, wenn man sie kritisierte. Sie heiratete erneut, investierte in Bergbauunternehmen und kaufte sich in Grass Valley ein Haus; 1856 zog sie sich von der Bühne zurück,

um mehrere Handbücher über Schönheit zu schreiben. Lola Montez kehrte Ende der 1850er ernsthaft erkrankt von einer Vortragsserie in England nach New York zurück, danach wandte sie sich der Religion zu, stattete Frauen in Notunterkünften Krankenbesuche ab und starb im Alter von 43 in einer Pension in Brooklyn. Ihr Haus in Grass Valley steht noch heute dort als Gedenkstätte.

Eine gewagte Tänzerin: Adah Isaacs Menken

Adah Isaacs Menken (ca. 1835–68), eine auf zwei Kontinenten berühmte Schauspielerin und Dichterin, gab ihr Ballettdebüt als Kind im heimatlichen New Orleans, danach trat sie in Kuba und Texas auf. Sie war sehr gebildet, hatte Dichtung, romanische Sprachen, Deutsch, Hebräisch, Gesang und Tanz studiert und konnte reiten. So vorbereitet, nahm sie 1857 als Erwachsene ihre Theaterlaufbahn in New Orleans auf, nachdem sie im Jahr davor Alexander Isaac Menken geheiratet hatte, die erste von vier kurzlebigen Ehen (nach der Scheidung behielt Adah Menken den mittleren und letzten Namen bei, fügte dem Isaac aber ein „s" an). 1859 war für sie der Beginn einer erfolgreichen Bühnenlaufbahn in New York, dort heiratete sie ihren zweiten Mann, einen Preiskämpfer; 1861 trat sie in einem Theater in Albany in ihrer berühmtesten Rolle in *Mazeppa* (oder *The Wild Horse of Tartary)* auf.

In der Titelrolle, als unglückliche Heldin dieses Melodramas, das auf einem Gedicht von Byron beruhte, kam Adah scheinbar nackt (tatsächlich trug sie einen Bodystocking) auf die Bühne und war an ein – vermutlich gut gezähmtes – Pferd gebunden. Wie man sich vorstellen kann, elektrisierte sie die Zuschauer, wo immer sie spielte – und 1863 trat sie damit in San Francisco, Salt Lake City und Virginia City auf; dort waren die Bergleute so begeistert, daß sie Adah zum Ehrenfeuerwehrmann ernannten. Sie setzte ihren Erfolg im Theater in England und im übrigen Europa fort. Dort schrieb sie auch Gedichte und war mit Dickens, Dumas, Swinburne, Rossetti und George Sand befreundet. Adah Isaacs Menkens Bühnen- und Privatleben lieferte immer gute Schlagzeilen, und sie war im ganzen Westen sehr beliebt. Leider starb sie in Paris im Alter von nur 33 Jahren an den Folgen einer Verletzung, die sie sich bei einem Auftritt in *Mazeppa* zugezogen hatte.

EINE GALERIE DER „WILDKATZEN" DES WESTENS

Nicht alle dieser legendären Frauen des Westens waren „schlecht", aber sie lieferten den Historikern Stoff.

GERTRUDIS BARCELO: „DOÑA TULES" (?–1852)

Diese legendäre Spielerin aus Neu-Mexiko ging fachmännisch mit den Bergjägern um und betrieb später eine Luxus-*sala* in Santa Fé. Auf ihrem Höhepunkt verdiente die schöne zigarrenrauchende „Doña Tules" ein Vermögen; mit den Jahren wurde sie sehr reich und sehr dick.

JULIA BULETTE (?–1867)

Julia aus London, eine der beliebtesten Prostituierten im Bergbaugebiet von Nevada, kam mit ihrer Familie in die Staaten, und Anfang der 1860er ging sie in Kalifornien und Virginia City auf die Straße. Sie war zuvorkommend und attraktiv, arbeitete als Hure und meldete sich freiwillig zur Feuerwehr; ganz Virginia City war schockiert, als sie 1867 bei einem Raubüberfall auf ihr Haus ermordet wurde.

MARTHA JANE CANARY: „CALAMITY JANE" (CA. 1848–1903)

Sie war keine Geächtete, sondern eine gute Schützin, die sich seit Mitte der 60er im ganzen Westen umhertrieb, trank, stritt und fluchte. Oft strich sie, als Mann verkleidet, beim Bau der Union Pacific um die Baustelle, fuhr im Dienst der Armee Wagen und leistete in den 1870ern bei einer Pockenepidemie in Dakota hervorragende Dienste als Krankenschwester. Als „Calamity Jane" ganz arm in Deadwood starb, wurde sie neben Wild Bill Hickok begraben.

PEARL HART

Pearl, nicht gerade eine der klügsten Geächteten, war Köchin in einem Bergarbeiterlager in Arizona, als sie sich bereit erklärte, einem betrunkenen Bergarbeiter, Joe Boot, bei einem Postkutschenraub zu assistieren, wie sich herausstellte der letzte im Westen. Ein Suchtrupp nahm beide fest, nachdem sie sich verirrt hatten. Joe bekam 35 Jahre, Pearl fünf; sie wurde nach zweieinhalb Jahren entlassen und verschwand in Kansas City in der Versenkung.

RECHTS Martha „Calamity Jane" Canary raste durch eine unruhige, aber doch legendäre Laufbahn als trinkende Maultiertreiberin, Fahrerin, Kundschafterin, Krankenschwester, Gelegenheits-Prostituierte und trat in Wild West Shows auf.

LINKS Belle Starr, hier in einer Ausgabe der *National Police Gazette* von 1886. 1883 kam sie als erste Frau und Schwerverbrecherin wegen Pferdediebstahls vor Gericht und wurde verurteilt.

ANNIE MCDOULET UND JENNI STEVENS: „CATTLE ANNIE" UND „LITTLE BRITCHES"

Diese beiden Backfische, die sogenannten „Räuberinnen von Oklahoma", waren eigentlich kaum mehr als jugendliche Straftäterinnen, die sich der Doolin-Dalton-Bande angeschlossen hatten. 1894 verhaftete Bill Tilgham sie mit seinem Stellvertreter, verprügelte sie und schickte sie ins Gefängnis. Nach ihrer Freilassung zwei Jahre später führten beide ein ehrliches Leben.

ANNIE OAKLEY (1860–1926)

Annie war keineswegs eine Geächtete, sondern konnte phantastisch mit dem Gewehr umgehen. Als sie ungefähr neun war, ging sie auf Jagd; mit 15 stellte sie die meisten Männer, darunter ihren späteren Mann, den Show-Scharfschützen Frank Butler, in den Schatten. Seit 1885 beeindruckte Annie 17 Jahre lang die Zuschauer im ganzen Land in Buffalo Bill Codys Wild West Shows mit ihrer Treffsicherheit.

ETTA PLACE

Etta, die berüchtigte Geliebte von Harry Longbaugh („The Sundance Kid"), hat sich vermutlich als Mann verkleidet an Raubzügen mit Kid und Butch Cassidy beteiligt, vor allem am Überfall des UP-Zugs Nr. 03 im August 1900. Aber sie starb nicht im Hinterhalt in Argentinien, bei dem Butch und Sundance umkamen, weil sie damals am Blinddarm operiert wurde.

FLO QUICK: „TOM KING"

„Tom", die Geliebte des berüchtigten Geächteten Bob Dalton, holte mit Schmeicheleien Informationen für die Daltons aus Eisenbahnleuten heraus, stahl in den 1880ern im Indian Territory Vieh und führte Anfang der 90er sogar selbst eine Bande von Eisenbahnräubern an; sie soll bei einem Überfall, wie immer in Männerkleidung, erschossen worden sein.

BELLE STARR (1848–89)

Myra Belle Shirley, so hieß sie, als sie geboren wurde, war in ihrer Jugend gebildet, aber „wild", mauserte sich dann zu einer der berüchtigsten Frauen im ganzen Westen. Belle, als Teenager vielleicht schon im Bürgerkrieg ein konföderierter Kurier, verübte im ganzen Westen Raubüberfälle, stahl Pferde, bestach Beamte, nahm Flüchtlinge auf und schlief mit vielen Geächteten, darunter Cole Younger, dem Vater ihrer Tochter Pearl, und ehelichte den Geächteten Sam Starr. Die „Räuberprinzessin" wurde 1889 ermordet: Unbekannte erschossen sie von hinten.

LINKS Die zierliche Annie Oakley (1860–1926) war fast zwei Jahrzehnte lang als Scharfschützin ein Star in Buffalo Bills Wild West Shows.

RECHTS Annie McDoulet (Cattle Annie, links) und Jennie Metcalf (Little Britches, rechts) sollen damals in fast jedes illegale Geschäft verwickelt gewesen sein: Unter anderem verhökerten sie Whiskey an Indianer, stahlen Vieh und Pferde und überfielen Reisende und Banken. Als sie endlich dingfest gemacht wurden, schickte man sie in den Osten zurück und steckte sie in eine Besserungsanstalt.

Unionsspionin: „Major Pauline Cushman"

Pauline Cushman (1835–93) aus New Orleans, eine Zeitgenossin von Adah Menken, war ebenfalls Schauspielerin, aber ihr später tragisches Leben verlief ganz anders. Pauline wuchs an der Grenze von Michigan auf, wagte sich mit 18 nach New York und wurde für eine Rolle in New Orleans engagiert, die der Auftakt für eine glänzende Laufbahn war. Aber als Pauline auf einer Tournée in Louisville zu Beginn des Bürgerkriegs auf der Bühne einen „Toast" auf die Konföderation anbrachte, fing ihre kurze Karriere als Unionsspionin an, und sie schmuggelte Botschaften aus dem Süden, manchmal in Brot versteckt. Schließlich wurde sie gefaßt und als Spionin zum Tod durch Erhängen verurteilt, aber dank des Rückzugs der Rebellen blieb sie am Leben.

Nach ihrer Rettung erzählte Pauline, in eine Unionsuniform gekleidet und als Major Pauline Cushman angekündigt, auf einer Vortragsreihe von ihren Abenteuern; danach heiratete sie und ließ sich in Michigan nieder. Innerhalb weniger Jahre hatte sie sieben Kinder, die sie bis 1871 allesamt wieder verlor, vier durch Diphterie am gleichen Tag, die übrigen zusammen mit ihrem Mann. Pauline raffte sich auf, ging in den Westen nach San Francisco und baute sich eine neue, eigenartige Existenz auf, betrieb erfolgreich verschiedene Geschäfte in ganz Kalifornien und Arizona – Hotels, Jagdhütten, Rasthäuser – und erfreute sich wegen ihrer Zähigkeit und dem schnellen Griff zur Peitsche eines ähnlichen Rufs wie Lola Montez. Später starb Pauline aber mit 58 ziemlich arm in San Francisco.

„Measuring Woman" Alice Fletcher

Die Suche nach Frieden und Verständnis zwischen Indianern und Weißen inspirierte Alice Fletcher (1838–1923), bei mehreren amerikanischen Eingeborenenstämmen hieß sie „Measuring Woman" [Meßfrau], bei ihrer Arbeit. 1881 ging Alice im Alter von 43 nach Nebraska, um bei den Omaha-, Ponca-, Winnebago- und Nez-Perce-Stämmen zu leben und ihre Sitten kennenzulernen. 1883 wurde sie Indianerbeauftragte und beaufsichtigte die Zuteilung von Land an diese Stämme, was fast zwei Jahre dauerte. Ihre Feldarbeit brachte ihr eine Position am Peabody Museum in Harvard ein, die sie ein Vierteljahrhundert lang bekleidete.

Königin der Cowgirls: Ann Willis

Obwohl sich die Westgrenze schon in Ann Bassett Willis Kindheit (1878–1956) schnell schloß, war sie von Anfang an ein Cowgirl. Sie kam auf der kleinen Ranch ihres Vaters in Brown's Hole, Colorado, während eines heftigen Schneesturms auf die Welt und wurde in den ersten sechs Monaten ihres Lebens von einer Indianernachbarin gestillt. Sie wuchs in „Gottes Land" auf, dem wunderschönen Green-River-Tal und lernte, Vieh mit dem Lasso zu fangen und die auf der Bassett-Ranch gezüchteten arabischen Pferde zu reiten. Schon als Teenager war Ann immer couragiert und hübsch, als Reiterin verursachte sie im Mädchenpensionat in Boston einigen Aufruhr und verdrehte den jungen Männern zu Hause in Brown's Park den Kopf, einschließlich den des jungen Butch Cassidy.

1900, sie war 22, sagte sie als Zeugin gegen den gekauften Schützen Tom Horn aus, überzeugt, daß er einen Schulfreund erschossen hatte. Aber vor allem als kleine Viehzüchterin beeindruckte Ann Bassett, weil sie nicht zögerte, die großen Viehgesellschaften zu kritisieren. Sie protestierte stets lautstark gegen die großen Herden, die unangefochten das Weideland der kleinen Ranches zertraten, bis sie schließlich 1911–12 wegen Viehdiebstahls angeklagt wurde. Ann bestand die ganze Zeit über auf ihrer Unschuld, und später erwies sich, daß die Anklage fingiert war. „Königin Ann", wie sie oft genannt wurde, heiratete später Frank Willis und betrieb in Kalifornien und Utah eine Ranch. Sie erreichte das reife Alter von 78, couragiert bis zum letzten Atemzug.

TEIL III

DIE EROBERUNG DES WESTENS

Das „Schließen" des amerikanischen Westens begann nach dem Ende des Bürgerkriegs – als eine Eisenbahn Ost und West verband, sich in den ehemals leeren Prärien das Vieh tummelte, Männer des Gesetzes kämpften, um die Gewalt im Rinderland zu zügeln, und die US-Armee begann, den Widerstand der eingeborenen Amerikaner zu brechen. Das bedeutete das Ende der amerikanischen Wildnis.

COWBOYS, PISTOLENHELDEN UND MÄNNER DES GESETZES

UNTEN Tombstone, Arizona, gehörte zu den typisch „bösartigen" Städten, wie sie im ganzen Westen, als sich alles ums Vieh drehte, aus dem Boden schossen. Tatsächlich wurden in Tombstone nur rund vier oder fünf Morde jährlich verübt.

Die 1860er und 70er erlebten den Aufstieg der Viehbarone und Cowboys in den westlichen Prärien – zusammen mit dem „Schutzpolizisten", der die zwielichtigen Elemente in den jetzt aus dem Boden schießenden „Kuhstädten" mit ihren Viehdieben, Schwerverbrechern und käuflichen Pistolenhelden in Schach halten sollten. Obwohl sie auf Grund der Geschichten über Gewalttaten legendär wurden, geschahen in den Städten wie Abilene, Deadwood, Tombstone und Dodge City jedes Jahr in Wirklichkeit nur wenige Morde, aber die, die sie ausführten – und einige ihrer Opfer – gingen in die große Saga des Westens ein.

Die Cowboys kommen

In Texas gab es schon seit Jahrhunderten Rinder, aber bis in die 1850er und 60er war das niemandem besonders aufgefallen; erst dann entwickelte sich, was Texas bis dahin gefehlt hatte: ein Markt für das Vieh und eine neue Eisenbahn in Missouri, die die Kühe zu den Märkten im Osten brachte. Gleich nach dem Ende des Bürgerkriegs begann die Ära der Viehbarone und Cowboys.

Der erste „lange Viehtrieb" von Texas nach Missouri zum Eisenbahnterminal 1866 war ein Debakel, weil er unter schlechtem Wetter, panischer Flucht des Viehs, Überfällen ehemaliger konföderativer Guerillas und dem Widerstand der Farmer in Missouri litt, die befürchteten, das „Texasfieber" könne ihre Tiere anstecken. Die Herden stauten sich, und viel Vieh verhungerte. Der Viehtrieb war eine Pleite – und würde es voraussichtlich auch bleiben, falls nicht neue Pfade zu den neuen Märkten gebaut würden.

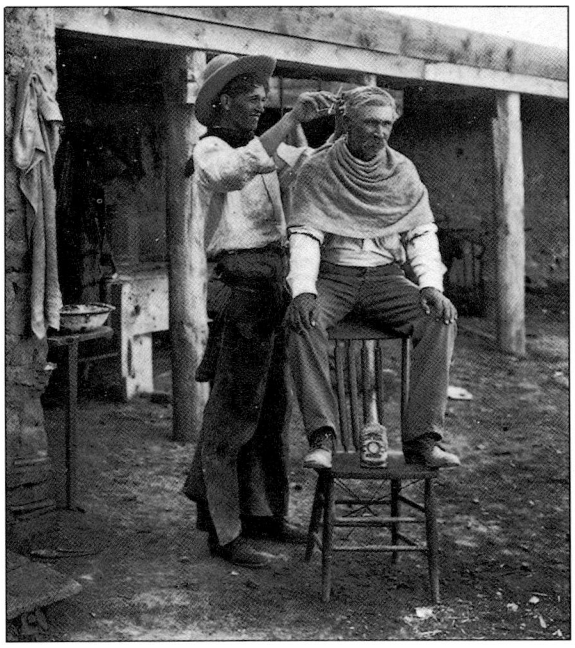

OBEN Das Zusammentreiben des Viehs vor dem langen Viehtrieb in den Norden stellte Herz und Seele des amerikanischen Viehgeschäfts dar. Diese Szene mit Cowboys wiederholte sich im gesamten riesigen „Rinderland" der westlichen Prärien abertausendmal.

LINKS Cowboys verließen sich notgedrungen vor allem auf sich selbst: Die einen heilten Kühe, Pferde und Menschen, andere boten gefragte Dienstleistungen wie Haareschneiden an.

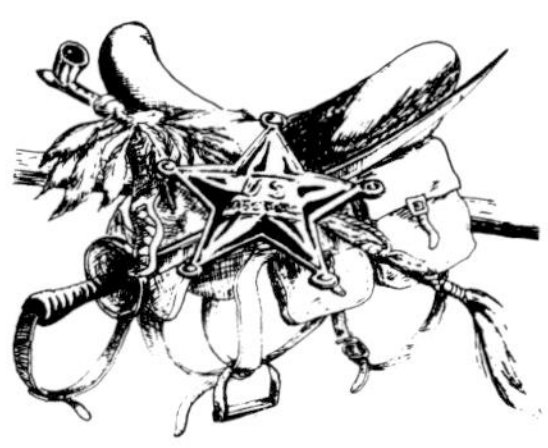

EINE GALERIE BÖSER BURSCHEN

CLAY ALLISON (1840–87)

Clay war ein konföderierter Veteran aus Tennessee, der sich in Neu-Mexiko vom Vorarbeiter zum Ranchbesitzer hinaufkämpfte und danach als käuflicher Pistolenheld für Viehzüchter arbeitete, deren Anrechte auf Weideland er durchsetzte. Er war berüchtigt als brutaler Mörder, besonders im betrunkenen Zustand; das war er, als er 1887 vom Wagen fiel und sich unter einem Rad den Hals brach.

SAM BASS (1851–78)

Dieser analphabetische Indianer trieb sich in Texas, Kansas, den Dakotas und Nebraska herum, unterwegs spielte er und überfiel Züge, bis ein Freund ihn verriet und er im Alter von 27 in Round Rock von Männern des Gesetzes getötet wurde.

BILLY THE KID (1859–81)

Der berüchtigte Kid, der vermutlich Bonney hieß, arbeitete mit 18 als Armeefahrer, als er einen Schmied tötete. Er floh aus dem Gefängnis und tauchte im Lincoln County War in Neu-Mexiko als käuflicher Pistolenheld auf, in dem er einen Sheriff erschoß. Billy behauptete, 21 Männer erschossen zu haben, aber die Zahl vier dürfte der Wahrheit näherkommen. Er sollte gerade gehenkt werden, als er floh. The Kid wurde von Pat Garrett, einem Mann des Gesetzes, aufgespürt und erschossen.

BUTCH CASSIDY UND THE SUNDANCE KID

Dieses berüchtigte Paar, als Robert Parker und Harry Longbaugh geboren, machte sich Mitte der 90er als Viehdiebe und Anführer der „Wild Bunch" [Wilde Bande] einen Namen. Später überfielen sie Züge und verschwanden um die Jahrhundertwende in Südamerika; vermutlich starben sie 1909 in einer Schießerei bei La Paz.

OBEN Von Billy the Kid ist vieles unbekannt, wie sein richtiger Name (Historiker streiten sich, ob es Henry McCarty oder William H. Bonney war) und sein Geburtsdatum. Diese Aufnahme von Billy mit einem Karabiner stammt von etwa 1879.

LINKS Die Wilde Bande. Von links nach rechts: Harry Longbaugh („The Sundance Kid"), William Carver, Ben Kilpatrick, Harvey Logan und Robert Parker („Butch Cassidy").

DIE DALTON-BANDE

Die Brüder Emmett, Bob und Gratton Dalton waren eine Zeitlang Männer des Gesetzes, folgten dann aber dem Beispiel der James-Younger-Bande und überfielen seit 1890 mit Bill Doolin Züge. Im Oktober 1892 wurde die Bande nach einem Überfall erkannt und in einer Bank von Bürgern erschossen; von den Brüdern überlebte nur Emmett.

JOHN WESLEY HARDIN (1853–95)

Hardin, einer der brutalsten Killer im Westen, war ein Rassist, der Männer oft nur wegen ihrer Hautfarbe tötete. Er gab vor, 41 Männer getötet zu haben, was vermutlich stimmte. Zu seinem Pech hatte seine Pistole Ladehemmung, als ihn Texas Rangers verhafteten. Er wurde lebend gefangen und verbrachte nur 15 Jahre im Gefängnis, das er als Rechtsanwalt verließ, wurde aber von einem verstimmten Mann des Gesetzes rücklings erschossen.

LINKS Im Gegensatz zu Billy the Kid log John Wesley Hardin nicht über die Zahl seiner Opfer, von denen immerhin 41 bekannt sind. Es ist unbegreiflich, aber dieser rassistische Massenmörder des Wilden Westens wurde nicht für seine Verbrechen gehenkt, sondern nach Absitzen einer 15jährigen Gefängnisstrafe rücklings erschossen.

UNTEN Am 5. Oktober 1892 lauerten die Bürger von Coveyville, Kansas, der Dalton-Bande auf, als sie versuchte, die beiden Banken der Stadt auszurauben. Vier Bandenmitglieder wurden in der ausbrechenden Schießerei erschossen. Von links nach rechts: Bill Powers, Bob Dalton, Grat Dalton und Dick Broadwell.

RECHTS Die Laramie Plain in Wyoming war das nördlichste Ziel des Viehtriebs auf dem späteren Goodnight-Loving-Trail, den die Partner Charles Goodnight (im Bild) und Oliver Loving 1866 von einem ersten Pfad von Texas nach Neu-Mexiko erweitert hatten.

RECHTS Die ersten Cowboys trieben ihre Herden in den 1860ern von Texas aus in den Norden zum Eisenbahnterminal in der Nähe von Abilene, Kansas, auf den Spuren, die Jesse Chisholms Wagen hinterlassen hatte. Chisholm, ein Halbcherokese aus Tennessee, der 14 amerikanische Eingeborenendialekte beherrscht haben soll, war ein geachteter Händler, der anfangs bei Fort Smith, Arkansas, danach an der Strecke von Texas nach Kansas tätig war.

Die neuen Pfade

Zu den ersten neuen Pfaden, denen die texanischen Cowboys in den späten 1860ern in den Norden folgten, gehörten die Spuren, die der Halbcherokesen-Händler Jesse Chisholm (ca. 1806–68) mit seinem Wagen hinterließ, als er von seinem Posten in Kansas in das Indian Territory fuhr, um dort mit den Stämmen Handel zu treiben. Chisholm, wegen seiner Aufrichtigkeit und Güte bei Weißen und Indianern gleichermaßen geachtet, hat nie selbst Vieh getrieben; aber Cowboys folgten seinen Spuren – und der Rinderpfad, der hier entstand, trägt seinen Namen.

Der Pfad zum Freiland von Wyoming wurde von den Viehzüchtern und Partnern Charles Goodnight und Oliver Loving geschaffen, die 1866 ihre erste Herde darauf trieben. Der Goodnight-Loving-Trail führte vom Herzen Texas in den Westen nach Neu-Mexiko, danach durch Colorado in den Norden und weiter zur Laramie Plain in Wyoming. Dort hatte ein Cowboy namens E. S. Newman einige Jahre zuvor im Frühjahr 1865 entdeckt, daß sein Vieh den Winter überlebte, indem es mit Scharren durch den Schnee bis zur Grassode darunter vordrang. Damit hatte er bewiesen, daß sich die riesigen nördlichen Prärien für die Viehzucht eigneten. Pfade wie die von Chisholm und Goodnight zeigten den Weg zu diesem Freiland, in dem in den nächsten drei Jahrzehnten Viehbarone und Cowboys herrschen würden.

Krieg im Johnson County

Als sich die Großviehzüchter, die „Viehbarone", in den 1860ern und 70ern durchgesetzt hatten, diktierten sie das Leben in den Prärien. Kleine Viehzüchter und Landwirte, auch „Heimstättensiedler", lebten in ständiger Angst, von ihrem Land vertrieben oder von den gewaltigen Gütern der Barone geschluckt zu werden. Das galt für alle Freiland-Staaten und -Territorien wie Colorado, Montana, Dakota, Nebraska, Kansas und Wyoming, in denen sich der ständige Konflikt 1892 in einer heftigen Konfrontation, dem sogenannten Krieg im Johnson County, entlud.

Die Viehbarone hatten die üble Angewohnheit, jeden, der sich ihnen entgegenstellte, öffentlich und laut als Viehdieb zu verunglimpfen. Diesen Dieben, so argumentierten sie, müsse Einhalt geboten werden – was im allgemeinen bedeutete, daß käufliche Pistolenhelden oder die Bürgerwehr die Arbeit erledigten. Als Auftakt zum Krieg im Johnson County hatte 1889 ein Rancher namens A. J. Bothwell ein Auge auf benachbartes Land am Sweetwater River geworfen, das dem Ladenbesitzer James Averill und Ella Watson, Averills Lebensgefährtin, gehörte.

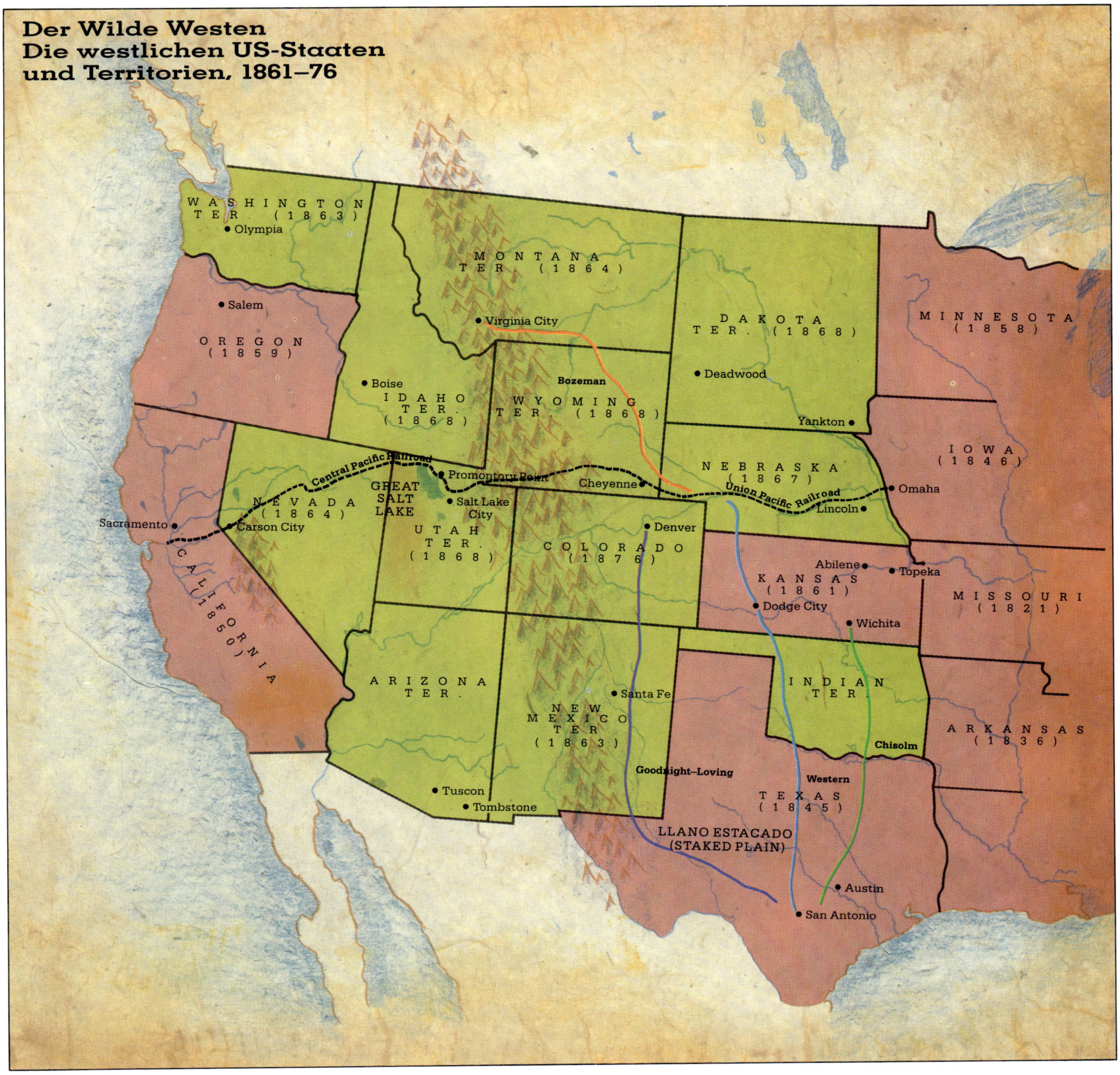

KARTENSCHLÜSSEL

- Siedlungen und Hauptstädte eines Staates
- früher aufgenommene Staaten
- neu aufgenommene Staaten
- Bozeman Trail
- Chisholm Trail
- Goodnight-Loving-Trail
- westlicher Viehpfad

GEGENÜBER Einige Jahre, bevor sich der lang schwelende Konflikt zwischen großen und kleinen Viehzüchtern im westlichen Rinderland in Wyoming in den 1892ern zum offenen Krieg im Johnson County auswuchs, wurde die Prostituierte Ella Watson, die oft Vieh als Bezahlung akzeptierte, in den Streit verwickelt. 1889 wurden sie und ihr Gefährte James Averill (kleines Bild) des Viehdiebstahls beschuldigt und gelyncht. Nach Ellas Tod machten die Viehzüchter in einer Verleumdungskampagne aus Ella „Cattle Kate".

UNTEN Das texanische Longhorn, ein lebendes Symbol des großen amerikanischen Westens, und andere Rinderarten füllten zwischen den 1870ern und den 90ern, als Viehbarone und Cowboys das Sagen hatten, buchstäblich die großen Prärien.

Einige Monate, nachdem Averill Bothwell im Lokalblatt als landhungrig angeprangert und seinen Anspruch erfolgreich in Abrede gestellt hatte – Ella hielt zu ihm –, wurde er von Bothwell und seinen Kumpanen zum Dieb erklärt; beide wurden im Juli 1889 vor ihren Holzhütten gelyncht. Aus Ella, einer Hure, die manchmal Vieh in Zahlung genommen hatte, machten die Viehbarone mit ihrer Propaganda „Cattle Kate", eine berüchtigte Viehdiebin; die Mörder kamen nie vor ein Gericht.

Drei Jahre später heuerten mehrere Viehbarone im Johnson County eine kleine Armee käuflicher Pistolenhelden aus Texas an, die in Nord-Wyoming „einfallen" und es von „Viehdieben säubern" sollten. Unter dem Befehl von Major Frank Wolcott und W. C. Irvine brach die Armee der Viehbarone am 10. April 1892 auf, um im Schnee den Sheriff von Johnson County, „Red" Angus, zu suchen, der sich auf die Seite der kleinen Viehzüchter gestellt hatte, anschließend wollten sie jeden ausschalten, den sie in den drei Bezirken als Viehdieb bezeichneten. Zum Glück hatte Angus von dem Plan erfahren und stellte eine eigene Streitmacht auf. Nur zwei Opfer, Nick Ray und Nate Champion, wurden von den Invasoren getötet, bevor Angus seine Streitmacht von 300 Farmern und kleinen Viehzüchtern zum Gegenangriff anführte. Angus verfolgte die Viehbarone und ihre Pistolenhelden bis zu ihrem Stützpunkt auf der TA-Ranch und hielt sie dort in Schach, bis die Invasoren von der US-Kavallerie gerettet werden mußten.

Wegen des öffentlichen Aufschreis nach der Invasion im Johnson County ging die Macht der Viehbarone zurück, und sie wagten nie wieder, das Gesetz so frech in die eigene Hand zu nehmen.

Die James-Younger-Bande

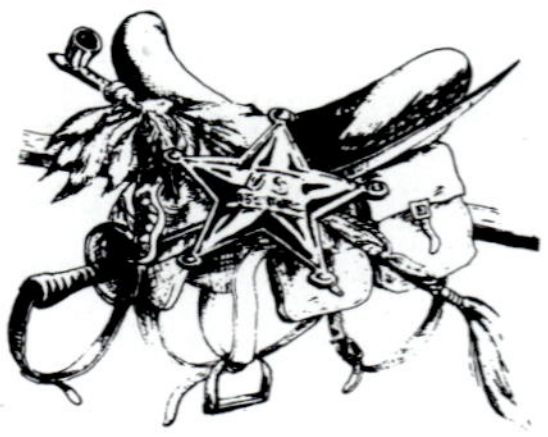

Die Gewalt des Bürgerkriegs ging für Veteranen wie Jesse James (1847–82), seinen älteren Bruder Frank (1844–1915?) und die Younger-Brüder, Cole, Bob und Jim nie zu Ende – sie alle waren mit verwegenen konföderativen Guerillaeinheiten wie der von William Quantrill in Missouri angeführten geritten. Im selben Jahr, als sich Robert E. Lee im April 1865 in Appomattox US-General Grant ergeben hatte, eröffnete die James-Bande eine Serie bewaffneter Raubüberfälle in den südlichen und den Grenzstaaten, die fünf Jahre andauern sollte. Bei einem Überfall auf eine Bank in Liberty, Missouri, erbeuteten sie 60 000 US-Dollar.

Als sich die Younger-Brüder um 1872 Frank und Jesse anschlossen, arbeitete das Brüderteam auf Hochtouren, es überfiel Banken, Züge, Postkutschen und sogar Dampfschiffe. Viele Bürger, bei denen Bankiers wegen ihres Geschäfts unbeliebt waren, ergötzten sich an den Abenteuern der James-Younger-Bande, und die Geächteten stiegen zu immer größeren Helden auf, je mehr Beute – insgesamt war es rund eine halbe Million Dollar – sie machten und je mehr sie töteten. Mindestens 21 Männer hatte die James-Younger-Bande umgebracht.

Gelegentlich wandte sich die Bande einem Ziel im Norden zu wie bei einem Raubüberfall in Iowa 1871. Auf einem Raubzug weit im Norden, in Northfield, Minnesota, am 7. September 1876 bekam die James-Younger-Bande schließlich die Rechnung präsentiert. Die Bande, die auf eine Handvoll mutiger Stadtbewohner stieß, mußte sich den Weg aus der Stadt freischießen, und nicht alle schafften es. Frank und Jesse entkamen, aber die drei Younger-Brüder wurden gefaßt und ins Gefängnis gesteckt, vermutlich lebenslänglich. Bob starb 1889 im Gefängnis, aber Cole und Jim wurden 1901 nach 25jähriger Haft freigelassen.

Jesse und Frank tauchten eine Zeitlang unter, aber Jesse beging 1879 wieder Raubüberfälle, so daß sich der Gouverneur von Missouri, Thomas Crittenden, veranlaßt sah, heimlich Robert Ford, ein ehemaliges Mitglied der James-Gang, anzuheuern und Jesse umbringen zu lassen – was er am 3. April 1882 auch tat, angeblich erschoß er ihn rücklings bei sich zu Hause. Frank erreichte dagegen ein hohes Alter – und begleitete sogar Cole Younger auf einer Vortragsreise über das Böse des Verbrechens. Aber noch während sie ritten, wurden die Abenteuer der James-Younger-Bande zu dem Stoff, aus dem Legenden gemacht sind.

RECHTS Historiker streiten sich noch immer, welche Ursache die Schießerei am 26. Oktober 1881 im OK Corral in Tombstone, Arizona, in der die Earps und Doc Holliday Billy Clayton und zwei McLaury-Brüder töteten, hatte: Mord oder Selbstverteidigung.

Das OK Corral

Einer der vielleicht berüchtigsten – und falsch dargestellten – Zwischenfälle in der oft gewalttätigen Geschichte des Westens ereignete sich am 26. Oktober 1881 am OK Corral in Tombstone, Arizona. Dieses Ereignis wurde in der Geschichte über hundert Jahre lang als die klassische Konfrontation zwischen Männern des Gesetzes und Geächteten auf eine Weise dargestellt, die als ungenau, wenn nicht als ausgesprochen falsch zu bezeichnen ist.

Zunächst einmal war der Polizeichef von Tombstone, Wyatt Earp, zwar ein Mann des Gesetzes, der schon Erfahrung in Wichita und Dodge City gesammelt hatte, aber kein Musterbeispiel an Tugend; nebenbei war er in einem Saloon am Ort als Pharo-Kartengeber tätig, und außerdem war er nur ein Friedenspolizist. Seine Brüder Virgil, Morgan und James, als Postkutscheneskorte bzw. Barmann tätig, waren Wyatts Stellvertreter. Die Earps und ihr Freund Doc Holliday, ein Alkoholiker und Zahnarzt mit einer Vorliebe für Mord, standen schon längere Zeit mit einer lauten Gruppe von Viehleuten vor Ort, darunter Billy und Ike Clanton sowie Frank und Tom McLaury, die nebenher Vieh stahlen, auf Kriegsfuß.

Einige Historiker betrachten die „Schießerei am OK Corral" keineswegs als einen Zusammenstoß zwischen Guten und Bösen, sondern als kaltblütigen Mord an den zum Teil auch unbewaffneten McLaury-Brüdern durch die Earps und Doc Holliday. Die Earps behaupteten stets, sie hätten bei der Konfrontation in Selbstverteidigung gehandelt. Wie dem auch sei, Billy Clanton und die beiden McLaurys wurden getötet, ein Schuß aus Hollidays Gewehr, der genau wie Morgan und Virgil Earp verwundet war, verfehlte knapp Ike Clanton.

Weniger als ein Jahr nach dem Zwischenfall am OK Corral wurde Morgan Earp in einem Hinterhalt getötet. Als Antwort verfolgten Wyatt und Holliday die beiden Männer, die sie für Morgans Mörder hielten, erschossen sie, und mußten vor einem Suchtrupp Zuflucht in Colorado suchen. Wyatt Earp lebte bis 1929, und noch heute erinnert man sich seiner als des „Helden vom OK Corral".

Die Wachmänner von Oklahoma

Der Landrausch in Oklahoma in den späten 1880ern war ein Zeichen dafür, daß sich der amerikanische Westen schnell schloß. Gegen die Mitte der 1890er war das ehemalige Indian Territory beinahe vollständig von Weißen besiedelt, und innerhalb eines Jahrzehnts sollte daraus der Staat Oklahoma werden. Um diese Zeit „säuberte" ein Trio erstklassiger Männer des Gesetzes Oklahoma und bemühte sich in einem der letzten, noch verbliebenen Grenzstaaten um Gesetz und Ordnung. Es waren die später sogenannten „drei Wachmänner": Bill Tilghman, Chris Madsen und Heck Thomas.

Tilghman, dem ein Ruf als ausgezeichneter Schütze und Büffeljäger vorausging, war zuvor Polizeichef in Dodge City, bevor er als stellvertretender US-Bezirkspolizeichef nach Oklahoma kam. Er war schlau und kühl, aber er besaß auch einen ziemlichen Humor: Statt Jennie „Little Britches" Stevens zu erschießen, verprügelte Tilghman sie.

LINKS NEBENAN „Onkel Billy" Tilghman war ein intelligenter, einfallsreicher und hartnäckiger Mann des Gesetzes, der die Doolin-, die Dalton- und die Starr-Bande jagte und allen dreien das Handwerk legte.

MITTE LINKS Chris Madsen, ein zäher Skandinavier, kämpfte für drei Länder, bevor er einer der „drei Wachmänner" wurde – in Italien mit Freiheitskämpfer Garibaldi, bei der französischen Fremdenlegion und bei der US-Kavallerie gegen aufständische Indianer.

LINKS AUSSEN Heck Thomas begann seine bewegte Laufbahn als 12jähriger Kurier für die Konföderation, dann war er Privatdetektiv, bevor er 1893 von US-Bezirkspolizeichef Evett Nix in Oklahoma als Stellvertreter angeheuert wurde.

Chris Madsen aus Dänemark stieß zu dem Trio nach dem herausragenden Militärdienst für drei Nationen: in Italien für den Freiheitskämpfer Garibaldi, bei der französischen Fremdenlegion und nach seiner Ankunft in Amerika 1870 bei der US-Kavallerie gegen aufständische Indianer.

Das letzte Mitglied dieses Trios, Heck Thomas aus Georgia, begann seine Abenteuer als 12jähriger Kurier für die Konföderation. Thomas, ein exzellenter Scharfschütze, hatte schon als Privatdetektiv gearbeitet, bevor er 1893 von Oklahomas US-Bezirkspolizeichef Evett Nix als sein Stellvertreter angeheuert wurde.

Die Wachmänner verfolgten in den 90ern praktisch nur einen einzigen Mann in Oklahoma: Bill Doolin, einen ehemaligen Landarbeiter aus Arkansas und Mitglied der berüchtigten Dalton-Bande, der beim Überfall in Coffeyville, Kansas, bei dem die meisten Dalton-Gangster am 5. Oktober 1892 getötet wurden, nicht dabei war. Als erster verhaftete Tilghman Doolin, den er 1895 in einem Mineralbad in Arkansas, als Prediger verkleidet, überraschte. Als Doolin zur Pistole greifen wollte, überredete ihn Tilghman, keinen Widerstand zu leisten. Aber Doolin floh kurz darauf, und Heck Thomas faßte ihn 1896 mit einem Suchtrupp. In die Ecke getrieben, wendete sich Bill Doolin blitzschnell um, zielte auf Thomas und schoß daneben; Thomas' Gewehr setzte Doolin für immer außer Gefecht.

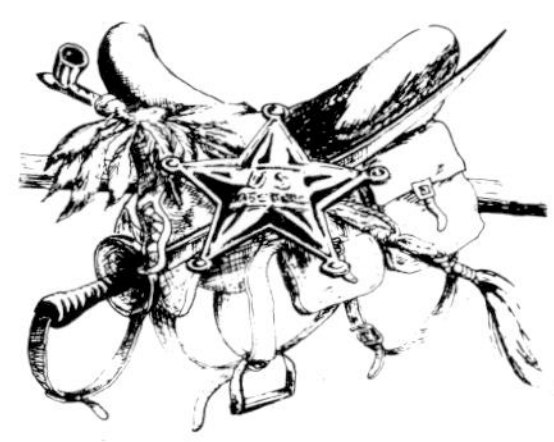

EINE GALERIE VON MÄNNERN DES GESETZES

IRA ATEN (?–1953)

Aten, der 1884 zu den bekannten Texas Rangers stieß, machte innerhalb von fünf Jahren allerlei Bösewichte dingfest. Danach war er in verschiedenen Gegenden von Texas als Mann des Gesetzes tätig, hielt Diebe vom Land der Viehzüchter fern und sorgte im allgemeinen für Frieden. Nach der Jahrhundertwende lebte er in Kalifornien und starb 1953.

WILD BILL HICKOK (1837–76)

Ja, der berühmte Spion, Pfadfinder und Indianerkämpfer war auch ein Mann des Gesetzes; aber wegen seines Rufs als schußfreudiger US-Bezirkspolizeichef in Abilene, Kansas (er erschoß aus Versehen einen Stellvertreter), und des Rückgangs von Abilene als wichtiger Drehscheibe für den Viehhandel verlor er 1871 seinen Job.

BAT MASTERSON (?–1921)

Dieser schneidige Spieler betätigte sich nebenher als Mann des Gesetzes; er war ein erstklassiger Schütze und diente in Dodge City und Colorado als Polizeichef, danach spielte er in Denver und betrog in New York, wo er zum Schluß Sportberichterstatter wurde; dort starb er 1921.

RECHTS Der gefeierte Mann des Gesetzes, Wyatt Earp (sitzend, zweiter von links), auf einer Aufnahme aus den späten 1870ern mit anderen Mitgliedern der Friedenskommission von Dogde City, Kansas, darunter Bat Masterson (stehend, rechts).

Rauhe Justiz: Auf dieser berühmten Aufnahme verurteilt Richter Roy Bean (auf einem Bierfaß, mit Sombrero) 1900 in seinem bescheidenen Gericht vor seinem Saloon in Langtry, Texas, einen Pferdedieb.

LINKS Nach seiner Wahl ins US-Repräsentantenhaus wurde der Republikaner Isaac C. Parker im Westbezirk von Arizona, einer unruhigen Gegend, zu der auch das Indian Territory gehörte, zum Richter ernannt. Mit seiner strengen Justiz brachte Parker Gesetz und Ordnung in die Gegend.

ISAAC C. PARKER: DER GALGENRICHTER (?–1896)

Als Parker den als „Robber's Roost" bekannten Bezirk im Indian Territory übernahm, veränderte er die Gegend, indem er Männer des Gesetzes wie die „drei Wachmänner" in seine Dienste stellte und viele Desperados zum Tod durch Hängen an dem vielarmigen Galgen verurteilte, den er errichten ließ. Der rastlose Richter hatte das Territorium „gesäubert", als es ein Teil von Oklahoma wurde; er starb 1896, vermutlich an Erschöpfung, im Alter von 57 Jahren.

JOHN SLAUGHTER

Slaughter, ein ehemaliger Texas Ranger, erwarb sich seinen Ruf als pistolenschwingender Sheriff in Cochise County, Arizona; er räumte in dieser Brutstätte von Diebstahl und Raubüberfällen auf.

LINKS Im alten Westen war die Justiz oft pauschal und brutal. 1884 war John Heith in Tombstone, Arizona, an einem Überfall auf ein Geschäft beteiligt, bei dem vier Menschen ums Leben kamen – er wurde gelyncht. Seine fünf Partner wurden einen Monat später gefaßt und ganz legal in Tombstone gehenkt.

KRIEGER, HÄUPTLINGE UND SOLDATEN

Die Indianerkriege, wie man sie nannte, wüteten im gesamten 19. Jahrhundert – wenn auch europäische Amerikaner den eingeborenen Amerikanern das Land schon seit dem 16. Jahrhundert streitig machten. Im 19. Jahrhundert wurde der Widerstand der eingeborenen Amerikaner von der militärischen Macht der USA gebrochen, den Anfang bildete 1814 Horseshoe Bend, das Ende die Tragödie am Wounded Knee über 75 Jahre später.

Horseshoe Bend

Der Krieg von 1812 zwischen den USA und England war noch nicht vorbei, als eine wichtige Schlacht ihre Schatten auf das vorauswarf, was die amerikanischen Eingeborenennation im neuen Jahrhundert erwartete. Vor der Schlacht von New Orleans, in der General Andrew Jackson 1815 zum Helden der Nation aufstieg, befehligte er die amerikanischen Truppen im Süden beim Sieg über einen anderen Feind: die Creek-Nation. Die Creek waren eine breite Konföderation eingeborener, im ganzen Süden beheimateter Amerikaner; viele Stämme hatten sich im Krieg mit den Engländern neutral verhalten, andere aktiv die Amerikaner unterstützt. Einer dieser Stämme wurde von Red Eagle (geboren als William Weatherford, indianischer und schottischer Abstammung) angeführt.

Im August 1813 stürmte Red Eagle Fort Mims am Alabama River, dabei wurden die meisten weißen Einwohner getötet. Als Antwort auf den Angriff schickten die USA eine 3500 Mann starke Streitmacht unter General Jackson, darunter auch Davy Crockett, nach Alabama. Die Streitkräfte stießen im November in den Wäldern zusammen, aber die Schlacht verlief unentschieden. Als der Winter vorüber war, brachen Jacksons Truppen wieder auf, diesmal zu einem als Horeshoe Bend genannten Abschnitt des Tallapoosa River, dort vernichteten sie praktisch die gesamte Creek-Nation. Nach der Schlacht ging der geschlagene Red Eagle allein zu den Amerikanern und ergab sich. Jackson war davon beeindruckt und ließ Red Eagle als freien Mann gehen – aber er sollte nie wieder kämpfen. Seine Creek, die die Schlacht und rund acht Million ha Land verloren hatten, waren lediglich die ersten von allen Stämmen, die die Heimat ihrer Vorfahren verloren.

GEGENÜBER LINKS Was Andrew Jackson 1814 begann, als er die Macht der Creek-Nation am Horseshoe Bend brach, vollendete er in den 1830ern als siebter Präsident der Vereinigten Staaten mit der Umsiedlung der „fünf zivilisierten Stämme".

OBEN Die mutige Kapitulation von Creek-Häuptling William Weatherfort, alias Red Eagle, als er 1814 nach der Schlacht am Horseshoe Bend allein und unbewaffnet in General Andrew Jacksons Lager kam, bedeutete, daß die Creek neben Macht und Ehre der Creek-Konföderation rund 8 Millionen ha Land verloren hatten.

Der Pfad der Tränen

Kurz nach dem Ende des Krieges 1812 drangen weiße Siedler von der Ostküste in westlicher Richtung in das Land ein, das jahrhundertelang eingeborenen Amerikanern gehört hatte. 1830 verabschiedete die US-Regierung, an ihrer Spitze Andrew Jackson, der den Sieg am Horseshoe Bend errungen hatte und jetzt Präsident war, Gesetze, die den Indianern im Südosten ihre Heimat nahmen. Das wurde als „Umsiedlung" bezeichnet: Die „fünf zivilisierten Stämme" (Creek, Cherokesen, Seminole, Chickasaw und Choctaw) mußten ihr Land verlassen und es gegen das „Indian Territory" (dem späteren Oklahoma) eintauschen.

Einige der Nationen gaben ihr Gebiet Anfang der 1830er auf, aber die mächtige Cherokesen-Nation leistete Widerstand. Unter der Führung ihres Häuptlings John Ross wehrten sich die Cherokesen gegen die „Umsiedlungs"-Politik und gingen bis zum Obersten Gerichtshof – schließlich mußten aber auch sie von den späten 1830ern an ihre Heimat in Georgia und Tennessee verlassen.

Die Umsiedlung der Cherokesen war die schwerste und herzzerreißendste von allen. Die Unbilden der Natur, Krankheit, Mißhandlungen und Vernachlässigung plagten das cherokesische Volk bei seinem Hunderte von Kilometern langen Marsch bis zum Indian Territory. Fast ein Viertel der Cherokesen-Auswanderer starben unterwegs – der Marsch ist als Pfad der Tränen in die Geschichte eingegangen.

Krieg im Westen

Als die weißen Amerikaner in den 1840ern und 50ern in den Westen vordrangen, versuchte die US-Armee, jene amerikanischen Eingeborenennationen, die noch nicht unterworfen waren, in Schach und in sicherer Entfernung von den Hunderten von Auswanderern zu halten, die über den Kontinent zogen. Aber in den 1860ern, die Armee war durch den Bürgerkrieg im Osten gebunden, nutzten einige Indianernationen die Gelegenheit, um ihren Widerstand zu erneuern, darunter die Minnesota Sioux im Norden und die Navajo und Apachen im Südwesten.

1861 löste ein Zwischenfall mit einem entführten amerikanischen Jungen und verwechselten Apachen einen Zusammenstoß zwischen der US-Armee und Cochise, einem Häuptling der Chiricahua-Apachen aus, dessen Familie sich in der Gewalt von Soldaten befand, die zu keinem Gefangenenaustausch bereit waren. Cochise richtete seine Gefangenen hin, im Gegenzug wurde sein Bruder gehenkt. Cochise begab sich mit seinen Kriegern auf den Kriegspfad und überfiel in Arizona eine amerikanische Siedlung nach der anderen und tötete Hunderte Siedler.

RECHTS General Oliver O. Howard, der auf diesem Armeeporträt grimmig wirkt, spielte auf mehreren Bühnen des Westens eine Schlüsselrolle in Krieg und Frieden. 1872 handelte Howard im Südwesten mit dem Chiricahua-Apachen-Häuptling Cochise einen Vertrag aus. Fünf Jahre später zwang er den edlen Häuptling der Nez Percé, Joseph, zum Krieg.

GEGENÜBER OBEN Zwar galt General George Crook, der Werbung liebte, wegen seiner Kleidung und persönlichen Gewohnheiten als exzentrisch, trotzdem war er einer der fähigsten, aufopferungsvollsten Armeebefehlshaber im Westen. Er war anständig und menschlich, und General W. T. Sherman bezeichnete ihn als „den größten Indianerkämpfer und Verwalter, den die Armee je besaß".

GEGENÜBER UNTEN Von ihren Indianergegnern wurden sie respektvoll „Büffelsoldaten" genannt, weil ihr Haar dem zottigen Fell des heiligen Büffels zu ähneln schien: Hier stehen schwarze Kavalleriesoldaten der US-Armeeabteilung von Missouri beritten und für einen Angriff bereit, im Hintergrund erhebt sich ein westliches Gebirge.

Siedler, Viehzüchter, Händler und Fahrer zerstreuten sich angesichts des Angriffs im ganzen Territorium – außer einem Postaufseher namens Tom Jeffords. Weil ihm ein Postkutscher nach dem anderen abgeschossen wurde, ritt der rothaarige Jeffords – allein – ins Lager von Cochise, um ihn zu sprechen. Cochise, überrascht und beeindruckt, bewunderte Jeffords Mut, die beiden wurden Freunde, und Jeffords Kutscher wurden in Ruhe gelassen.

Nach einem Blutbad der Apachen an Weißen 1871 schickte die Regierung auf öffentlichen Druck hin General George Crook und General Oliver O. Howard in den Südwesten, um mit Cochise und den Apachen Frieden zu schließen. Mit Tom Jeffords Hilfe kam es 1872 in der Bergfeste der Apachen zum Frieden mit Cochise; er hielt mehrere Jahre – bis ein anderer Krieger namens Geronimo Häuptling der Apachen wurde.

MILITÄRISCHE BEFEHLSHABER

UNTEN UND RUNDES BILD Zwar wird General Philip Sheridan der Satz „Der einzige gute Indianer ist ein toter Indianer" zugeschrieben, aber vom ersten Armeebefehlshaber im Westen während der Indianerkriege stammt auch eine andere Meinung: „Wir haben ihnen ihr Land genommen, ihre Lebensweise zerstört, ihnen Krankheiten und Zerstörung gebracht, und dafür und dagegen sind sie in den Krieg gezogen. Hat jemand eigentlich weniger erwartet?"

Diese Befehlshaber haben im 18. und 19. Jahrhundert mit militärischer Gewalt den Westen erobert.

GEORGE CROOK (1828–90)

Crook befehligte eine Reihe von Feldzügen gegen die Apachen, wobei er die fehlende Beweglichkeit des Heers ausglich, indem er Maultiere für den Nachschub einsetzte. Er rekrutierte freundliche Apachen, um feindliche aufzuspüren, und er befehligte auch Unternehmen gegen die Sioux; insgesamt diente er rund 20 Jahre im Westen.

WILLIAM HENRY HARRISON: „OLD TIPPECANOE" (1773–1841)

Harrison erwarb seinen Beinamen aufgrund seines Sieges von 1811 über Tecumseh in Tippecanoe; später war er Gouverneur des Indian Territory und 9. Präsident der USA.

ANDREW JACKSON (1767–1845)

Als General der US-Armee brach Jackson die Macht der Creek am Horseshoe Bend, errang im Krieg von 1812 Siege über die Engländer, setzte als 7. Präsident die Umsiedlung der südöstlichen Stämme durch und verfolgte eine drakonische Anti-Indianerpolitik.

ROBERT ROGERS (1731–95)

Der Prototyp des „Indianerkämpfers" im 18. Jahrhundert, der die „Roger's Rangers" im Französischen und im Indianerkrieg befehligte. In der Revolution kämpfte er für die Engländer, und er soll James Fenimore Cooper für seinen berühmten Roman *Der letzte Mohikaner* als Vorbild für Hawkeye gedient haben.

PHILIP SHERIDAN (1831–88)

Sheridan, ebenfalls Befehlshaber im Bürgerkrieg, löste Sherman als Befehlshaber der US-Streitkräfte im Westen ab. Er machte die berüchtigte Bemerkung „Der einzige gute Indianer ist ein toter Indianer..

UNTEN LINKS General W. T. Sherman, berühmt für das Niederbrennen von Atlanta und seinen „Marsch ans Meer" im Bürgerkrieg, war zwischen 1866 und 1869 befehlshabender General der gesamten US-Armee.

UNTEN General Zachary Taylor war vier Jahrzehnte bei der US-Armee, bevor er als 12. Präsident der USA Polks Nachfolge antrat.

WILLIAM TECUMSEH SHERMAN (1820–91)

Er war Befehlshaber im Bürgerkrieg und übernahm nach dem Krieg den Befehl über die US-Streitkräfte im Westen. Sherman sorgte für den Bau von Forts im ganzen Westen, um die Expansion nach Westen zu unterstützen, und gründete die Militärpolizei, die die Indianer aus ihrem Land verdrängte.

ZACHARY TAYLOR: „OLD ROUGH AND READY" (1784–1850)

Taylor, Brigadegeneral im Mexikanischen Krieg, der Mexiko zwang, den USA Kalifornien und das Gebiet von Neu-Mexiko auszuhändigen, lebte später noch knapp ein Jahr als 12. US-Präsident.

Die Erhebung der Minnesota-Sioux

Im Sommer 1862 schwelte es bei den Santee-Sioux, die in einer Reservation am Minnesota River eingepfercht waren. Am 17. August lief bei einigen Santee, frustriert über die beengten Verhältnisse, den Mangel an Wild, skrupellose weiße Händler und andere Ungerechtigkeiten, das Faß über. Fünf junge wagemutige Krieger forderten sich zur Mutprobe heraus, ein paar Weiße zu töten, und erschossen fünf Siedler. Am nächsten Tag wüteten die Santee, angeführt von ihrem Häuptling Little Crow, überall, brannten Häuser nieder, vergewaltigten, plünderten und ermordeten fast 400 Siedler, während 200 Flüchtlinge Schutz in Fort Ridgely auf der anderen Flußseite suchten. Einige Tage später griff Little Crow wiederholt das Fort an, wurde aber zurückgeschlagen; im Anschluß daran nahmen seine Krieger im Sturm New Ulm, brannten das Dorf nieder und zwangen die Überlebenden, es zu evakuieren.

Die Erhebung wurde erst einen Monat später endgültig niedergeschlagen, als Soldaten unter Oberst H. H. Sibley am 23. September Little Crows Krieger besiegten. Der Häuptling selbst entkam, wurde aber kurz danach von einem Farmer erschossen. Sibleys Soldaten trieben rund 2000 Santee zusammen, machten fast 400 den Prozeß wegen ihrer Greueltaten und verurteilten 303 davon zum Tod durch den Strang. Aber bevor das Urteil vollstreckt werden konnte, wandelte Präsident Lincoln die Urteile gegen alle Santee außer bis auf 38 um; diese wegen Mord und Vergewaltigung Verurteilten wurden in der größten Massenhinrichtung der amerikanischen Geschichte gehenkt.

Im gesamten Westen ließen eingeborene Amerikaner ähnliche Klagen wie die Santee laut werden, und auch ihre Frustration äußerte sich in Gewalttaten.

Little Bighorn

Die 1870er und 80er erlebten Dutzende von Schlachten zwischen US-Truppen und Streitkräfte eingeborener Amerikaner vieler Nationen im ganzen Westen. Die legendärste dürfte die sein, die am 25. Juni 1876 beim Little Bighorn River im Montana Territory stattfand. Die betroffene amerikanische Einheit war die 7. Kavallerie unter dem Befehl von Oberstleutnant George Armstrong Custer, einem schneidigen Helden des Bürgerkriegs, den die Armee vom Rang eines Generalmajors auf den eines Oberstleutnants degradierte und der vorübergehend seines Befehls enthoben wurde, nachdem er den Bruder von Präsident Grant in einen Skandal verwickelt hatte. Als Custer am 22. Juni seine Truppe ins Gelände führte, hoffte er, eine große Indianerstreitmacht in die Falle zu locken. In einer Hinsicht erfüllte sich sein Wunsch: Sehr bald standen seinen rund 600 Soldaten die vereinten Streitkräfte der Sioux und Nord-Cheyenne gegenüber, die zusammen zwischen 2500 und 3000 Männer zählten, vermutlich die größte Streitmacht, die die eingeborenen amerikanischen Krieger je aufgestellt hatten.

Nach einem fast 65 km langen Marsch näherte sich Custer einem Dorf von Sioux und Cheyenne am Little Bighorn. Statt auf die Warnungen seiner Kundschafter über eine weitaus überlegene Indianerstreitmacht zu hören und Verstärkung abzuwarten, teilte Custer seine Männer auf. Custer befehligte eine Gruppe persönlich, Hauptmann Frederic Benteen und Major Marcus Reno schickte er dagegen fort, damit sie Stellung gegenüber von Ash Creek bezogen. Custer gab den Befehl zum Angriff, ließ Renos Truppe das Dorf angreifen, und schon brach die reinste Hölle los. Custer wurde von einer großen Streitmacht unter dem Befehl des Hunkpapa-Häuptlings Gall an seiner Flanke und von hinten überrascht, auf der anderen Seite trommelte Oglala-Sioux-Häuptling Crazy Horse auf ihn ein; Low Dog, ein weiterer Oglala-Sioux ergänzte den Angriff, wehrte Renos Männer ab und umzingelte General Custer.

Die Schlacht am Little Bighorn, die als „Custers letzte Stellung" in die Geschichte einging, ist eines der größten Debakel in der amerikanischen Militärgeschichte; kein einziger von Custers Männern überlebte. Für die Indianerstreitkräfte, die an diesem Tag gewannen, war es vermutlich der größte Sieg, den die Indianer je errungen hatten.

LINKS George Armstrong Custer, General im Bürgerkrieg, aber Oberst, als er mit seinem ganzen Regiment 1876 in der legendären Schlacht am Little Bighorn umkam, hier in einem untypischen Wildlederanzug. Er dürfte einer der berühmtesten „Indianerkämpfer" gewesen sein, und sein Tod wurde öffentlich als der eines Helden betrauert. Aber die Männer, die mit ihm und unter ihm dienten, wußten es besser. Custer mag zwar tapfer gewesen sein, aber er war ein schlechter Befehlshaber und ein eitler, impulsiver, ruhmsüchtiger Mann, bei dem eigene Bequemlichkeit und Ego an erster Stelle standen, für das Wohl seiner Männer hatte er wenig übrig – wie sein letzter, tödlicher Feldzug bezeugt.

Das Ende naht: Geistertanz und Wounded Knee

OBEN General Nelson Miles meinte genau wie die Generale Sherman und Sheridan, Indianer seien Wilde. 1877 griff er nach Little Bighorn hart gegen die Sioux durch; später im gleichen Jahr zwang er Nez-Perce-Häuptling Joseph, sich zu ergeben, und über ein Jahrzehnt danach verhaftete Miles den Sioux-Häuptling Sitting Bull in einem Zwischenfall, der 1890 zu dem tragischen Blutbad von Wounded Knee führen sollte.

RECHTS Häuptling Sitting Bull von den Teton-Sioux, um 1885 aufgenommen. Der völlig furchtlose Sitting Bull war schon mit 14 ein Krieger.

Ende der 1880er wurde der „rote Mann" praktisch aus seinem ganzen Land in Reservationen abgedrängt. Die amerikanischen Eingeborenenvölker lebten meistens in großer Armut und litten unter Epidemien, Dürren, dem Hungertod und der Verzweiflung. Aber 1889 erklärte ein Paiute-Schamane (ein heiliger Mann) namens Wovoka den Stammesführern, er habe die Vision einer Welt gehabt, in die der Friede, der Büffel und die gefallenen Kameraden der Indianer zurückkehren würden; er erklärte, der weiße Mann werde verschwinden, und der rote Mann werde wieder ein glückseliges Leben führen. Der Schlüssel zu dieser neuen Religion war ein Ritualtanz, den die Weißen „Geistertanz" nannten und der Tausenden verzweifelter eingeborener Amerikaner neue Hoffnung einflößte.

Der Geistertanz-Kult breitete sich in den Reservationen im Westen aus. Als er die Sioux in den Dakotas erreichte, begannen die Gläubigen, die befürchteten, die Regierung werde ihre neue Religion verbieten, „Geisterhemden" zu tragen, auf denen Zaubersymbole aufgemalt waren, um böse Geister und die Kugeln von Angreifern abzuwehren. Zwar hielt ein aufmerksamer Amerikaner, der frühere Armeearzt und Indianerbeauftragte Valentine McGillycuddy, den Tanz für harmlos, der zugelassen werden sollte, aber die meisten Indianerbeauftragten und Regierungsbehörden fühlten sich von diesem Kult bedroht.

Die Armee reagierte auf die Angst der Beauftragten über die Geistertanzraserei, die durch die Reservationen fegte, indem sie im Herbst 1890 Soldaten an die Pine-Ridge-Agency schickte. Im Dezember verhaftete Generalmajor Nelson Miles den Hunkpapa-Sioux-Häuptling Sitting Bull in der Reservation am Cheyenne River, weil er irrtümlich meinte, der berühmte Krieger und Medizinmann habe den Geistertanzkult eingeführt, um Unruhe zu stiften. Als Indianerpolizei den großen Häuptling verhaften wollte, kam es zu Handgreiflichkeiten, und Sitting Bull und mehrere andere Sioux wurden getötet. Daraufhin flohen Hunderte von Hunkpapa und versuchten, der Armee zu entkommen, indem sie das Gebiet der Pine-Ridge-Agency verließen – aber ihnen waren Bundestruppen auf den Fersen.

OBEN Der erfrorene Leichnam von Miniconicu-Sioux-Häuptling Big Foot liegt unbeweglich im Schnee von Dakota, ein stummer Zeuge für das Blutbad an mehreren hundert Sioux-Männern, -Frauen und -Kindern am Wounded-Knee-Creek in der Pine-Ridge-Reservation am 29. Dezember 1890.

RECHTS Weil George Armstrong Custer, den seine Männer „Hard Ass" nannten, unter anderem den Pfadfinderbericht nicht beachtete, demzufolge sich ganz in der Nähe eine überwältigende Sioux-Streitmacht befand, führte er am Little Bighorn Hunderte von Männern in den Tod. Heute kennzeichnen Grabmäler der Gefallenen den Ort in Montana, der als nationales Monument gilt.

Am 28. Dezember 1890 schlugen die Indianer ihr Lager beim Wounded-Knee-Creek auf, rund 32 km von der Pine-Ridge-Agency, umzingelt von etwa 500 Soldaten, die sie an einer Flucht hindern sollten. Der befehlshabende Offizier befahl den Indianern, ihre Waffen abzuliefern; als sie sich weigerten, ließ er die Tipis und die Indianer selbst durchsuchen. Es kam zu einem Handgemenge, und einer der Indianer feuerte einen ungezielten Schuß ab, womit er einen Kugelhagel der Soldaten auslöste, die die Indianer umzingelten. Weitere Indianer erwiderten das Feuer, und die Soldaten schossen mit ihren Hotchkiss-Maschinengewehren auf alles, was sich bewegte, einschließlich Frauen und Kinder. Als sich der Rauch verzog, waren rund 25 Soldaten tot, meistens durch eigenes Kreuzfeuer. Aber die Indianer waren abgeschlachtet worden: Zwischen 150 und 300 Männer, Frauen und Kinder wurden am Wounded Knee getötet. Die Armee verlieh, so unglaublich es klingt, Dutzenden von Soldaten die Ehrenmedaille des Kongresses für „Tapferkeit" in der „Schlacht" am Wounded Knee. Aber Wounded Knee war keine Schlacht, sondern ein Blutbad, das das tragische Ende des Widerstands der eingeborenen Amerikaner im Westen der Vereinigten Staaten kennzeichnete.

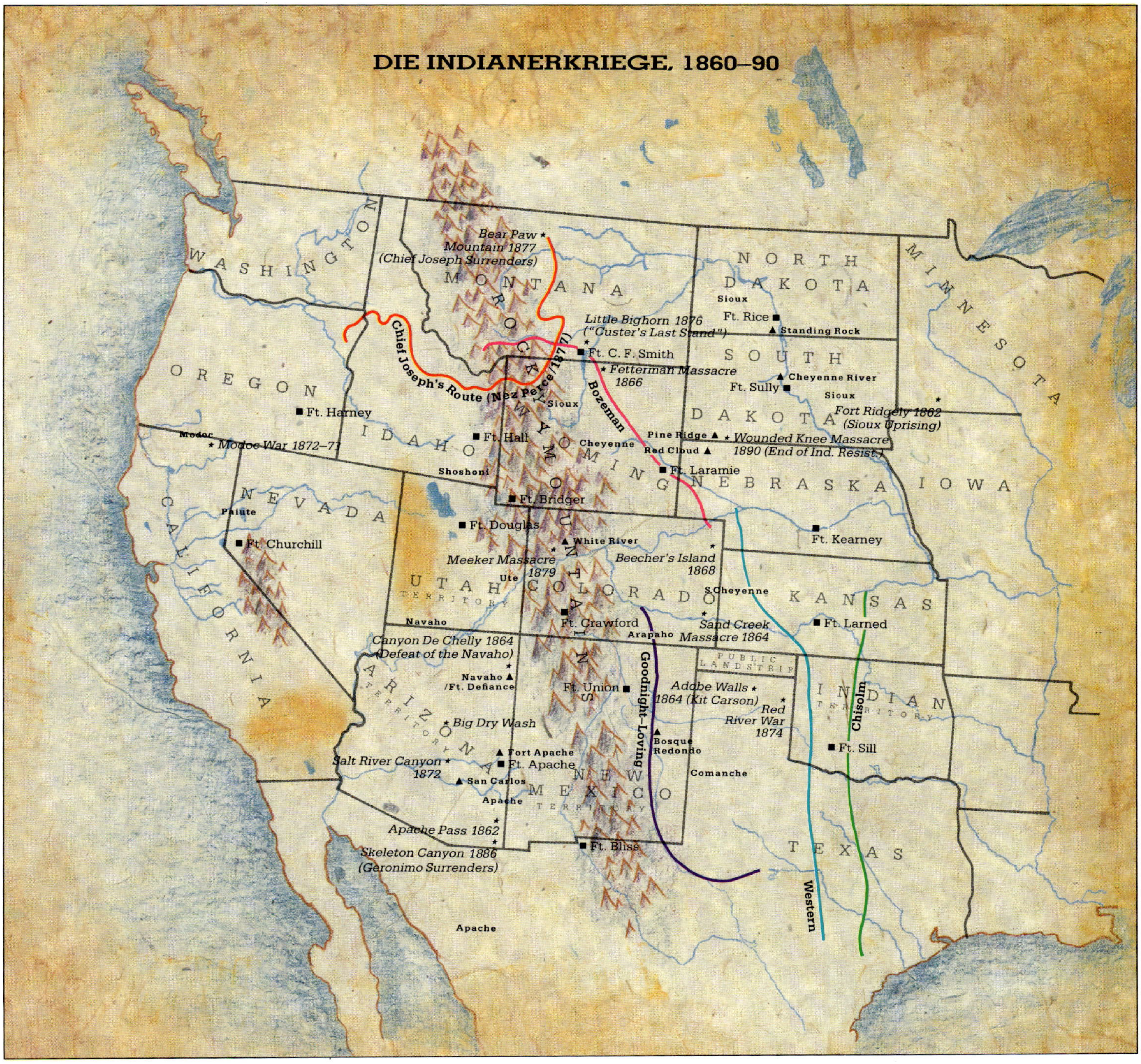

KARTENSCHLÜSSEL

- ■ Fort
- ▲ Indianeragentur
- ★ Indianerschlacht
- Bozeman Trail
- Chisholm Trail
- Goodnight-Loving-Trail
- Westlicher Viehpfad

RECHTS UNTEN Geronimo, der berühmte Chiricahua-Apachen-Häuptling, der im Südwesten einen wirksamen Guerillakrieg gegen Amerikaner und Mexikaner führte.

GROSSE KRIEGER, GROSSE HÄUPTLINGE

Im gesamten 18. und 19. Jahrhundert standen außerordentliche Männer an der Spitze Dutzender amerikanischer Eingeborenenstämme; hier sind nur einige dieser großen Häuptlinge abgebildet.

RED CLOUD (OGLALA-SIOUX, 1822–1909)

Dieser mutige Sioux-Krieger war gegen die Expansion der Weißen in den Westen; er bemühte sich, Jagdgründe zu verteidigen und sperrte den Bozeman Trail und andere Überlandstraßen in den Westen. Red Cloud unterschrieb 1868 den Fort-Laramie-Vertrag und zwang die USA, seine Bedingungen einzuhalten.

GERONIMO (APACHE, 1829–1909)

Als Goyathlay geboren, der vielleicht berühmteste Indianer im 19. Jahrhundert; Geronimo führte den Widerstand der Apachen von 1876 bis 1884 an, dann schloß er mit Crook Frieden; 1885–87 leitete er eine nochmalige Erhebung, und nach 1887 lebte er in einer Reservation.

CRAZY HORSE (SIOUX, CA. 1841–77)

Crazy Horse, als Tashunka Witco geboren, dürfte der größte Sioux-Häuptling sein. Er haßte die Weißen und beteiligte sich an fast allen großen Schlachten der Sioux (Rosebud, Little Bighorn, usw.); 1877 ergab er sich Crook.

BLACK HAWK (SAUK, 1767–1838)

Ein großartiger Sauk-Krieger und -Anführer, der den Abtritt von Sauk-/Fox-Gebieten östlich des Mississippi an die USA ablehnte. Im Krieg von 1812 kämpfte er mit den Engländern, und 1832 führte er den Black-Hawk-Krieg gegen die USA und unterlag. 1833 traf Black Hawk mit Präsident Andrew Jackson zusammen.

CAPTAIN JACK (MODOC, CA. 1837–73)

Captain Jack, als Kintpuash geboren, leitete den Widerstand der Modoc gegen die Umsiedlung im „Modoc-Krieg" 1872–73; Kintpuash, von anderen Modoc, die ihn später verrieten, dazu aufgefordert, tötete General Canby; er und andere Modoc wurden 1873 hingerichtet.

LINKS Der mutige Siouxhäuptling Red Cloud ging an der Spitze einer Delegation nach Washington, wo er ein Ende der Übergriffe von Goldsuchern auf die Sioux-Reservation in den Black Hills aushandeln wollte.

OBEN Kintpuash mit dem Spitznamen „Captain Jack" wegen des Militärmantels, den er oft trug, ein Widerstandskämpfer des Modoc-Stamms am Pazifik im Nordwesten, zeichnete für den Modoc-Krieg von 1872–73 verantwortlich.

OBEN Mit den Worten „Ich will nicht für immer kämpfen" ergab sich Häuptling Joseph von den Nez Percé mit seinen Kriegern 1877 nach dem legendären Marsch von der Heimat seines Volkes im Staat Washington kurz vor der kanadischen Grenze General Nelson Miles.

RECHTS Zwar verteidigte Uncompaghre-Ute-Häuptling Ouray, „Der Pfeil", unermüdlich die Rechte seines Volkes, aber er war einer der zugänglichsten amerikanischen Eingeborenenanführer, dem die US-Regierung je begegnete.

HÄUPTLING JOSEPH (NEZ PERCÉ, CA. 1832–1904)

Dieser große Häuptling der Nez Percé, als Hinmaton Yalatkit geboren, stieg zu einem geschickten Militärführer der vertragslosen Nez Percé auf. Im Krieg von 1877 gewann er 18 Schlachten, danach führte er einen glänzenden Rückzug nach Kanada an, bevor er sich 1877 Miles ergab. Häuptling Joseph traf 1897 mit McKinley, Miles und Howard und 1903 mit Präsident Roosevelt zusammen.

OSCEOLA (SEMINOLE, CA. 1804–38)

Organisierte den Widerstand der Seminole gegen die Umsiedlung, mit dem der zweite Seminole-Krieg (1835–42) ausbrach. Osceola führte einen glänzenden Guerillakrieg gegen amerikanische Truppen; er stimmte einer Konferenz unter einer Waffenstillstandsfahne zu, wurde aber gefangengenommen und starb 1838 im Gefängnis.

OURAY (UTE, CA. 1820–80)

Ein spanischsprechender Ute-Häuptling, der in den 1860ern und 70ern mit der amerikanischen Regierung, besonders mit Kit Carson eng zusammenarbeitete; er griff in die Kontroverse um den Mord an Nathan Meeker ein.

PONTIAC (OTTAWA, CA. 1720–69)

Die führende Kraft hinter einer Reihe koordinierter Überfälle auf englische Vorposten bei den Großen Seen in den 1760ern und stärkster Befürworter indianischer Einheit gegen die Weißen im Westen der Appalachen. Pontiac wurde von einem Peoria-Krieger in Cahokia, Illinois, ermordet.

SEQUOYAH (CHEROKESE, 1776–1843)

Sequoyah, ein hervorragender Gelehrter und Förderer einer Cherokesen-Silbentabelle bzw. eines -Alphabets, gab die erste Zeitung in einer amerikanischen Eingeborenensprache, die *Phoenix* auf cherokesisch, heraus. Nachdem er frühe Probleme mit dem Alkohol überwunden hatte, wurde er ein guter Handwerker und Journalist. Die Sequoiabäume wurden nach ihm benannt.

TECUMSEH (SHAWNEE, CA. 1768–1813)

Einer der größten führenden eingeborenen Amerikaner und starker Gegner der Vereinigten Staaten; Tecumseh strebte eine vereinte amerikanische Eingeborenennation, die Indianerkonföderation, als Konkurrenz zu den USA an; er kämpfte mit den Engländern im Krieg von 1812 und wurde im Alter von 44 im Kampf getötet.

LINKS Der Cherokesen-Intellektuelle Sequoyah, hier mit der Silbentabelle, die er um 1821 erfand. Die riesigen Redwoods in Kalifornien sind nach ihm benannt.

UNTEN Eine phantasievolle Darstellung der Konfrontation zwischen dem großen Shawnee-Häuptling Tecumseh und dem Gouverneur des Northwest Territory (und späteren Präsidenten) William Henry Harrison bei ihrer unergiebigen Konferenz 1810.

WILDER WESTEN – ZEITTAFEL

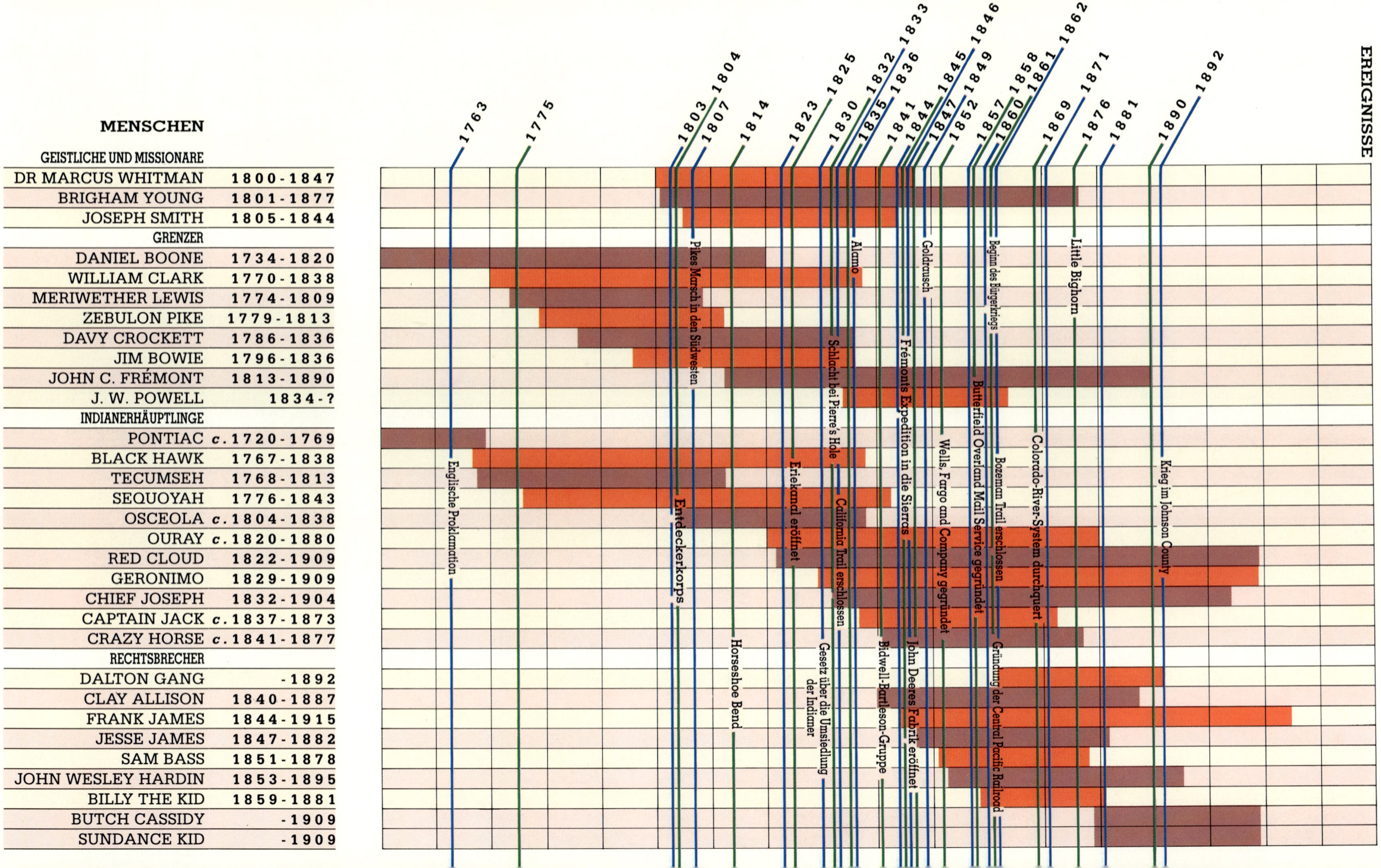

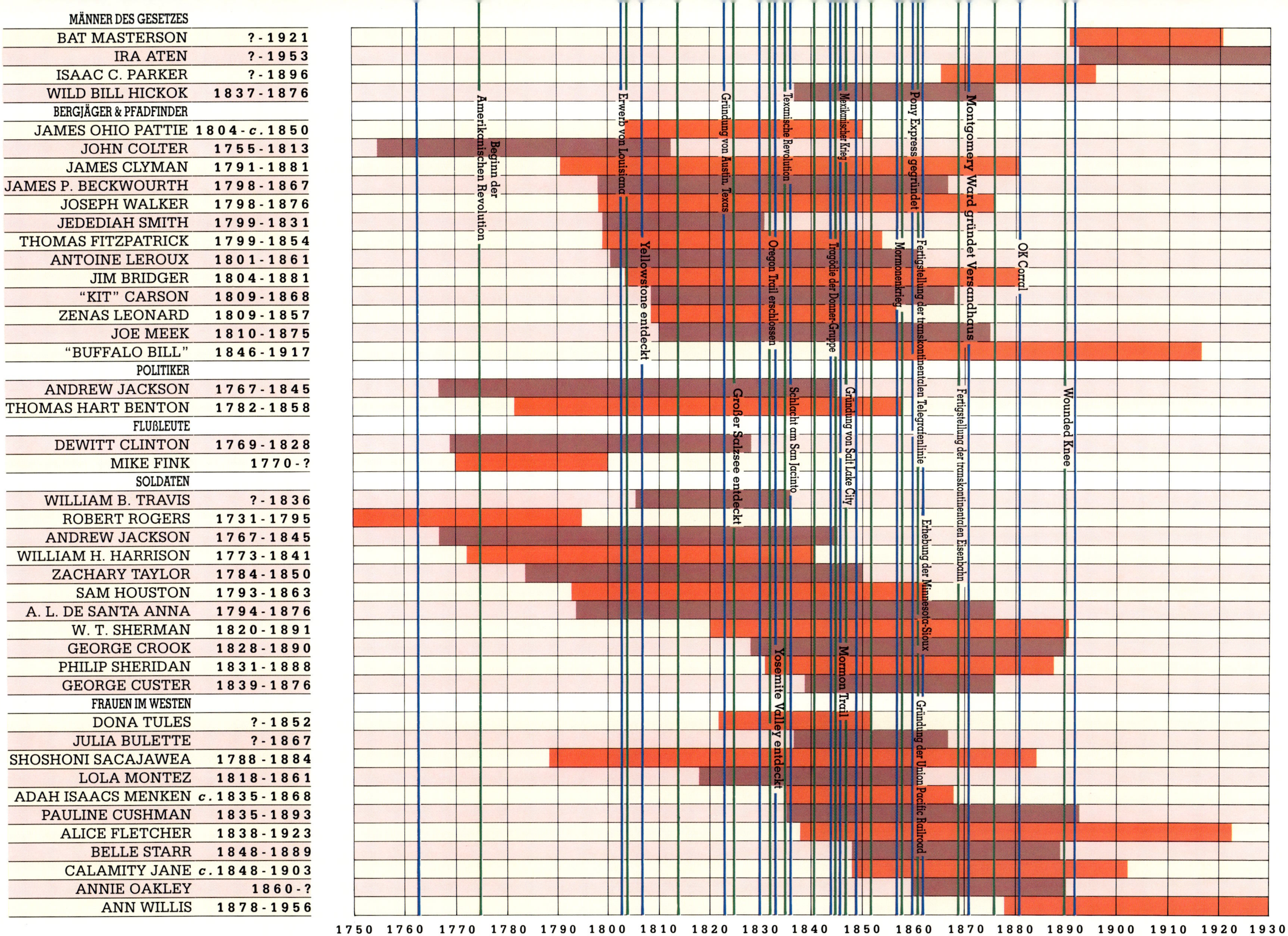
MÄNNER DES GESETZES
BAT MASTERSON ?-1921
IRA ATEN ?-1953
ISAAC C. PARKER ?-1896
WILD BILL HICKOK 1837-1876
BERGJÄGER & PFADFINDER
JAMES OHIO PATTIE 1804-c.1850
JOHN COLTER 1755-1813
JAMES CLYMAN 1791-1881
JAMES P. BECKWOURTH 1798-1867
JOSEPH WALKER 1798-1876
JEDEDIAH SMITH 1799-1831
THOMAS FITZPATRICK 1799-1854
ANTOINE LEROUX 1801-1861
JIM BRIDGER 1804-1881
"KIT" CARSON 1809-1868
ZENAS LEONARD 1809-1857
JOE MEEK 1810-1875
"BUFFALO BILL" 1846-1917
POLITIKER
ANDREW JACKSON 1767-1845
THOMAS HART BENTON 1782-1858
FLUßLEUTE
DEWITT CLINTON 1769-1828
MIKE FINK 1770-?
SOLDATEN
WILLIAM B. TRAVIS ?-1836
ROBERT ROGERS 1731-1795
ANDREW JACKSON 1767-1845
WILLIAM H. HARRISON 1773-1841
ZACHARY TAYLOR 1784-1850
SAM HOUSTON 1793-1863
A. L. DE SANTA ANNA 1794-1876
W. T. SHERMAN 1820-1891
GEORGE CROOK 1828-1890
PHILIP SHERIDAN 1831-1888
GEORGE CUSTER 1839-1876
FRAUEN IM WESTEN
DONA TULES ?-1852
JULIA BULETTE ?-1867
SHOSHONI SACAJAWEA 1788-1884
LOLA MONTEZ 1818-1861
ADAH ISAACS MENKEN c.1835-1868
PAULINE CUSHMAN 1835-1893
ALICE FLETCHER 1838-1923
BELLE STARR 1848-1889
CALAMITY JANE c.1848-1903
ANNIE OAKLEY 1860-?
ANN WILLIS 1878-1956
Beginn der Amerikanischen Revolution
Erwerb von Louisiana
Yellowstone entdeckt
Gründung von Austin, Texas
Großer Salzsee entdeckt
Oregon Trail erschlossen
Yosemite Valley entdeckt
Texanische Revolution
Schlacht am San Jacinto
Tragödie der Donner-Gruppe
Mexikanischer Krieg
Mormon Trail
Gründung von Salt Lake City
Mormonenkrieg
Pony Express gegründet
Fertigstellung der transkontinentalen Telegrafenlinie
Erhebung der Minnesota-Sioux
Gründung der Union Pacific Railroad
Fertigstellung der transkontinentalen Eisenbahn
Montgomery Ward gründet Versandhaus
OK Corral
Wounded Knee
1750 1760 1770 1780 1790 1800 1810 1820 1830 1840 1850 1860 1870 1880 1890 1900 1910 1920 1930

REGISTER

LITERATURHINWEISE

Adams, James Truslow (Hrsg.): *Atlas of American History*, New York (Charles Scribner's Sons) 1943.
Barnard, Edward S. (Hrsg.): *Reader's Digest Story of the Great American West*, Pleasantville, NY (Reader's Digest) 1977.
Brown, Dee: *The Westerners*, New York (Holt, Rinehart and Winston) 1974.
Dockstader, Frederick J.: *Great North American Indians: Profiles in Life and Leadership*, New York (Van Nostrand Reinhold) 1977.
Dunlop, Richard: *Great Trails of the West*, Nashville, Tenn. (Abingdon Press) 1971.
Froncek, Thomas (Hrsg.): *Voices from the Wilderness: The Frontiersman's Own Story*, New York (McGraw-Hill) 1974.
Gilbert, Bill und die Hrsg. von Time-Life Books: *Trailblazers* (The Old West Series), New York (Time-Life Books) 1973.
Hewitt, James (Hrsg.): *Eye-Witnesses to Wagon Trains West*, New York (Charles Scribner's Sons) 1973.
Horan, James D.: *The Gunfighters: The Authentic Wild West*, New York (Crown Publishers) 1976.
Horan, James D. und Paul Sann: *Pictorial History of the Wild West*, New York (Crown Publishers) 1954.
Horn, Huston und die Hrsg. von Time-Life Books: *The Pioneers* (The Old West Series), New York (Time-Life Books) 1974.
Josephy, Alvin M. Jr.: *The Patriot Chiefs*, New York (The Viking Press) 1961.
Kagan, Hilde Heun und die Hrsg. von American Heritage: *The American Heritage Pictorial Atlas of United States History*, New York (American Heritage) 1966.
Lavender, David und die Hrsg. von American Heritage: *The American Heritage History of the Great West*, New York (American Heritage) 1965.
May, Robin: *The Story of the Wild West*, London (Hamlyn) 1978.
Morgan, Dale L.: *Rand McNally's Pioneer Atlas of the American West*, Chicago (Rand McNally) 1956.
Nevin, David und die Hrsg. von Time-Life Books: *The Soldiers* (The Old West Series), New York (Time-Life Books) 1978.
Ray, Grace Ernestine: *Wily Women of the West*, San Antonio, Texas (The Naylor Company) 1972.
Schmitt, Martin F. und Dee Brown: *Fighting Indians of the West*, New York (Bonanza Books) 1948.
Shenkman, Richard: *Legends, Lies and Cherished Myths of American History*, New York (William Morrow) 1988.
Tanner, Ogden und die Hrsg. von Time-Life Books: *The Ranchers* (The Old West Series), Alexandria, Virginia (Time-Life Books) 1977.
Utley, Robert M. und Wilcomb E. Washburn: *The American Heritage History of the Indian Wars*, New York (American Heritage) 1977.
Wheeler, Keith und die Hrsg. von Time-Life Books: *The Chroniclers* (The Old West Series), New York (Time-Life Books) 1976.
Wheeler, Keith und die Hrsg. von Time-Life Books: *The Scouts* (The Old West Series), Alexandria, Virginia (Time-Life Books) 1978.

BILDNACHWEIS

o = oben; u = unten; r = rechts; l = links

Stuart Atchinson: S. 2–3. **Union Pacific Museums Collection:** 6–7 (Nr. 8–110), 68–69 (Nr. 5–135). **Library of Congress:** 8, 16, 17, 19 o, 28, 32 o, 40, 56 o, 61, 64 u. 65, 71, 73, 74, 75 l, 79 u, 81 u, 82 u, 92, 93, 94 o, 95 o, 97 r, 99, 100, 105 l, 107 u. **Cumberland Gap National Historical Park:** 10. **Virginia Division of Tourism:** 11. **Fort Clatsop National Park:** 12, 13, 15. **Colorado Tourism Board:** 14. **National Archives:** 19 u, 35 o, 37 o, 52, 54 u, 56 u, 57 u, 62 u, 64 o, 68 o, 69 o, 90, 91 u, 96, 97 l, 101, 102 o, 104 r, 105 r, 106. **Photo/Nats – Don Jonston:** 20. **Wyoming Travel Commission:** 21. **Photo/Nats – A. Peter Margosian:** 22–23. **Kansas State Historical Society:** 23 o, 29. **Colorado Historical Society:** 24, 26, 53, 54 o, 55 u, 79 o. **Fort Union National Monument:** 27. **Trevor Wood:** 30. **Joslyn Art Museum:** 31. **Canyon de Chelly National Monument:** 32 u. **Latter-Day Saints:** 34–35, 36 o, 37 u. **Scott T. Smith:** 36 u, 39. **Wyoming Division of Tourism:** 38. **John Deere Company:** 41. **Montgomery Ward:** 42. **Bent's Fort/Pat Trahey:** 43. **The Daughters of the Republic of Texas Library:** 44, 50, 51 u. **Archives Division – Texas State Library:** 48, 51 o, 81 o, 82 o. **Marshall Gold Discovery Site National History Park:** 56 o, 57 o. **Pony Express Historical Association:** 58. **North Wind Picture Archive:** 58–59, 62–63 o. **Golden Spike National Society:** 66–67. **American Heritage Center, University of Wyoming:** 70, 80 u, 83, 84. **Henry Huntingdon Library:** 72. **Oklahoma Historical Society:** 75 r, 88, 89, 91 o, 104 l. **Jeanne Kidd:** 78, 86–87. **Museum of New Mexico:** 80 o. **Photo/Nats – Ann Reilly:** 85. **The National Park Service: Fort Davis National Historical Site:** 94 u. **Custer Battlefield National Historical Park:** 102 u. **Great Smokey Mountains National Park:** 107 o.